四川大学革命英烈丛书
四川省2020—2021年度重点图书出版规划项目

闪亮的坐标
四川大学革命英烈传略

上册

党跃武◎主　编

李金中　刘　乔　朱连芳　韩　夏◎副主编

四川大学出版社

SICHUAN UNIVERSITY PRESS

项目策划：王　军　段悟吾　宋彦博
责任编辑：曹雪敏
责任校对：庄　溢　刘一畅
封面设计：墨创文化
责任印制：王　炜

图书在版编目（CIP）数据

闪亮的坐标：四川大学革命英烈传略 / 党跃武主编
. — 成都：四川大学出版社，2021.6
（四川大学革命英烈丛书）
ISBN 978-7-5690-4735-6

Ⅰ．①闪… Ⅱ．①党… Ⅲ．①革命烈士－生平事迹－
中国②四川大学－校友－生平事迹 Ⅳ．① K820.7

中国版本图书馆 CIP 数据核字（2021）第 111590 号

书名　闪亮的坐标：四川大学革命英烈传略

主　　编	党跃武
出　　版	四川大学出版社
地　　址	成都市一环路南一段 24 号（610065）
发　　行	四川大学出版社
书　　号	ISBN 978-7-5690-4735-6
印前制作	四川胜翔数码印务设计有限公司
印　　刷	四川盛图彩色印刷有限公司
成品尺寸	170mm×240mm
印　　张	50.25
字　　数	724 千字
版　　次	2021 年 6 月第 1 版
印　　次	2021 年 6 月第 1 次印刷
定　　价	158.00 元（上下册）

◆ 读者邮购本书，请与本社发行科联系。
　电话：(028)85408408/(028)85401670/
　(028)86408023　邮政编码：610065
◆ 本社图书如有印装质量问题，请寄回出版社调换。
◆ 网址：http://press.scu.edu.cn

四川大学出版社
微信公众号

总　序

习近平总书记指出："知史爱党，知史爱国。"为庆祝中国共产党成立100周年，在全党开展党史学习教育和在全社会开展党史、新中国史、改革开放史、社会主义发展史宣传教育之际，四川大学组织编写了"四川大学革命英烈丛书"，并由四川大学出版社正式出版。这是四川大学认真讲好川大故事红色篇章、积极创新红色文化教育载体的重要举措之一，也是四川大学献礼中国共产党成立100周年的重要成果之一。

在中国共产党的领导下，在青春如火的锦江之滨、明远楼前，在风云激荡的望江楼畔、华西坝上，无数四川大学的革命师生坚持"与人民同甘苦，与祖国同命运，与时代同呼吸，与社会同进步"，将永恒的红色基因融入了每一个川大学人的血脉和灵魂之中。其中，"红岩精神"的代表和"中华儿女革命的典型"江竹筠烈士等80多位校友为民族独立、国家解放和人民幸福献出了自己宝贵的生命，他们是四川大学历久弥新的川大精神的力行者和见证者，是四川大学生生不息的红色基因的创造者和传播者。

四川大学是四川保路运动和辛亥革命在四川的重要发生地，是新文化运动和五四运动在四川的主要策源地，是四川乃至全国马克思主义早期传播的重要发源地，是抗日救亡和爱国民主运动在四川的坚强根据地。1920年冬，学校师生成立了四川最早以研究和宣传马克思主义为主要任务的革命群众组织——马克思读书会。1922年2月，学校师生主编的《人声》报是四川第一份公开宣传马克思主义的报纸。1922年春和1923年夏，学校师生组织成立的四川社会主义青年团和中国共产党成都独立小组是四川最早的共产主义党团组织。以学校师生为骨干的中华民族解放先锋队成都队和"成都民主青年协会"等是在中国共产党领导下四川抗日救亡和爱国民主运动的中坚力量。中共四川大学党总支是国民党统治区最大的基层党组织之一，经常活动的共产党员有 120 余名。在开国大典上，与毛泽东主席一起登上天安门城楼的有朱德、吴玉章、张澜和郭沫若等四位四川大学校友。

长期以来，四川大学坚持立德树人根本任务，服务人才培养首要任务，充分发挥学校特色优势，深入挖掘校园红色资源，大力弘扬以江姐精神为代表的革命先烈精神，用生动鲜活的红色文化滋养着一代又一代川大学子。近年来，特别是党的十八大以来，四川大学党委高度重视红色文化教育，将红色文化教育贯穿于学校发展各方面和人才培养全过程，重点建设了"江姐纪念馆暨四川大学革命英烈事迹陈列馆""学习书屋""江姐精神专题数据库"等一批红色文化宣传展示平台，率先推出了话剧《待放》、舞台剧《江姐在川大》、主题文艺晚会《江姐颂》等一批红色文化教育艺术作品，积极打造了"江姐班""竹筠论坛""川大英烈一堂课""青年红色筑梦之旅"等一批红色文化教育新品牌，产生了良好的教育成果、育人效果和社会效益。

习近平总书记指出，"中国革命历史是最好的营养剂"。站在历史的交汇点上，站在发展的交接点上，站在新时代的新起点上，在"四川大学革命英烈丛书"正式出版之际，全校师生员工要进一步厚植中华优秀传统文化，弘扬革命文化，发展社会主义先进文化，凸显四川大学人文社会科学的学科优势，积极打造"中国共产党在四川大学"等红色教育品牌，进一步深化红色文化教育的内涵，丰富红色文化教育的形式，增强红色文化教育的实效。

"四川大学革命英烈丛书"编写组
2021 年 6 月

四川大学革命英烈名录

（辛亥革命以来，不完全统计）

张培爵	魏云泉	邹　杰	龙鸣剑	董修武	胡良辅	蒋淳风
刘养愚	王右木	恽代英	杨闇公	童庸生	康明惠	郭祝霖
袁诗荛	龚堪慎	李正恩	钱芳祥	张博诗	王道文	王向忠
胡景瑷	韩钟霖	杨　达	彭明晶	田雨晴	李司克	帅昌时
张涤痴	何秉彝	杨国杰	郑佑之	刘伯坚	廖恩波	余泽鸿
曾　莱	饶耿之	陆更夫	苟永芳	余宏文	修　焘	缪嘉文
乐以琴	黄孝逴	江竹筠	马秀英	李惠明	何懋金	郝耀青
蒋开萍	张国维	黄宁康	胡其恩	艾文宣	杨伯恺	王干青
刘仲宣	缪竞韩	田中美	余天觉	方智炯	张大成	黎一上
王建昌	毛英才	顾民元	饶孟文	徐达人	刘则先	杨家寿
曾廷钦	王景标	庹世裔	王开疆	李树成	赵普民	苏　文
林学逋	袁守诚	张建华	詹振声	诸有斌	汪声和	甘远志

1985 年落成的四川大学烈士纪念碑亭（望江校区）

2011 年落成的四川大学英烈碑（江安校区）正面

2011年落成的四川大学英烈碑（江安校区）背面

四川大學英烈碑

夫國運之興存乎正氣民心昕仰惟在典型而蜀中時出俊髦川大原多翹楚壯懷激烈志氣恢宏皆欲強我中華獻身理想或擊路之旗或建革命之社咸勇攻專燕市血飛成但舞討獨夫狂身困或投筆從戎血雨為救亡或臥薪膽散赴凌凜凜腥風鏟鍀背屈於洼咦凜凜作雄渣渾歌高入富貴十二橋疑以作碧渣洞天偉業功皆人史冊瀝保家國死而無憾若明皖當民生廉科盡可汗富屠黎百研學術摩彪緯地經天璀璨運籌天下新英與道烈長在人心今川大新區鼎新輪奐創業之年此騰永彰之碑激屬師生永步趨之建飛之日須記創業之年追懷先烈此英系以銘曰式愛冀冀岷江之濱英烈之碑松柏學府冀冀岷江之濱英烈之碑如在入雲締造共和熱血混塵英靈如在鬱鬱揚芬穆瞻仰追念前勳正氣橫空浩蕩無垠

2011年落成的四川大学英烈碑（江安校区）铭文

由校友马识途题写书名的《川大英烈》（第一版）

《川大英烈》（第二版）

四川大学校友回忆录《锦江怒涛》

1950年1月18日四川大学师生和各界人士
在学校大礼堂追悼殉难烈士

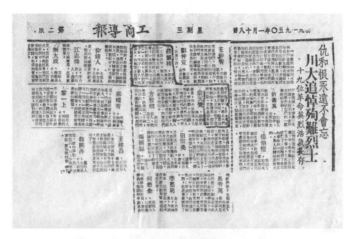

1950 年 1 月 18 日《工商导报》上刊登的四川大学师生和各界人士
在学校大礼堂追悼殉难烈士的报道

国立四川大学校长任鸿隽保存的同盟会联络图

1913 年建成的辛亥革命保路死事纪念碑

（其中西面和北面分别由四川大学颜楷和赵熙题写）

成都十二桥烈士墓

成都十二桥烈士殉难地

重庆歌乐山烈士陵园

成都"二一六"革命烈士纪念雕塑

成都"二一六"革命烈士墓

成都磨盘山烈士墓

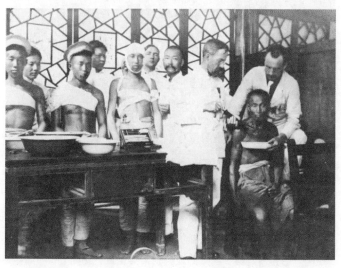

华西协合大学创办人之一启尔德在辛亥革命时期救治伤员

1919年成都市各校大学生在国立成都高等师范学校广场声援北京五四运动

20世纪20至30年代重庆地方党团组织会议中的四川大学校友
（图画，后排右起第二至第四人分别为吴玉章、杨闇公、童庸生）

1924年成都社会主义研究会成员在学校至公堂前

1919至1920年四川大学师生和校友编辑出版的进步刊物《星期日》

20 世纪 20 年代四川大学师生和校友编辑出版的进步刊物《四川学生潮》

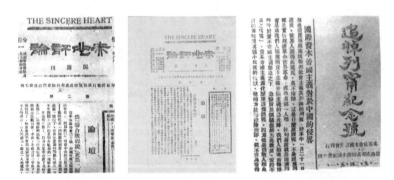

1924 年杨闇公与吴玉章主持创办的《赤心评论》及其《追悼列宁纪念号》

1924 年杨闇公与吴玉章等发起成立的"中国青年共产党"（y. c. 团）章程

20 世纪 20 年代王右木等四川大学师生和校友编辑出版的
四川第一家宣传马克思主义的刊物《人声》

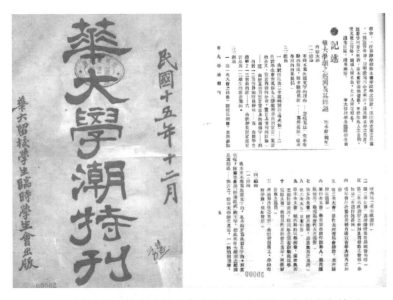

五卅运动爆发后华大留校学生临时学生会出版的《华大学潮特刊》

参加全市纪念五卅运动大会的学校学生

20 世纪 30 年代国立四川大学进步学生在郊外集会

1935 年国立四川大学学生声讨汉奸的通电

1939年国立四川大学抗敌兵役宣传团在四川灌县

抗日战争时期国立四川大学抗敌兵役宣传团部分团员

抗日战争时期国立四川大学师生下乡宣传抗日救亡

抗日战争时期五大学战时服务团出发之前

20 世纪 40 年代以国立四川大学和华西协合大学师生为重要成员的
中华民族解放先锋队成都队

20 世纪 40 年代国立四川大学的中华民族解放先锋队成都队部分队员

20世纪40年代奔赴延安的国立四川大学等成都各高校学生

1940年2月14日延安《新中华报》上刊登的152个四川青年（主要是国立四川
大学学生）给第二战区阎（锡山）长官要求改赴延安的信

20 世纪 40 年代在四川省抗敌后援会工作的国立四川大学学生

抗战时期五大学空袭救护队开展抢救演习

抗日战争时期国立四川大学学生在春熙路进行抗日宣传

抗日战争时期五大学学生义卖献金

華西徵衣冬賑音樂
大會特載　青年團宣委會

大會的
意　義

我們忠勇的將士們，三年來在三民主義的照臨和本團團長的偉導之下，已經蓄有了人類最光榮的擁護和平保衛「祖國神聖的任務」已經把毀滅世界文明的惡魔日本軍閥打得節節敗退，我國的抗建大業穩牢地踏入這勝利的年頭！而且勞苦功高！因此我們不獨是堅苦卓絕，而且勞苦功高！因此我們的團員同志才特別在這徵衣冬將臨後方安靜的期間來舉開這個徵衣冬賑音樂大會。

其目的有三：第一是聲應前方的寒衣徵募運動。第二是發動後方的冬賑音樂的歡賞。一方面固然是用以表示每個團員對前方將士的微薄的敬意；但最大的意識是要在精神上鼓舞着每個後方的同胞，「在這勝利的年中，爭取更大的勝利！我們的書記說：

「誰給我們自由的享受？」同時預祝着我們忠勇的將士們發揮近大的威力，在這勝利……

樂，要懷念：「誰給我們安樂的保障？」

「…註：華西灘衣冬賑音樂大會當中的鏡頭」

华西协合大学师生为抗日前线将士募集衣物文告

20 世纪 40 年代国立四川大学和华西协合大学学生演出
《有钱出钱，有力出力》等抗日救亡戏剧

抗日战争时期五大学救亡剧团演出《放下你的鞭子》

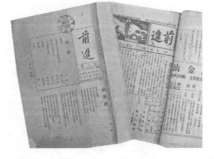

国立四川大学和华西协合大学的师生和校友在抗日救亡中编辑出版的部分进步刊物

1945 年成都市各大中学 105 个学生团体主办五四青年节纪念大会宣言

1945 年 8 月国立四川大学学生韩天石（后任北京大学党委书记、中共中央
纪律检查委员会书记）等会见世界学联代表团

1947 年华西协合中学自治会声援京沪平津学生全国同学书

1947 年国立四川大学学生响应京沪等地同学反内战反饥饿运动联合会告同学书

1947 年成都市高校学生在华西协合大学抗议美军暴行

1947年成都市大中学校学生声援市立中学学生

1947年国立四川大学文学笔会部分成员

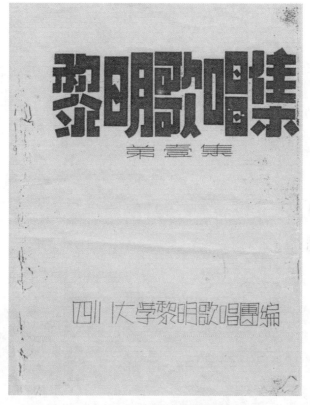

国立四川大学黎明歌唱团歌本封面

1947 年国立四川大学黎明歌唱团部分成员

1947年国立四川大学黎明歌唱团欢送同学毕业

1947年春国立四川大学文艺研究会部分成员在校友李劼人的菱窠

1947年夏国立四川大学自由读书会部分成员在图书馆前

1947 年 6 月国立四川大学自然科学研究社部分成员在农学院前

1948 年 6 月国立四川大学"民协"、自然科学研究社部分成员在化学馆前

20 世纪 40 年代国立四川大学进步青年在文学院前

1948 年夏华西协合大学北极星团契部分同学

1948年国立四川大学师生编辑的《川大文摘》改版后第一期封面

1948年国立四川大学助学活动纪念章

1949 年 4 月国立四川大学外文系进步青年开展活动

1949 年有国立四川大学学生参加的游击队在成都邛崃桑园机场与解放军会师

1949 年华西协合大学护校队部分同学

1949 年 12 月 30 日华西协合大学师生欢迎解放军进入成都

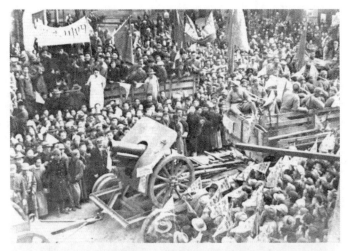

1949 年 12 月 30 日国立四川大学师生欢迎解放军进入成都

1951 年四川大学师生欢送同学赴军区工作

1952 年 2 月抗美援朝的华西大学医疗队在成都新南门

1951年抗美援朝的华西大学医疗队在朝鲜

1951年11月抗美援朝的华西大学手术队队员在长春

1951年抗美援朝的华西大学手术队与其他手术队队员

1951年抗美援朝的华西大学学生

1951年抗美援朝中华西大学获得的奖状

上册目录

第一篇　引起中华革命先

张培爵烈士——为共和甘洒热血

张培爵烈士

张培爵（1876—1915），字列五，生于 1876 年，四川省荣昌县（现重庆市荣昌区）荣隆场人。父亲张清照，是当地一名中医。张培爵幼时好学勤勉，曾中秀才。他耳闻目睹了清政府丧权辱国、腐败透顶，为变革图存，弃功名于不顾，在 1904 年考入当时的四川省城高等学堂（四川大学前身），成为优级理科师范学生。其时，他已是 28 岁的青年了。

同盟会会员中的活跃人物

四川省城高等学堂是四川近代为适应废科举、兴学堂的历史潮流，在四川中西学堂和尊经书院、锦江书院基础上发展而成的一所高等学校，代表了四川地区高等教育的水平。

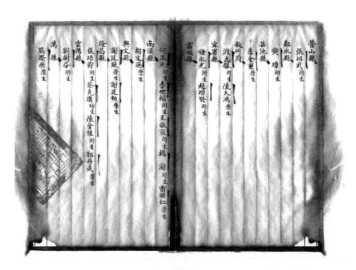

张培爵在四川省城高等学堂咨送本堂肄业应免岁试廪增附各生姓名册中

张培爵在四川省城高等学堂取定各属学生名单中

张培爵在四川省城高等学堂第一年第一学期各班学生姓名年龄籍贯清册中

张培爵在四川省城高等学堂第二年第一学期各班学生姓名年龄籍贯清册中

在四川省城高等学堂里，有许多外籍教师。中国教师也有很多是出洋留学归国者，思想比较开放。在这样的环境中，张培爵广泛接触了西方资产阶级启蒙学说，努力学习新知识，开始接受新事物，思想逐步发生了变化。在留学归来教师的影响下，他率先剪下了发辫，发动同学组织"剪辫队"，在校内外发表演说，规劝人们剪去发辫。回乡期间，他还向亲友宣传妇女缠足的危害，发起组织"女子放脚会"。他还劝说族长张贡才带头捐款，在家乡隆昌创办了女子小学。

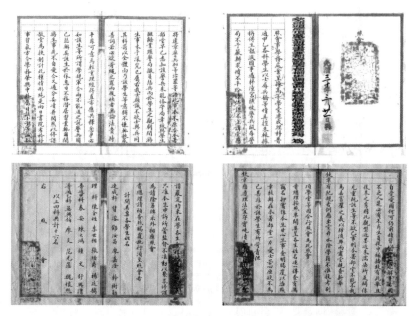

光绪三十年（1904 年）三月廿二日四川省城高等学堂关于张培爵等按犯规处理的函

1906 年 9 月，四川发生了一件大事——孙中山授命熊克武等人主持的同盟会成都支部成立了。革命党人开展宣传，发展组织，策划起义。四川省城高等学堂本来就有适宜民主革命思潮传播的土壤。师生中许多人同情革命，反对清王朝。总理即校长胡峻本人就是一位德高望重的同盟会会员。学堂成了同盟会的重要舆论阵地和组织据点。比张培爵晚两年，于1906 年入学的朱德同志在《伟大的道路》中回忆说，他一进校就感受到民主革命思潮的强烈影响，有人还往他枕头下塞进同盟会的机关刊物《民报》。

就在 1906 年，张培爵经谢持介绍，加入同盟会。他和他的同学廖泽宽、李宗吾、雷铁崖等，都是学校早期的同盟会会员。入会后，他分工联络川南各地来省城的学生和同乡，发展他们成为同盟会会员。为此，他组织了叙府旅省同学会，创办了叙府公立中学堂（后改名叙属联合县立旅省中学堂，即今天的成都市列五中学），分别任会长和校长。他组织青年阅

读《革命军》等进步书刊，并将任教所得全部充作革命活动经费。他认
为，不推翻卖国殃民的清王朝，则"国亡无日矣!"

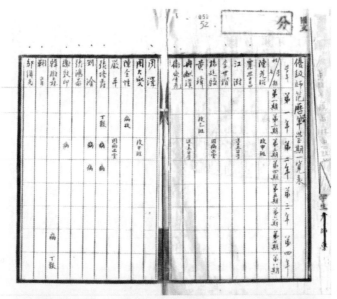

张培爵在四川省城高等学堂优级师范历学年学期一览表中

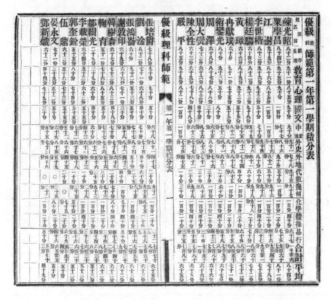

张培爵在四川省城高等学堂优级理科师范第一年第一学期积分表中

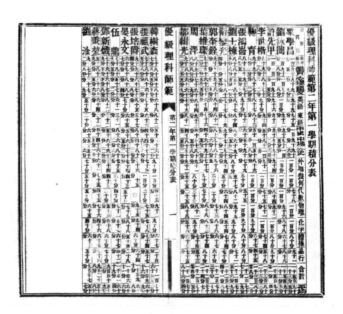

张培爵在四川省城高等学堂优级理科师范第二年第一学期积分表中

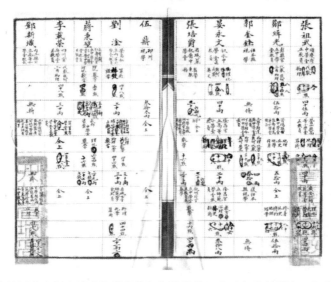

张培爵在四川省城高等学堂优级师范班毕业生历年所任学堂义务表中

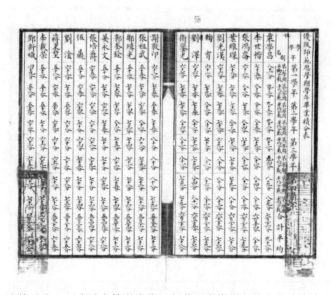

张培爵在四川省城高等学堂优级师范毕业考试积分表中

张培爵在四川省城高等学堂优级师范历学期学年毕业积分表中

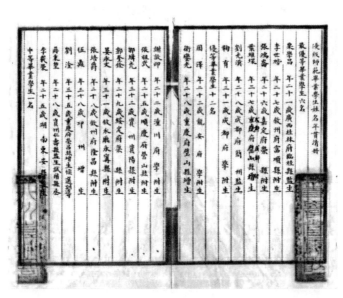

张培爵在四川省城高等学堂优级师范毕业总均积分表中

张培爵在四川省城高等学堂优级师范毕业学生姓名年龄籍贯清册中

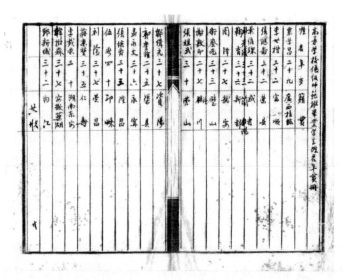

张培爵在四川省城高等学堂本堂优级师范班毕业学生姓名年龄籍贯册中

清政府觉察到学生的不满情绪日增，千方百计对学生运动进行限制、阻挠和镇压。四川总督赵尔巽发布种种禁令，乃至指使四川提学使司以"斥退"相威胁。张培爵不顾威胁，在学堂内更积极地联络同志，酝酿起义。1907年9月，他代表四川省城高等学堂同盟会会员，参加了熊克武在草堂寺召开的全省同盟会骨干秘密会议。会议决定利用慈禧太后寿辰日在成都等地发动起义。他和同学廖泽宽等计划"借清太后寿辰，尽殄同城诸吏"。不料事机泄露，被清吏密探侦知。华阳知县王棪逮捕了杨维、黄方等六人，牵连高等学堂许多学生。这就是轰动一时的"丁未成都六君子事件"。张培爵由于校长胡峻的关照而幸免被拘。他继续留在成都，替熊克武等联络四川各地的革命党人，主持全省同盟会机关事务工作，后因为清廷所注意被迫离开，1909年到了重庆。

巴蜀辛亥革命的元勋

1908年，张培爵结束了四年的学校生活，从四川省城高等学堂毕业，先后到叙府和重庆府等地中学堂任教，继续从事革命活动，发展同盟会会员。在重庆府中学堂任教期间，他与老同盟会会员杨庶堪、向楚一起，"激扬民气，倡导革命"，建立川东、川南各地同盟会的联络枢纽。为壮大力量，张培爵还负责与重庆地区的新军、会党、商团联络，并自制炸弹，分发枪械，组织敢死队。当四川各地保路之风日烈，武昌首义消息传来时，他和杨庶堪等人与新军军官中的同盟会会员夏之时等，于1911年11月22日揭竿而起，通电全国，宣布重庆独立。蜀军政府成立后，起义者公推张培爵为都督，夏之时为副都督。随后，川东、川南等地有57个州县相继独立，为清朝在四川的封建专制政权的彻底覆灭敲响了丧钟。

蜀军政府发表了政纲和对内、对外宣言，并顺应历史潮流，挥师西征北伐，讨伐清朝四川总督、刽子手赵尔丰。张培爵在任都督期间，与同事"同心同德，共维大局"，且"办理周详，民情欢洽"，颇得人心。张培爵还以个人名义发布《求言公告》："如有美意良法，请投书礼贤馆……倘可实行，立为延见，咨询一切。"

成都发生兵变，大汉四川军政府成立。为维护四川统一，张培爵力排众议，主张成渝两地军政府经过协商后实行合并。1912年3月11日，重庆蜀军政府和成都四川军政府合并，统称为中华民国四川都督府，尹昌衡、张培爵分别担任正、副都督。军民分治后，他担任了四川民政长。

不屈的反袁义士

袁世凯窃夺辛亥革命果实后，于1912年登上"临时大总统"宝座。为了复辟帝制，他相继在各地排除异己，安插亲信。他派其心腹胡景伊、陈宧，先后担任四川巡按使。对张培爵，他则用调虎离山计，当年10月将其调到北京，任为"总统府高等顾问"，"咨询川政"。名为"顾问"，实则软禁，除被袁世凯咨询所谓"边防民事"之外，别无他事。尽管如此，张培爵在京期间，还是向袁世凯建议并和有关各部商定了有益于蜀中父老的几件大事：一是中央政府以500万元兑换券兑换四川军政府发行的军用券，以解决四川财政困难；二是将原本只具大学预科性质的四川省城高等学堂改办为正式大学本科；三是设立可进行终审判决的四川大理分院；四是改巡防军为巡缉队。

1913年，孙中山在南方发动二次革命，黄兴、熊克武等举兵讨袁。张培爵随即秘密潜往上海，为黄兴出谋划策，并"输资助其事"。讨袁失败后，张培爵从上海到天津英租界，以开机器织袜作坊为掩护，继续和革命党人密切联系，密谋讨袁。他购买了三部织袜机以自给，虽然经济拮据，但是仍然坚决支持留日返国的青年反袁组织"血光团"。

其间，袁世凯曾许以四川巡按使之职，企图用高官厚禄对张培爵进行收买，被坚决拒绝。张培爵在《与李寒友书》中写道："不肖宁隐以求志，断不愿俯同群碎，争腥啄腐，以自贬其操也。"张培爵在致友人书中还说："急流勇退，顺之者吉；冯妇下车，大雅弗为。……唯效范希文掘得藏金，正色相戒曰：'我方有志读书，此物不当出见，掩之以土而已！'"

由于张培爵态度坚决，袁世凯无计可施，于是指使军法执行处设计将张培爵诱出租界，加以逮捕，并指派提调钮传善主审。钮传善是张培爵领导起义时潜逃了的重庆知府。真是仇人相见，冤家路窄。张培爵已下定必死的决心，任其滥施酷刑，始终力持己见，怒斥袁贼："袁世凯企图称帝，为国人所不容，血光团的宗旨就是为民除害，我支持这些血性男儿。"在狱中，张培爵还索书研读，孜孜以求。

最后，张培爵于 1915 年 4 月 17 日惨遭杀害。临刑前，张培爵神色不变，从容自若。监刑官要他跪下，他愤怒地说："我非罪人岂能跪!"他慨然盘足坐地，中弹犹端坐不倒，死时年仅 39 岁。

张培爵身居高位，却两袖清风。他任四川民政长总管财政之时，曾命部下以巨款作革命活动经费，自己则一文不名。遇难后，运回故乡的，除遗骸一具、旧衣数件和织袜机三部外，别无长物。

为了表彰张培爵领导巴蜀起义和大义讨袁而壮烈牺牲的特殊功勋，1944 年 7 月在重庆闹市区的沧白路竖起了高达 8.15 米的"张烈士培爵纪念碑"，至今犹供人们凭吊。他的家乡荣昌也专门建成张培爵纪念馆。

重庆张烈士培爵纪念碑　　　　重庆荣昌张培爵纪念馆前铜像

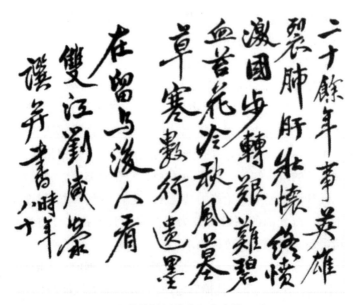

四川大学教授刘咸荥纪念张培爵诗

张培爵墓志铭

（陈光复、靳用春编写，刘乔改编）

参考资料：

1. 苏奇. 蜀军都督张培爵：点燃重庆独立烽火的文秀才 [J]. 城市地理，2016（5）：94－99.

2. 谢幼田. 通经致用 尊闻行之：辛亥前后四川同盟会会员品貌一瞥 [J]. 儒藏论

坛，2007：408－413.

3. 陈朝权. 血性男儿张培爵 [J]. 红岩春秋，2020（1）：39－43.

4. 周斌. 尹昌衡《与张培爵书》辨析 [J]. 近代史研究，2012（6）：142－152.

5. 陈娟. 张培爵：蜀军政府"一把手" [J]. 重庆行政：公共人物，2011（6）：74－75.

6. 本刊编辑部. 张培爵：象牙塔里走出的蜀军都督 [J]. 科学咨询，2016（25）：16－17.

7. 重庆中国三峡博物馆，中共荣昌县委党史研究室. 张培爵与重庆辛亥革命 [J]. 红岩春秋，2011（5）：26－31.

8. 龚义龙. 张培爵遇难三疑问小考 [J]. 红岩春秋，2011（6）：73－76.

9. 张鹰，曾妍. 张培爵集 [M]. 重庆：重庆出版社，2011.

10. 龙银玖. 巴蜀都督张培爵 [M]. 北京：中国戏剧出版社，2011.

11. 黄天朋. 张培爵对民主革命的贡献：纪念辛亥革命七十周年 [J]. 西南师范大学学报（人文社会科学版），1981（2）：60－67.

魏云泉烈士——诸公雪涕不须哀

魏云泉（1883—1915），本名魏荣权，字云泉，号昌清，1883 年出生于四川省资州（今资中）谷田乡魏家湾。他有兄妹七人，少时就以孝友著称乡间，成年更是卓荦不羁，赋诗作文多慷慨激昂。他曾就读于资州学堂，后赴北平深造，得到清代四川唯一的状元骆成骧的赏识并被收为门生。

东瀛入盟

1904 年，魏云泉被派送日本东京早稻田大学政治经济系留学。魏云泉幼年就与内江人罗象环定亲，婚后夫妇二人一起赴日留学。他的妻子在东京安家并学习日语，后进入日本东京高等女子精华学校学习，学满四年毕业。夫妇二人在日本的一切费用均由岳丈每月汇银 500 元维持。他们在东京结识了廖仲恺、何香凝等革命志士。1905 年，他们双双加入孙中山先生在日本创建的同盟会，追随孙中山先生投身革命，立下报国捐躯之志。因此，魏云泉的家在当时便成了同盟会会员聚会的场地，同志们均以七哥、七嫂称呼他们夫妻二人。魏云泉的妻子勤俭持家，常以节余接济大家。久而久之，他们的家在同盟会的同志中有了"革命之家"的美誉。

回川任教

1911 年秋学成归国后，他们定居在成都金河街 82 号，受聘担任了当时的四川通省法政学堂（四川大学前身）教授，同时也在其他四所高等学堂任教。魏云泉执教有方，常常在学生中宣传孙中山先生的革命学说，深得学生的爱戴，许多学生上门求教。为此，他的夫人特地收拾出一间房子，作为魏云泉的教育辅导室。凡是来求教者，他从不推拒。

四川保路运动风起云涌，魏云泉与尹昌衡等商议，组织蜀中同盟会会员和热血志士赴全川联络各州县起义响应，组织同志军与民众包围四川总督府。尹昌衡担任四川都督、张培爵担任四川民政长后，魏云泉出任四川都督府和民政署高等顾问，并代表四川赴南京参加了中央召集各省代表的一次会议。其间，他晋见了孙中山先生并报告了四川首义情况和军政情况，专门呈文提出全国兴革要政、外交政策和国防筹备等建议，得到孙中山先生的嘉许。

四川大学外籍教师那爱德镜头下的成都辛亥革命

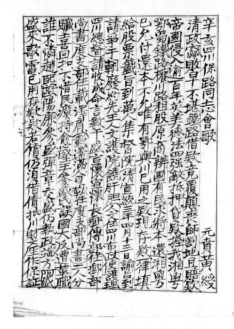

四川保路同志会歌

以身殉国

袁世凯窃国称帝后，魏云泉与张培爵、邹杰等抱着自我牺牲为先导的决心密谋除掉袁世凯。袁世凯防卫越是严密，魏云泉等人捐躯报国之志越是坚定。他们辗转京、津、汉之间，密谋刺杀袁世凯。不幸事泄，他们的活动被袁世凯察觉，张培爵在天津被捕，魏云泉在京设法营救未果。1915年1月8日午后，魏玉泉被捕于北京灵境宫。

有出狱人给魏云泉妻子带来他的亲笔便条，他写道：

象环贤妻：

家中大小谅吉，吾身体无恙，兹列需用物品于下：一要钱，月用约需十元也，二要袜子一双、包脚布一双。

二月二十日荣权亲笔。

后来，他又托人传信给他的夫人：

吾将捐躯报国，千古殊荣，惟望吾妻节哀裁痛，善为抚育儿女读书革命，以尽吾未尽之志，则吾死后精神自怡无枉矣。

在狱中，袁世凯对魏云泉多次使用重刑，力逼他供出参与谋刺的其他革命党人。没有达到目的后，袁世凯又以高官厚禄劝诱魏云泉，均被魏云泉严词拒绝。酷刑重伤了魏云泉的身体，冻伤又使得他的双脚溃烂，难以站立行走，惨不忍睹。狱中难友无不为之流泪，而魏云泉含笑对难友们说："诸君勿虑，云泉双脚革命先行耳。"1915年4月17日，袁世凯以"血光团"罪名，将魏云泉和张培爵、邹杰等杀害，魏云泉时年32岁。

魏云泉被害后暴尸荒野，袁世凯不准任何人收尸。幸得恩师骆成骧挺身而出，为其收尸，将其安葬于北京的四川义地。魏云泉妻子在他被囚后，也被袁世凯监视，由骆成骧承保才得以携子女回到四川成都。魏云泉的妻子后改名罗雪恨。1916年，黎元洪明令各省查报先烈勋绩，四川督军罗佩金将魏云泉、张培爵、邹杰等殉国事迹上报，请求一起追封给恤，并予以公葬。

一生简朴

魏云泉一生俭朴，生前两袖清风。殉国后，他留给孤儿寡母的除成都金河街82号住宅和一千余册书籍外，再没有其他的东西。他的妻子靠教书来艰难度日，抚养两儿一女成人。长子魏达雄就读于国立四川大学化学系，毕业后因患肺结核不治早逝。长女魏淑君嫁到重庆江姓人家，次子魏达俊毕业于黄埔军校成都分校十四期。新中国成立后，魏世俊在成都漆器工艺厂工作，于20世纪90年代中期病逝。

骆成骧曾有诗二首赠魏云泉，其一《赠魏冠卿》：

> 志士羞标骥尾名，
> 辕驹局促老伤情。
> 屠龙笑我原无用，
> 刻鹄怜君又不成。
> 笔阵横行须纵扫，
> 砚田归去好深耕。
> 洛阳年少谈何事，
> 绛灌终应避贾生。

其二《燕台》：

> 杏坛香尽翦蒿莱，
> 廊庑招客赐望回。
> 万里还携孤寡去，
> 三年别抱苦辛来。
> 不闻麟笔从新削，
> 惟见棠花似旧开。
> 但使温峤犀烛在，
> 诸公雪涕不须哀。

（喻钟珏编写，党跃武改编）

参考资料：

1. 中国人民政治协商会议四川省内江市委员会文史和学习委员会. 内江文史资料选辑（第19辑）[Z]. 2002.

2. 隗瀛涛，赵清. 四川辛亥革命史料（下）[M]. 成都：四川人民出版社，1982.

邹杰烈士——铮铮铁骨酉水魂

邹杰（1875—1915），字汉卿，四川省酉阳县（现重庆市酉阳土家族苗族自治县）后溪镇长园村邹家堡人。邹杰从小就和父亲一起耕种，从事农作。闲暇时，他还喜欢舞枪弄棒，练就了一身好武艺。

求学成都

1903 年，他赴成都求学，阅读了《时务报》《申报》《苏报》《民报》《警世钟》《革命军》等书报而眼界大开，更加积极地寻求救国救民的真理。特别是邹容的《革命军》热情讴歌革命思想，深深地鼓舞了他。1906年秋，邹杰以优异成绩考入当时的四川省城高等学堂（四川大学前身），与张培爵等同时在校。他在学校期间，经黄复生、谢持介绍加入同盟会并秘密组织"青年会"，从事推翻清朝、建立共和的民主革命活动。

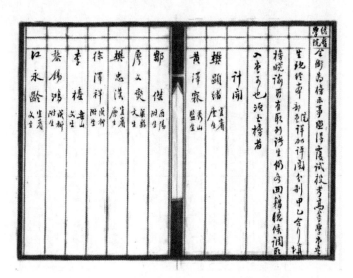

邹杰在四川省城高等学堂转学院、督部堂考取投考学生榜示中

邹杰在四川省城高等学堂取定各属学生名单中

1907 年，邹杰与张培爵、谢持等在成都密谋举行武装起义。由于事先走漏风声，杨维、黄方等六人被捕，邹杰退学后潜往川东开县教书。

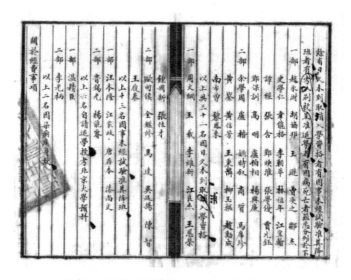

邹杰在四川省城高等学堂六周年概况报告书中

酉阳起义

不久，邹杰回到成都，在成都体校第二模范高等小学任国文教员，继续从事革命活动。1909 年，他秘密潜入陕西省凤翔县开办畜牧场，为起义准备武器。同时，他积极地在陆军中发展同盟会会员。1911 年秋，四川保路运动风起云涌，他星夜步行回川，在重庆与张培爵、杨庶堪密谋起义事宜。回酉阳后，他与白锦帧、彭灿、彭藻、刘扬等筹划举行起义，随白锦帧、彭藻等攻打秀山石堤。被困后，白锦帧等 19 人被俘就义，邹杰等少数人得以突围。后来，他们攻龙潭未成，兵分数路向酉城进发，11 月 18 日，酉阳独立。11 月 22 日，重庆宣布独立，成立蜀军政府，邹杰任蜀军总司令部第四标标统。1913 年，讨袁运动失败后，他回到酉阳。

永痛京华

1913 年秋，邹杰束装北上天津，与前四川民政长张培爵一起，以经营线袜的方式跟国内外革命党人互通消息，为反对袁世凯称帝阴谋而准备起事。他们的活动被密探侦知，邹杰、张培爵、王大仕等被捕，后王大仕保外就医死于北京。

有人给同时被捕的陈乔村送被条等物进去，并对他加以优待。原来他们之所以被捕，就是陈乔村"点的水"。复审时，邹杰因陈乔村翻供，在法庭上大声地呵斥他。张培爵默无一语地看着他们。1915 年 4 月 17 日，邹杰与张培爵、魏云泉等英勇就义。在执行死刑时，监外高呼犯人姓名，喊到邹杰时，他高声应答"有"，一跳就出去了。在法庭上，张培爵始终负手旁立，微笑不语。同时，法庭宣布陈乔村也被判处死刑，陈乔村大骂："当初许老子的官，而今还要枪毙老子吗？"张培爵喊道："陈乔村，不要说了，今日之事，你还在梦中！"赴刑场时，邹杰的车子在张培爵之后，张培爵还带点开玩笑的态度，回头说道："汉卿，今天的事，有点恼火哦！"邹杰就义后，同乡人赵某买棺收敛其骸骨，将之薄葬于京郊荒草丛中。

1918 年，四川革命党人将邹杰等骸骨移葬于重庆浮图关，并竖立石碑，追认他为"蜀中先烈"。1988 年，新建辛亥革命十烈士纪念碑于鹅岭公园。当年，与邹杰等交好的酉阳末代进士龚昺仙赶赴追悼会，特作挽联：

> 无尺土，无寸兵，橐笔下雄成，竟得锦绣河山，还诸汉族。
> 是同乡，是同学，伤心罹冤狱，忍说横飞血肉，永痛京华。

重庆鹅岭公园辛亥革命十烈士（张培爵、邹杰等）纪念碑

邹杰牺牲后，全部家产仅祖遗薄田数亩，木屋五间。其妻张幺妹长居农村，从未出过远门，坚守清操，务农为生，1953 年病故。其女邹淑瑶、子邹用尧，均由邹杰生前挚友邱子范接去外地读书。后来，邹淑瑶与邱之子邱阅结婚，定居成都。邹用尧抗日战争初期回酉阳照料家务，1944 至 1947 年教过三年私塾，其余时间一直在家务农，于 1959 年去世。

（党跃武编写）

参考资料：

1. 曾绍敏. 黄兴与辛亥革命时期四川的革命运动 ［C］∥《近代史研究》编辑部. 黄兴研究文集：《近代史研究》增刊. 北京：中国社会科学院近代史研究所，1994：165－174.

2. 酉阳历史名人录编纂委员会. 酉阳历史名录 ［Z］. 2011.

3. 田荆贵. 中国土家族历史人物 ［M］. 北京：民族出版社，1993.

4. 傅德岷，李书敏. 巴渝英杰名流 ［M］. 重庆：重庆出版社，2004.

5. 王笛. 清末四川留日学生述概 ［J］. 四川大学学报（哲学社会科学版），1987（3）：80－92.

6. 王笛. 清末"新政"与四川近代教育的兴起 ［J］. 四川大学学报（哲学社会科学版），1985（2）：95－112.

7. 酉阳土家族苗族自治县民族宗教事务委员会. 茶话酉阳 ［M］. 成都：西南交通大学出版社，2018.

8.《酉阳县志》编纂委员会. 酉阳县志 [M]. 重庆：重庆出版社，2002.

9. 中国人民政治协商会议四川省酉阳县委员会文酉阳县县志编修委员会. 酉阳文史资料选辑：第 2 辑 [Z]. 1983.

10. 隗瀛涛，赵清. 四川辛亥革命史料（下）[M]. 成都：四川人民出版社，1982.

11. 酉阳土家苗族自治县教育委员会. 武陵古州：酉阳 [M]. 成都：成都科技大学出版社，1993.

12. 王学礼. 少年赵世炎 [M]. 成都：四川少年儿童出版社，1999.

龙鸣剑烈士——毕竟英雄人敬仰

龙鸣剑烈士

锦江饯别发高音，
举座沉吟感慨深。
智借急流传警报，
愤归故里起民军。
出门拔剑誓除赵，
病榻遗言速灭清。
毕竟英雄人敬仰，
万千父老哭忠魂。

　　这是当年吴玉章同志曾经写下的《纪念龙鸣剑烈士》诗。龙鸣剑（1877—1911），原名龙骨珊，字顾三（山），别号雪眉，1877年5月14日生，四川省荣县五宝镇人。龙鸣剑是光绪秀才，在日本加入同盟会，回国后任四川省谘议局议员，组织四川保路同志军，发动武装起义。他后来在行军途中病故，年仅34岁，遗作有《雪眉诗集》等。

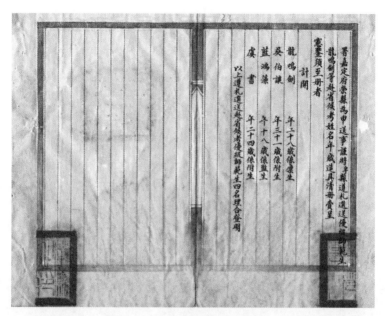

四川通省师范学堂对荣县选送师范生龙鸣剑等人赴省候考的批复

四川通省师范学堂申解官费生龙鸣剑等的函

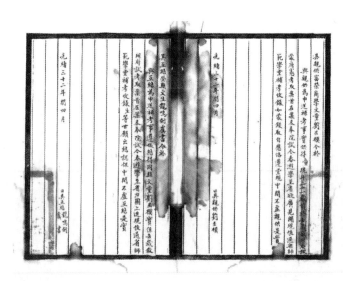

龙鸣剑在四川通省师范学堂关于申送富荣商学文童刘丕模等补考收录的验文中

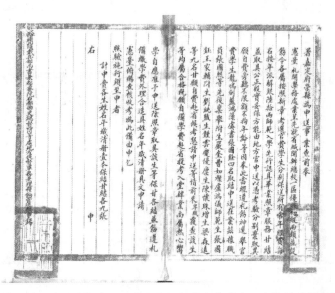

龙鸣剑在四川通省师范学堂关于申送优级师范自费学生严奎等赴省候考的函中

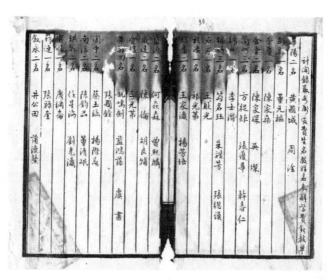

龙鸣剑在四川通省师范学堂札催各属官费生费银未经申解的即申解前来函中

龙鸣剑在四川通省师范学堂斥退 20 名学生的函件及牌示中

潇潇风雨真君子

龙鸣剑幼年在乡间私塾读书，后游学嘉定（今乐山），19 岁举秀才。1905 年，他考入当时的四川通省师范学堂优级科。在这里，他开始接触西方资产阶级政治学说和自然科学知识，思想日趋激进。他对时政多有抨击，因代表同学揭露学堂腐败现象，触怒校方而被开除学籍。他胸有大志，曾经愤然写道："我更何心事吟咏，愿提宝剑上燕台。"

1907 年春，龙鸣剑离开故土，北上京城。他沿途目睹清政府的腐败，深有感触。同年，他东渡日本，入日本早稻田大学攻读法政专业，对革命的信念与日俱增。他常常愤慨地说："吾国不革命，不可与新命！"于是，他加入了中国同盟会，积极投身革命运动之中。

当年末，龙鸣剑在吴玉章创办于东京的《四川》杂志上发表《党祸论》一文，揭露清廷屡兴党狱，残杀革命志士，伸张革命大义。次年，法人得酿得勒著《吞灭四川策》，龙鸣剑在《四川》杂志载诗四首，向全川人民呼吁——四川正在被鹰瞵虎视中。他勉励大家发奋图强，抵御列强侵略。其中一首写道：

> 自哀犹待后人哀，
> 愁对乡关话劫灰。
> 鹃血无声啼日落，
> 梅花有信报春回。
> 潇潇风雨思君子，
> 莽莽乾坤起霸才。
> 尚有汉家陵庙在，
> 蜀山休被五丁开。

1908 年 5 月，龙鸣剑从日本早稻田大学毕业后，奉同盟会命令回国。他远涉南洋，途经越南，于冬天进入云南。在滇南一带山区发动组织反清结社期间，他常露宿溪边山洞，以粗粝饮食充饥，志在鼓动民众推翻清王朝的统治。面对艰难环境，他写出了"初识轩辕奏乐章，九死南荒吾不恨"等诗句。1909 年春，龙鸣剑回到成都，在四圣祠街创办法政专门学堂，以之作为据点设立同盟会秘密机关，积极联络川中志士同仁，准备举事反清。在此期间，他们联络川西南哥老会首领秦载赓、张达三、罗子舟等加入同盟会，积极进行革命活动。同年 10 月，龙鸣剑被推选为省谘议局议员。他利用这一合法的有利身份宣扬革命学说，同时秘密筹划武装起义。

辛亥革命真英雄

1911 年，四川保路运动兴起，龙鸣剑与革命党人采取"外以同志会之名，内行革命之实"策略，既同立宪派人一起进行公开的合法斗争，又暗派同盟会会员日夜奔走各州县，组织群众，积极准备武装起义。

8月4日，龙鸣剑与秦载赓商定，以秦的名义召集各地哥老会首领赴资中罗泉井，讨论全省起义方略。会后返回荣县，两人和县内同盟会会员一起，策动了县人罢市、罢课，并进而接管了荣县"三费局"，将县令拘留在县城民团训练所。此时，吴玉章也奉同盟会总部派遣返川，赶回荣县主持起义后的县政大计。龙鸣剑即冒着酷暑，奔走于成都与各地间，动员组织武装起义。仅成都与荣县之间，他就往返了六七次。

9月7日，四川总督赵尔丰下令逮捕保路同志会首领蒲殿俊、罗纶、张澜等人，并开枪屠杀请愿群众数十人，制造了骇人听闻的"成都血案"。龙鸣剑认为起义时机已到，应立即发动起义。但是，成都与外地的通信和交通中断，消息无法及时传递。他急驰城南四川通省农政学堂（即四川大学农学院的前身）的农事试验场，与朱国琛、曹笃寻木板数百片，在木板上写："赵尔丰先捕蒲罗，后剿四川，各地同志速起自保自救。"他们将木板涂上桐油，投入锦江。这样，"水电报"把成都发难消息迅速传到沿江下游各地。数日间，10余县同志军20余万人，把赵尔丰围困在成都城内。

龙鸣剑随即昼夜兼程赶回荣县。他在县城发表演讲，号召群众起来革命。数日内，荣县集结了民军1000余人。龙鸣剑与王天杰等人率起义民军北上会攻成都。出县城北门时，他拔剑起誓："不杀赵尔丰，决不入此门。"

荣县民军到达离县城30公里的双古镇时，增至3000余人。民军在仁寿秦皇寺与清军遭遇。秦载赓率部前来，两支民军会师于仁寿，一共20万人，组成了东路民军总部。秦载赓、王天杰任正、副统领，龙鸣剑任参谋长。东路民军转战于中兴场、中和场、苏码头、铁庄堰、煎茶溪、秦皇寺等处，与清军激战20余次。战斗中，龙鸣剑骑白马冲锋在前，果断指挥，英勇顽强，欲拼一死以谢天下豪杰。后因武器不济，粮饷缺乏，战斗失利于秦皇寺，东路民军决计分兵向州县发展，转战川南各地。

龙鸣剑和王天杰率军转战嘉定、宜宾一带。队伍到达嘉定时，龙鸣剑嘱王天杰率部分民军返荣县。王天杰回县后，吴玉章即同王天杰商议，于1911年9月25日，宣布荣县独立。

在进军叙府时，龙鸣剑因组织武装起义积劳成疾，加上戎马征战中饱尝艰辛，早已重病在身。亲友都劝他在家治病，他死心已决，婉言谢绝了。龙鸣剑欣闻荣县独立消息，又听说此时端方率鄂军至资州，并令巡防清军据守自流井、贡井一带，准备围攻荣县。为保护荣县革命成果，龙鸣剑不顾重病在身，决计"捣叙救荣"。他带病突围至宜宾地界，集聚民军数千人分前后两路向叙府前进。

龙鸣剑在军中病情恶化。他于11月24日给家人信中写道："我当此不平之世，忧愤甚深，祈死已久，不愿苟生，愤而起与政府宣战，理势迫之使然，并非好乱也。……吾生平作事，自作自受，不幸而死，吾亦安之，宗旨然也。但须善事。"

当前路军将抵叙府时，龙鸣剑闻清军破荣县程家场，甚为忧愤。他数次吐血，病情恶化。病危期间，他仍在灯下致献策略："联合各路同盟会，先订军律及同盟条约，须预备一月，次行筹足军饷，再次定期直捣成都。"临死的那天早上，他倚栏远望，涕泪如流，为王天杰规划了求贤、筹饷、练兵、造械、保民、慎行等六大策略，并书《绝命诗》一首：

> 槛边极目望三荣，
> 惨淡愁云四野生。
> 不识同群还在否，
> 可怜我哭不成声。

龙鸣剑烈士墓

1911 年 11 月 26 日，龙鸣剑在叙府徐场杨湾赵家大院含恨逝世，年仅 34 岁。入葬那天，荣县、叙府两地群众上万人自动前往悼念。

龙鸣剑亲历了同盟会的前期斗争阶段，走过了四川保路斗争的大部分战斗历程，在革命的几个紧要关头皆身居要位，建下丰功。吴玉章说："龙鸣剑为中国的资产阶级民主革命奋斗一生。……像龙鸣剑这样的人，才是辛亥革命真正的英雄。"

（荣县宣传杂志社编写，刘乔改编）

参考资料：

1. 史占扬. 光辉业绩昭日月 先烈精神现国魂：记辛亥四川保路运动英烈龙鸣剑、谢奉琦、杨维事迹和遗物［J］. 四川文物，1991（4）：53－56.

2. 荣县魂. 辛亥首义荣县双雄：王天杰、龙鸣剑［J］. 现代人才，2011（5）：55－58.

3. 李新，任一民. 辛亥革命时期的历史人物（下）［M］. 北京：中国青年出版社，1983.

4. 中国人民政治协商会议四川省文史资料研究委员会，四川省人民政府文史研究馆. 四川保路风云录［M］. 成都：四川人民出版社，1981.

5. 李广生等. 时代笔录：辛亥革命亲历亲闻［M］. 天津：百花文艺出版社，2012.

6. 隗瀛涛，赵清. 四川辛亥革命史料（下）［M］. 成都：四川人民出版社，1982.

7. 杨轩，杜阳林. 龙鸣剑［M］. 北京：团结出版社，2018.

8. 甘犁. 首义先天下：吴玉章和辛亥荣县独立［J］. 红岩春秋，2001（6）：3－12.

9. 彭慧. 辛亥革命荣县独立刍议［J］. 中华文化论坛，2015（12）：67－72.

10. 王笛. 清末四川留日学生述概［J］. 四川大学学报（哲学社会科学版），1987（3）：80－92.

11. 涂鸣皋. 辛亥革命在四川［J］. 西南师范大学学报（人文社会科学版），1979（3）：78－89.

董修武烈士——不信东风换不回

董修武烈士

忍见神州遭破坏，
愿祝吾身化杜鹃。
遍告同胞夜啼血，
不信东风换不回。

这是董修武（1879—1915）发表于他在日本所创办的《鹃声》杂志上的一首诗。董修武，名发科，字特生，生于1879年，四川省巴中县光辉乡人，是中国近代民主革命家，在日本入同盟会，后回国主持同盟会四川支部工作，中国同盟会改组为国民党后，董修武任国民党驻川负责人，后被阴谋复辟帝制的袁世凯派心腹陈宧所杀害，年仅36岁。

东渡日本求学

董修武家境殷实，祖父董毓清佃耕农田数亩，父亲董必禄经营"董兴顺"百货店。董修武从小聪颖好学，16岁考中秀才。1895年，清廷甲午战争失败的消息传到巴中，董修武痛心于空前严重的民族危机，想寻找一条救国之路，"书生报国成何计"。这个时期，维新变法思想广泛传播。董修武在阅读了许多传播新思想的书报后，萌发了乘时报国的强烈愿望。

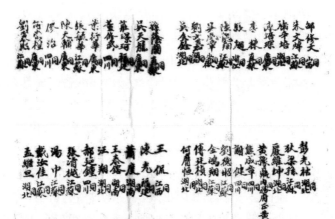

董修武在四川省城高等学堂宣统三年（1911 年）廷试游学毕业生内用名单中

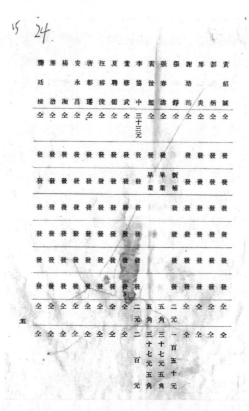

董修武在光绪三十四年（1908 年）四川省官费生学费报销册中

《辛丑条约》签订后，清政府仿效日本改革教育，推行新政，"废科举、兴学堂，改旧学、倡新学"，在全国普遍设立新式学堂和广派留学生出国。国内出现了一批教授日语并以日语进行普通教育的各种学校——时称"东文学堂"。成都东文学堂，是 1902 年由康有为的老师、四川学政吴郁生创办的，其宗旨就是为学生补习日语并做出国准备。成都东文学堂的学生由各州县学中选派，毕业后以官费资送日本留学。董修武由州署保举应考，因成绩优异而被录取。在校期间，他"结纳皆一时俊异之选"，与同学董鸿诗、刘季刚和张俊生等十余人秘密组织进步小团体。董修武深受传入四川的革命书刊的影响，崇敬孙中山的言行，"悉建房之贪暴蠹国，夙有革命之志"。他在学校常对进步同学说："他日后有机会，要与孙文相见。"1904 年，怀揣着革命救国的梦想，董修武获官费东渡日本求学。

1905 年 7 月，孙中山返回日本活动，准备筹备成立中国同盟会。董修武首次与之相见，"彼此相谈甚为融洽"。时年，光复会领袖章太炎也由沪出狱，董修武回国将其从上海迎到东京，"深敬其学行之精，还拟雉以从之游辙"。董修武与章太炎相谈投机，交往频繁。董修武在孙中山和章太炎之间沟通意见，成为兴中会与光复会联系合作的桥梁。8 月 20 日，兴中会、光复会和华兴会在东京联合成立中国同盟会。到会者约 100 人，除了甘肃尚未派留日学生之外，其他的关内 17 省都有人参加。大会通过孙中山起草的《同盟会宣言》《同盟会对外宣言》以及黄兴起草的同盟会会章。会上推举孙中山为总理，黄兴为执行部庶务长，董修武和四川籍留日学生熊克武、吴玉章、但懋辛、黄复生、吴鼎昌等被选为评议部评议员，参与中国同盟会的大事决策，"会中同志咸称修武为能"。中国同盟会在推翻清政府、结束中国两千多年封建帝制的辛亥革命中起到了重要的作用。在同盟会的组织下，各省会员相继归国举义，如胡瑛入鄂，秋瑾入浙，熊克武、佘英入川，喻培伦入粤，黄复生、汪精卫入京等，这些活动"多共修武计谋"。后来同盟会创办机关报《民报》，宣传民族革命思想。董修武、黄复生为之奔走，筹集资款、购买印刷机、采办物资等，出力甚多。《民报》使民主革命思潮在国内进步人士中广泛流传，在全国人民和海外华侨中扩大了革命的影响，极大地推动了中国资产阶级民主革命运动的发展，为辛亥革命的胜利，进行了必要的思想准备，因此，有人赞扬董修武："《民报》风靡神理，君实为其主。"董修武在日期间，不仅与宋教仁、于右任、吴玉章、张澜、熊克武、黄复生等著名革命活动家来往密切，还与四川籍的同盟会会员共同创办了《鹃声》杂志，宣传推翻帝制，实行民主。1908 年，董修武毕业于日本中央大学政治经济科。

参与国内革命

1907 年 9 月 8 日，成都同盟会决定发动成都起义，由四川省城高等学堂学生、同盟会会员张培爵、廖泽宽等组织学生，"借清太后寿辰，尽殄同城诸吏"。不料事情泄露，华阳知县王揆等搜捕革命党人，张培爵得知消息离开，杨维、黄方等六人被捕，这就是"丁未成都六君子事件"。成都同盟会重要会员熊克武、谢持、余英等也被通缉在案，成都的同盟会会员零星散落，工作很难开展。1911 年 4 月，董修武受孙中山之命回国主持同盟会四川支部工作。董修武取道北京返回四川，受聘为四川通省法政学堂绅班教员。四川法政学堂分为"官班""绅班"。官班是为有科举功名和世家阀阅的人而设，而绅班主要招收无功名的士绅及其弟子。法政学堂除了中国古典旧学外，大多采用日本教材，仿照日本模式，聘用日本留学回国的人做教习。绅班教员的"人设"正好便于董修武掩护身份，进行秘密活动。

作为经验丰富的同盟会会员，董修武团结党人，工作很有起色。武昌起义爆发后，他被在川同盟会会员黄遂生等人以及军界、学界一百余人推举为召集人，筹划响应起义。1911 年 11 月 22 日，四川总督赵尔丰见大势已去，被迫将政权交与川人，并与立宪派订立《四川独立条约》三十条。11 月 27 日，大汉四川军政府成立，谘议局议长蒲殿俊①任都督，陆军十七镇统制朱庆澜为副都督。"蒲赵订约事，原极秘密，及发表后，虽人人有反对之心，而党人留省城者甚少，势微力弱，亦无如之何"。在此形势下，董修武、方声涛等连日召开会议，商讨策略。他们"一面联络同志，一面遣人到渝请兵"，"谋即日推倒之"。此时，吴玉章等早在荣县组织了起义，9 月 25 日就已宣布荣县独立。董修武与吴玉章在内江会晤，共筹大计。于是，他们决定董修武回成都，吴玉章赴重庆，分头进行工作。

蒲殿俊主持军政府后，企图拉拢中国同盟会以装点门面。董修武看清

---

① 蒲殿俊为四川保路运动中坚人物，但后来经不起赵尔丰的诱导，表现出了十足的软弱性。

了情势，竭力反对，声称同盟会人不参加蒲之军政府。为了推进革命，董修武在南较场召开万人大会，会场高悬一牌，大书："同盟会会长孙文，副会长董修武代。"董修武在大会上演说，阐明中国同盟会革命宗旨是"驱逐鞑虏，恢复中华；建立民国，平均地权"。于是，"孙文之名传至家喻户晓"。1911年12月8日，赵尔丰密谋复辟，蒲殿俊、朱庆澜军队发生兵变，蒲、朱易服出走，军政部长尹昌衡率部进驻皇城都督府。12月9日夜，董修武、张澜与一部分军政界人士在军政府开联席会议，商组军政府。最后宣布刚成立的大汉四川军政府实行军民分治，同盟会会员尹昌衡为都督，罗纶为副都督，董修武为四川政务处总理兼民政、财政总长。在某种意义上，四川的行政权力相当一部分由同盟会四川省支部书记、四川政务处总理董修武掌握。

"罗纶病，不克治事，规画处置，专决于修武。"董修武所主持的总政处"为一切政事之总汇，凡出入文牍及发布命令皆须经过本处始为有效。"面对拮据的财政，董修武出谋划策，"亲治财政，制发纸币"。他一边制发军用纸币，分一元、五元、十元三种，由四川官银行浚川源号发行流通市面，一年后加息收回；一边调整税收、田赋，裁减苛捐，统一正税、副税，财政困难得到一定的缓解。

1911年11月22日，重庆宣布成立蜀军政府，革命党人根据蜀军政府组织大纲，公举中国同盟会会员张培爵为正都督，夏之时为副都督；杨沧白、朱之洪为高等顾问；林绍泉为蜀军总司令兼参谋部长。蜀军政府和大汉四川军政府在成渝分治。由于成渝分治，两军政府事权不统一，财政亦无法整理。尹昌衡提议以兵力统一，董修武则"力持不可，谓非协谋统一，以昭示大公"，"滇军骄悍，哥老纵横，长此拖延不决，引民痛苦必深，究其终极，势将两败俱伤，于是首创合并之议"。经过和重庆同盟会张培爵、熊克武、杨庶堪、谢持等协商，1912年4月27日成渝两军政府合并，尹昌衡任都督，张培爵任副都督，董修武以"成渝军政府合并，其力尤多"被推为总政处总理。军政府通电全国，宣告统一的四川军政府成立了。

英勇就义

1912年4月，孙中山卸任临时大总统职务，由袁世凯继任。袁世凯任命尹昌衡为川康经略使，将其调离成都，并安插亲信胡景伊代理四川都督。董修武与胡景伊道不同不相与谋，于9月辞去四川军政府本兼各职，而专主四川同盟会会务。

1912年8月，同盟会改组为国民党。董修武在成都设立国民党办事机构，被推举为国民党驻川负责人。1913年3月，袁世凯谋杀宋教仁，全国为之震惊。董修武悲愤万分，在成都召开隆重的追悼会。在追悼会上，董修武慷慨陈词，愤怒声讨袁世凯。他用自己的衣服和帽子装饰宋教仁的遗像，激励唤醒民众。同年，四川省议会选举，国民党赢得多数票，胡景伊更将董修武视为心腹之患，严密监视，欲除之而后快。二次革命失败后，董修武处境也愈发险恶。他于1913年8月离开成都，欲经沪赴日，面见孙中山，但在川北太和镇被胡景伊派兵抓回，"指诬昔主财政，滥发军用纸币以殃民，欲加显戮。"此事发生后，"民党大哗，景伊私惧而止"。因无任何谋私罪证，加上国民党人及社会各界的舆论压力，董修武在被囚一百余天后，得以无罪释放。董修武出狱后，除负责国民党党务外，同时从事实业活动。他创办同益曹达公司，"行销省内外"。另外，他又集款设立聚昌印刷公司，"每天可印报章，书籍页数以万计"。

1915年，袁世凯图谋复辟帝制，为控制四川，派其心腹陈宧率军入川，任四川巡按使。袁世凯以"修武为川中革命党首，嘱陈宧图之"。孙中山在日本知道这个情况后，密电于右任，让他转告董修武早日离开成都。但是，董修武早已被人秘密监视，难以成行。7月22日，上任不到十日的陈宧再次以"滥发军用币"之罪状将董修武押到祈水庙军法处。7月29日，董修武被缢杀于狱中，年仅36岁。

董修武牺牲后，省议会于1919年在成都为其隆重举行追悼会，入祀忠烈祠。1937年，国民党元老于右任、冯玉祥等呈国民政府明令褒扬，将其生平事迹宣付国史馆，并予公葬。1984年，巴中县委、县政府将其坟墓迁葬东郊凌云塔旁。

巴中为纪念董修武和李挽澜修建的回风亭

巴中塔子山董修武塑像

（刘乔编写）

参考资料：

1. 道本自然. 辛亥革命先驱董修武家祭［EB/OL］. http://blog. sina. com. cn/s/ blog＿47416aad0102drg7. html.

2.《四川大学史稿》编审委员会. 四川大学史稿：第一卷（四川大学 1896—1949）[M]. 成都：四川大学出版社，2006.

3. 任一民. 四川近现代人物传：第 2 辑［M］. 成都：四川省社会科学院出版社，1986.

4. 李元进. 论民国时期巴中地区的教育环境［J］. 现代职业教育，2020（7）：1-5.

5. 巴中县政协文史资料研究委员会. 巴中文史资料（第 1 辑）［Z］. 1987.

6. 隗瀛涛，赵清. 四川辛亥革命史料（下）［M］. 成都：四川人民出版社，1982.

7. 王端朝. 可爱巴中［M］. 北京：大众文艺出版社，2006.

8. 四川辛亥革命暨尹昌衡国际学术研讨会组委会. 四川辛亥革命暨尹昌衡国际学术研讨会论文集［M］. 北京：中国社会科学出版社，2014.

9. 曾业英，周斌. 尹昌衡集［M］. 北京：社会科学文献出版社，2011.

10. 戴执礼. 四川保路运动史料汇纂［M］. 台北："中央研究院"近代史研究所，1984.

11. 王笛. 清末四川留日学生述概［J］. 四川大学学报（哲学社会科学版），1987（3）：80-92.

12. 张惠昌. 孙中山对四川革命志士的培育［J］. 文史杂志，1991（5）：11-12.

13. 四川省地方志编纂委员会. 四川省志：人物志［M］. 成都：四川人民出版社，2001.

胡良辅烈士——究竟碑功哪个高

在四川大学档案馆的馆藏档案中，有一份四川省城高等学堂的关于"移送请补入高等学堂肄业学生清单"。在威远县监生那栏，清晰记载着一个名字——胡良辅（1883—1911）。胡良辅并非学业不精而肄业，却是为了共和抛头颅洒热血，在四川保路运动中英勇牺牲。

加入同盟会

胡良辅，字驭垓，又作御阶。1883 年，他出生于四川省威远县界牌镇。胡良辅从小聪慧过人，幼年在当地就读，后入县高等小学堂。1906 年，23 岁的胡良辅以监生身份来到成都，在四川通省师范学堂学习，后入四川省城高等学堂。四川通省师范学堂的学生是由省中各府县定额申送的，该学堂是为了培养中小学师资设立的，因而学生毕业后是要服务于教育界的。

来到省城成都后，胡良辅更加关心国家大事。目睹了清末朝廷的腐朽和卖国的现实，他被晚清民主革命思想所影响，加入了同盟会。在成都的同盟会主要以学堂为活动基地，以师生为发展对象，所以，辛亥革命前同盟会在成都各学堂都比较活跃。四川省城高等学堂是同盟会在四川的重要据点，学堂总理胡峻就是同盟会成员。1908 年秋，胡良辅与同盟会负责人在成都组织力量，密谋武装起义。不料密泄，胡良辅被迫游走于嘉定（乐山）、叙州（宜宾）等地。

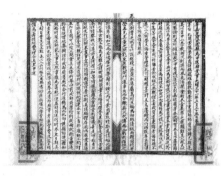

胡良辅在光绪三十二年（1906 年）四川通省师范学堂关于申送监生胡良辅、
文生殷亮等入堂肄业的验折中

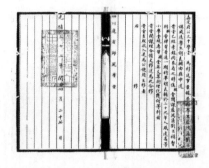

胡良辅在光绪三十二年（1906 年）四川通省师范学堂关于移送蓝鸿藻、刘丕摸、
胡良辅在该堂学习情况的移文中

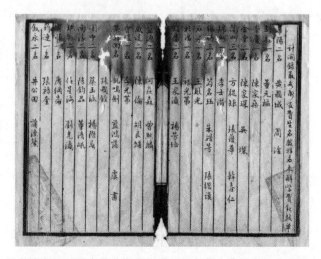

胡良辅在四川通省师范学堂札催各属官费生费银未经申解函中

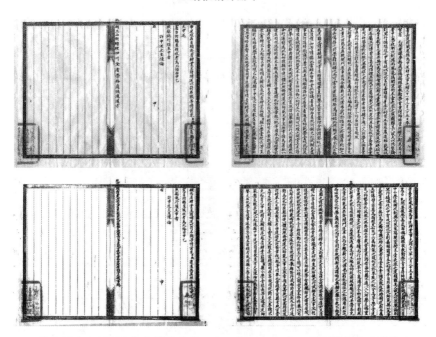

胡良辅在四川通省师范学堂造报光绪三十二年（1906 年）七月份收入经费银两
呈请核销详册中

胡良辅在四川通省师范学堂光绪三十二年（1906 年）关于补送文生陈伦
赴省学习师范的验折中

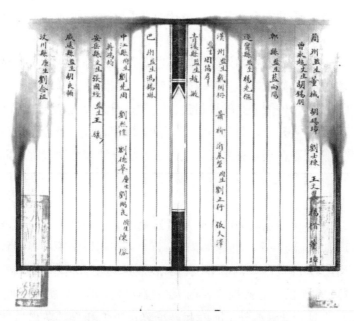

胡良辅在四川省城高等学堂移送补入学生清单中

胡良辅在四川省城高等学堂投考学生年龄籍贯姓名底册中

投身保路运动

1911 年 5 月 9 日，清廷为了满足西方列强的要求，宣布铁路国有，引起全国人民反对，四川人民更是群情激愤，成立了"四川保路同志会"，要求"破约保路"。胡良辅被选为嘉定府所属七县保路同志会评议长，奔走于资中、荣县、威远、富顺、自流井等地，号召民众以武装斗争推翻清朝统治。四川保路同志会兴起后，清廷加紧了镇压。1911 年 9 月 7 日，四川总督赵尔丰诱捕保路运动的中坚人物蒲殿俊、罗纶等九人，并开枪屠杀请愿民众，这就是震惊省内外的"成都血案"。"成都血案"发生后，胡良辅回威远建立保路同志军，参与攻打成都，任东路军行军参谋。由于数战未能取胜，于是，他们分兵转战州县。9 月 25 日，吴玉章、王天杰在荣县学署衙门召集各界开会，"宣布独立，自理县政"，成立革命军政府，脱离清王朝统治。荣县在全省首先宣布独立后，胡良辅奉命回威远会同本县杨绍南、晏锡三等攻克县城，宣布威远独立，成立军政府。他担任了副军政长。

当入川镇压保路运动的清巡防军直逼威远时，胡良辅兵分两路，殊死抗击。11 月 6 日至 7 日，胡良辅率部一万余人与清巡防军在界牌场展开四川保路抗清三大战役之一的威井战役（在威远县至自流井一线展开）。保路同志军英勇顽强，浴血扼守，两天一夜，寸步不让，捍卫了威远的独立。11 月 11 日，威远城外土匪蜂起，军政长董伯和率部队出城剿捕。由于董伯和暗通敌方，郭藩、袁葆初等人纠集无赖，于夜半时分，闯入县高等小学堂，绑架了熟睡中的胡良辅，将其拘留在城东杜康庙内。翌日，胡良辅被杀害于县城南华宫门外。敌人割下他的双耳，函送端方报功。胡良辅牺牲时年仅 28 岁，遗体葬在县城西门外济孤坝。

由于在保路运动中的卓越功绩，胡良辅被称为"四川保路先锋"。1983 年，威远县人民政府拨款重新整修了胡良辅烈士墓塔和烈士殉国处石碑，并将其定为县级文物保护单位。

（刘乔编写）

参考资料：

1. 孙明. 烈士的正名：四川保路运动侯宝斋案、胡驭垓案考论 ［J］. 近代史研究，2012（3）：129－140.

2. 戴执礼. 辛亥四川保路运动的历史意义 ［J］. 人文杂志，1958（2）：88－96.

3. 上海自由社. 革命党小传 ［M］. 上海：上海自由社，1912.

4. 章开沅. 辛亥革命辞典 ［M］. 武汉：武汉出版社，2011.

5. 中国人民政治协商会议四川省威远县委员会学习和文史资料委员会. 威远文史

资料：第 17 辑　人物专辑［Z］. 2001.

6. 隗瀛涛，赵清. 四川辛亥革命史料（下）［M］. 成都：四川人民出版社，1982.

7. 中国人民政治协商会议四川省内江市委员会文史资料研究委员会. 内江文史资料：第 1 辑［Z］. 1986.

蒋淳风烈士——自古英雄不惜年

在 20 世纪初年，轰轰烈烈的保路运动爆发，成为辛亥革命的前奏。在这场"破约保路"的爱国运动中，当时的四川省城高等学堂、师范学堂、农业学堂、法政学堂、工业学堂（均为四川大学前身）等学校的师生成为最为重要和最为活跃的中坚力量。蒋淳风（1868—1911）烈士是其中的代表人物之一。

初入同盟会

蒋淳风，四川省崇宁县城西沙子河（现成都市郫都区新胜乡高篱村）人。他生于清同治七年七月初八（1868 年 8 月 19 日）。本姓魏，年少时父亲去世，随母改嫁，改继父姓氏。他曾肄业于成都府中学堂（今成都市石室中学），后就读于当时的四川通省农业学堂下属蚕桑讲习所。在中学时代，他就追求救国真理，常读宣传革命的书刊。

清光绪三十四年六月（1908 年 7 月），经同乡，即后来曾参加二次革命、护国战争、护法战争的四川陆军学堂毕业的川西同盟会负责人杨靖中（1883—1934）介绍，他加入同盟会，任宣传员，积极宣传革命。他曾经几次随杨靖中准备起义，皆未得时机。

保路惊雷中

保路运动爆发于四川、湖北、湖南及广东等省，尤以四川为主。当时清政府为缓解财政压力，在 1911 年 6 月经邮传部大臣盛宣怀提议，用"发给铁路股票，概不退还现款"的方式来处置"川汉铁路"股款，并以借洋债而抵押川省财政要挟四川绅民。这一处理办法不仅漠视民权，出卖路权，更是断丧国权。消息一出，即激起川省民众的激烈反对。

1911 年 6 月 11 日，四川铁路公司于成都召开会议，与会人员群情激愤，由川省谘议局出面发起保路斗争。6 月 17 日，川汉铁路公司在成都开会，宣布成立保路同志会，蒲殿俊、罗纶分任正副会长。四川保路同志会成立后，积极发动民众，不到半个月会员已逾十万人，各州、县、镇纷纷成立保路同志会分会。蒋淳风在成都参加保路同志会并任讲演员。他迅即返县组织保路同志协会，并暗集武力以作后援。

"成都血案"后

1911年9月7日，川督赵尔丰诱捕保路同志会领导人蒲殿俊、罗纶、颜楷、邓孝可和张澜等人。消息传开后，民众纷纷奔赴总督衙门请愿，要求释放蒲殿俊、罗纶等保路领导人。赵尔丰不仅无视群众意愿，派军警阻挠请愿活动，且向群众开枪，当场杀害请愿群众32人，酿成史称"成都血案"的惨剧。

四川总督衙门

"成都血案"（图画）

"成都血案"发生后，各地组织保路同志军向成都进发，意图攻破清政府在川的最后堡垒。赵尔丰坐困城内，束手无策。在杨靖中的领导下，以成都各大学堂和中小学堂的学生为主组成了多达 500 余人的学生军，蒋淳风担任大队长。他与高照林等以援救蒲殿俊、罗纶为名举行武装起义，与各路保路同志军一起进军成都。在《大波》中，李劼人曾经这样写道：

李劼人《大波》

说起来，蒋淳风只是成都蚕桑学堂一名学生，在那个处处都讲究资格出身的时代，他怎能得到众人的认可，居然充当了学生军的大队长呢？据汪子宜解释起来，还是有原因的：第一，他是同盟会会员，又参加了哥老会，张尊、张捷先都是栽培过他的恩拜兄；同时，张尊、张捷先之加入同盟会，他又是联络人之一。其次，他为人活动，富有冒险精神，平日就敢于在凤凰山的陆军公园进进出出，和新军当中、弁目队当中那些革命分子打得火热，当朱之洪——就是朱叔痴——到成都来开股东大会，暗中约集在成都的会员商量大事时候，他曾跟着他学堂监督曹笃参加过一次。再其次，成都刚刚罢市罢课，他已看出一些苗头，并不和其他会员商量，甚至连曹监督也未告诉，便单人独骑跑到新场和崇义铺找着张尊、张捷先，做了些利用时机的部署。

汪子宜说："如其不然，这个正西路同志军怎会成立得这么快，三几天工夫，就集合到几千人，并且井井有条？"

后来证明，川西、川南以及川北一角的一些同志军，虽不完全由于得到张尊、张捷先的字样，才纷起响应，但是的确可以说，正西路同志军是为其他各路同志军开了一条先路，立了一个榜样。蒋淳风在这中间，当然起了些作用，别人不知，张尊、张捷先当然明白。因此，学生军成立之后，便特别找他来担任大队长。

学生军大队之下，一下能够编成四个中队，也出乎一般人意料之外。

当其正在筹画成立正西路同志军，用来代替一般斯文先生所组织的业已显出软弱无力的同志会的时候，都没有想到风声一传出，便从郫县、崇宁县、灌县、崇庆州、大邑县、蒲江县、温江县、双流县、新都县、新繁县、新津县、汉州、简州、成都县、华阳县这些川西坝和其边缘地方的中小学堂，跑来了好几百学生，吵着闹着：他们也是国民一分子，他们要投军，他们要拿起家伙来反对专制魔王赵尔丰，反对卖国贼盛宣怀、端方，反对出卖故乡的不肖川人李稷勋、甘大璋、宋育仁，他们不惜牺牲流血！

英雄学生军

9月9日，杨靖中、张捷先、高照林、张熙、刘荫西、姚宝珊、蒋淳风等率领的多支同志军在郫县犀浦汇合。9月12日，学生军作为保路同志军西路军的先锋队，浩浩荡荡向成都进发。前队刚抵犀浦场近郊约一里许，四川总督赵尔丰从成都调派的亲信部队巡防军一营便立即向西南街出击，对同志军形成包围之势，首先与学生军接火于二门桥。学生军凭借爱国热情所迸发出的拼搏精神，置身在枪林弹雨中，手持大刀、长矛、梭镖等武器，与巡防军展开厮杀。各路同志大军紧紧跟上，战线扩大到清明碑、雍家桥、火烧桥等地，尤以清明碑附近战斗最为激烈。在短兵相接的白刃战中，蒋淳风率领的学生军作战非常勇敢。

经过数小时的冲杀，大队长蒋淳风壮烈牺牲，时年43岁。同时，两名分队长阵亡，学生军伤亡过半。但是，经过此次犀浦战斗，清军亦伤亡惨重，不敢继续前进。因此，同志军主力得以充分准备，在太平寺附近给来攻的清军以迎头痛击。

（潘坤、王继红编写，党跃武改编）

参考资料：

1. 郫县志编纂委员会. 郫县志［M］. 成都：四川人民出版社，1989.

2. 成都市地方志编纂委员会办公室. 成都人讲成都往事［M］. 成都：四川大学出版社，2016.

3. 李劼人. 大波（重写本）［M］. 成都：四川文艺出版社，2011.

4. 四川省政协文史资料和学习委员会. 辛亥波涛：纪念辛亥革命与四川保路运动一百周年文集［M］. 成都：天地出版社，2012.

5. 政协四川省文史资料研究委员会，四川省人民政府文史研究馆. 四川保路风云录［M］. 成都：四川人民出版社，1981.

6. 隗瀛涛. 辛亥四川保路运动［J］. 历史教学，1961（Z2）：21－27.

7. 潘坤，王继红. 保路运动中的四川通省农业学堂［J］. 四川档案，2020（2）：58－59.

8. 谢大欣. 四川学生运动在保路运动中的贡献［J］. 成都理工大学学报（社会科学版），2011，19（5）：10－13.

9. 成都市政协文史学习委员会. 成都文史资料选编：辛亥前后卷［M］. 成都：四川人民出版社，2007.

刘养愚烈士——万言家书寄衷肠

一份辛亥革命时期的《四川同盟会会员表》记载，毕业于当时的四川通省农业学堂（四川大学前身）蚕桑讲习所的刘养愚（1883—1915），字次文，号致中，四川省涪陵县（现重庆市涪陵区）人，在就读期间加入同盟会。他在保路运动中积极奔走，为革命党人传播消息，组织保路同志军，不幸于 1915 年牺牲。

奔走呼号

刘养愚，1883 年出生于涪陵的一个清贫家庭。幼年时，他父母双亡，由兄嫂抚养成人。他曾以最优成绩毕业于涪陵县立高等小学校，于是考入当时的四川通省农业学堂蚕桑讲习所。在校期间，他由黄树中介绍加入同盟会，开始走上革命的道路。

蜀中同盟会会徽

（注：高野大雄君为孙中山别号）

1911 年毕业后，刘养愚返归故里。适四川保路风潮突起，他立即奔走呼号，积极投身保路运动。同年 10 月，武昌起义成功后，他联系同志密谋响应，很快光复重庆与涪陵等地。

中华民国建立后，应老师、酉阳县知县陈佶之约，刘养愚参与酉阳县政，任该县分知事。1913 年春，他因病辞职回乡。不久，他前往成都。此时，因宋教仁遇刺案和袁世凯大借款案发，全国骚动，二次革命爆发，熊克武在重庆誓师讨袁。他不顾疾病在身，星夜驰奔泸州，准备劝说守军反戈，但是没有成功。他又前往四川讨袁军川江水师司令余际唐、参谋长陈芷湘处，共筹取泸之计，仍然没有结果。于是，他微服还家，闭门不出。1914 年，他担任涪陵县蚕学讲员。同年 6 月趁赴重庆购置仪器之机，他与嘉定（今四川乐山）白岩三郎（王宁元，又名公孙十三郎）等会晤，组织机关，再图举事。因事机泄露，他遭到通缉，于 11 月逃至湖北宜昌。该县密侦钟子猷因为是同乡，刘养愚没有怀疑其身份和图谋，因而常常在钟的面前直抒胸臆，表达他的理想和追求。

英勇就义

1915 年，曾组织强国会的柏文蔚等志士潜赴宜昌，与刘养愚密定大计，委托他负责湖北等地相关工作。王维先、夏祗承、李鸾笙等人先后来到宜昌，与刘养愚谋事。钟子猷和另外一名警署人员胡羽听说他将要离开宜昌，就设计邀请他们四位到万春年餐馆酒叙。6 月 26 日，他们正在餐馆中，得到密报的宜昌县知事丁春膏亲自带兵将刘养愚等逮捕。他毫无畏惧，坦承所作所为。后经袁世凯批准，四人中刘养愚作为首犯被处以极刑，其余三人被判无期或有期徒刑。

1915 年 10 月 2 日，他被提往大堂宣示。在大堂上，他慷慨激昂，没有一点胆怯，还索取纸笔写下给父母的家书。不给他纸笔，他就口授让人记录。洋洋洒洒近万言，闻者皆为之扼腕叹息。行刑场距县署大约一里左右，他步行轩然而至，最后英勇就义。时年 32 岁，无子无女的他离开了这个世界，却留下他的英名。

（潘坤、王继红编写，党跃武改编）

参考资料：

1. 隗瀛涛，赵清. 四川辛亥革命史料（下）[M]. 成都：四川人民出版社，1982.

2.《涪陵辞典》编纂委员会. 涪陵辞典 [M]. 重庆：重庆出版社，2003.

3. 潘坤，王继红. 保路运动中的四川通省农业学堂［J］. 四川档案，2020（2）：58－59.

4. 刘国铭. 中国国民党百年人物全书［M］. 北京：团结出版社，2005.

5. 刘洪安，王生炳. 中华青年英烈辞典［M］. 武汉：湖北人民出版社，1991.

第二篇　巴蜀星火势燎原

王右木烈士——做中国的新青年

王右木烈士

　　20 世纪 10 年代至 20 年代初期，当时的国立成都高等师范学校（四川大学前身）既是五四运动在四川的策源地，又是四川传播马克思主义的基地和革命者的摇篮。一批具有共产主义思想的知识分子，如吴玉章、恽代英、杨闇公、童庸生等，集结校内进行活动。他们中的代表人物，应当首推本校教员王右木（1887—1924）。

　　作为四川最早传播马克思主义的先驱者、革命群众运动的宣传者和组织者、四川地区中国共产党和中国社会主义青年团组织的主要创始者之一，王右木的一生虽然短暂，但留给我们的精神财富却极为丰富。

生在风雨中

四川省江油县武都镇是一个有千年历史的依山傍水、风景秀丽的小城，背靠巍巍的龙门山脉，面临碧绿奔流的涪江。王右木，原名王丕昌，曾用名燧、燧人、祐谟、佑木等，1887 年 11 月 12 日就出生在这里。

王右木出生的时代，神州大地灾难深重，风雨飘摇。其父王源光，为前清秀才，做过教书先生。后来家道中落，王源光只有做点小生意糊口。最后，他竟连小生意也做不下去了，因蚀本躲债，远走他乡。王右木从小由当塾师的大哥王初龄抚养。

王初龄是个正直的旧式知识分子，王右木随他一起生活，日子虽然贫寒，却能受到良好的文化熏陶。大哥经常给他讲爱国将领岳飞、文天祥的爱国故事，使他幼小的心灵萌生了报效祖国、救民水火的爱国主义情愫。

在少年时代，王右木先后就学于江油县登龙书院和龙安府巨山书院，"应童生试，名列前茅"。他目睹了清政府腐败无能、民族危机进一步加深的现实。1906 年 8 月，江油同盟会会员李实、何如道、高云麟等在家乡高举义旗，策动以武装推翻清王朝，建立共和。王右木这时已是 19 岁的青年塾师了。他对发生在身边的革命斗争，寄予了无限的希望。但是，势单力薄的起义斗争在清王朝的残酷镇压下，最后还是失败了。王右木对此"痛心疾首"，他又一次失望了。救国的道路，究竟在哪里呢？

艰难求索

1907 年夏天，20 岁的王右木以优异成绩考入当时的四川通省师范学堂（四川大学前身）优级师范科。该部专为年龄较大，又稍有功名的读书人设立，毕业后可任中学堂教习。他之所以要读师范，是受他大哥王初龄的影响。王初龄是一位受儒家影响很深的旧知识分子，奉孔孟之道，主张康有为、梁启超式的改良主义。他教训王右木，改良政治要先从教育入手，只要能培养出大量人才，国家就会有希望的。

当时正值辛亥革命前夕，成都已是四川革命党人活动的中心和集结地，四川通省师范学堂同样是他们活动的主要场所。教师中有许多外籍人士或留日归国学生，思想十分活跃，革命空气浓厚。在校内，他如饥似渴地阅读大量的进步书刊，如梁启超的《新民丛报》、严复翻译的《天演论》、邹容的《革命军》、陈天华的《猛回头》以及吴玉章主编的《四川》等。这些读物对王右木影响很大，他的民主革命思想进一步得到启蒙。在学校，他是一个勤奋的学生，同时非常注意锻炼身体，经常爬山、游泳、洗冷水浴。他认为，有广博知识而无强健体魄，是不能成就大事业的。

两年后，22岁的王右木毕业回到家乡，受聘为龙郡中学堂监督，即校长。他大力改革校务，整顿校风，一心想为国育才。但是，神州陆沉，国事日非，单单办好一所中学，对于国家民族又有多大补益？他认为，帝国主义列强之所以敲开了清王朝"闭关自守"的大门而在中国的土地上横行，是因为他们"船坚炮利"；我们要富国强兵，非振兴科学不可。由"教育救国"转而"科学救国"，王右木又于1910年重新考入母校数理科，此时学校已经更名为国立成都高等师范学校。

在校期间，辛亥革命爆发，大哥王初龄在江油县首倡共和。长期感到报国无门的王右木，激动异常，欢欣鼓舞，"乃立志专攻数理科，以提倡科学为己任，并经常团结有志之士，研讨国家政治，广为倡导，以发扬民主。"

但是，辛亥革命虽然推翻了几千年的封建专制统治，却没能使中国落后的现状有所改变。国家民族的出路究竟在哪里？王右木在学校时，与日本教习小川相识，过从甚多。他以为，日本自明治维新之后，国家日臻富强，人民生活安定，必有可资借鉴之处。在苦闷彷徨之余，他产生了前往日本学习考察的愿望。1913年秋，王右木毕业后重回龙郡中学堂任职。其间，他考取了官费留日学生资格。1914年，他辞家去国，浮海东渡，到日本留学。他一改初衷，由应庆大学理化科转入明治大学法制经济科，如同许多革命先驱一样，决心从改造社会入手来救国救民。

在日本期间，王右木与李大钊、李达等结识，参加中国留学生总会组织的反袁爱国运动。他有一位老朋友参加了筹安会为袁世凯捧场，王右木闻知后怒不可遏，面斥其非："如不退出，即与汝绝交！"

当时日本思想界比较活跃，马克思、恩格斯的著作广泛流传。关于社会主义各派别的著作，日本也都有译本。克鲁泡特金、普鲁东、傅立叶、李卜克内西、卢森堡、蔡特金、考茨基等的著作，他都仔细阅读、比较、研究。他除与进步学者山川均等来往密切外，还常常到京都大学听对马克思主义有较多研究的学者讲《政治经济学史》。他对"剩余价值论"和无产阶级革命的主张，表现了浓厚的兴趣。留日期间，时值俄国十月革命成功，他见到了革命诗人爱罗先珂。这些都给王右木以极大鼓舞，使他看到了祖国的希望。

1918 年秋，王右木以优异成绩毕业后，立即启程返国，回到家乡江油县。他的大哥王初龄为江油著名社会活动家，本欲让他填补改选后的省议员位置，但被他拒绝了。王右木说："我绝不能求自身荣达，去走升官发财之路。我到日本留学，是为了寻找救国救民的方法。现在我从日本回来……准备和普天下的劳苦大众一道，共同努力，摧毁这个吃人的黑暗社会。我怎能去当什么省议员呢？"

良师益友

1919 年 6 月，应校长杨若堃的聘请，王右木回到国立成都高等师范学校当学监，并兼任经济学和日文教员。从此，他以母校为基地开展革命活动。

由于五四运动的勃兴，反帝爱国浪潮席卷巴山蜀水。作为五四运动在四川的策源地的国立成都高等师范学校，广大师生高举民主与科学的大旗，声援北京学生抵制日货，反对封建军阀。提倡新思想和新文化、反对封建旧道德和旧文化的斗争，一浪高过一浪。革命青年在探索，在寻求，在行进。中国将去向何处？民族的出路在哪里？这些都成了摆在大家面前的迫切问题。

王右木在仔细地观察和深深地思考着。一些由师生和校友编辑的进步刊物，如《星期日》《四川学生潮》《威克烈》《直觉》等，先后出刊了。其内容既传布新思潮和宣传十月革命，但又有些分不清社会主义与无政府主义的界限；既反对封建旧思想、旧道德、旧文化，但又说不准中国的出路在哪里。这些矛盾现象给他以强烈的触动。他敏锐地感到，"必须抓住高师这支庞大的队伍"，"必须要有马克思主义作指导，用它来占领思想文化阵地"，并且"亟需要组织一支马克思主义的先进队伍"。

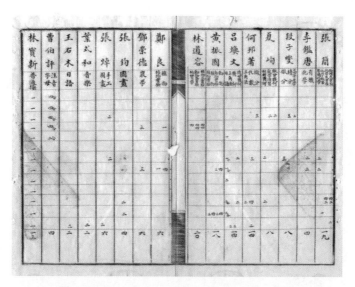

王右木在国立成都高等师范学校报送十年度周年概况报告中

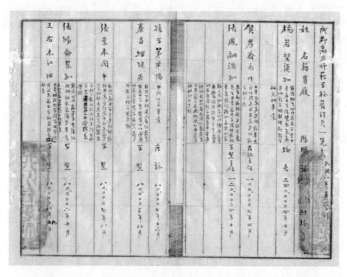

王右木在国立成都高等师范学校关于呈造送 1919 年招收
预科生暨教职员履历一览表中

王右木在国立成都高等师范学校关于本校 1920 年招收预科生
暨教职员履历一览表的呈函文中

王右木在国立成都高等师范学校关于本校 1921 年教职员暨预科
专修生履历及各科课程的呈函文中

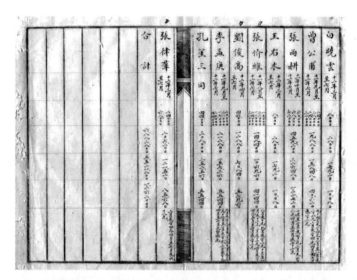

王右木在国立成都师范大学（国立成都高等师范学校）附中解职教职员欠薪表中

首先，他利用教学的机会，在课堂上宣传马克思主义。他讲经济学，就根据教科书上的纲目，结合实际，用形象的语言，深入浅出地讲解马克思主义经济理论。他很注意方法，讲课中并不曾谈"马克思"和"共产主义"，但常常使听课学生潜移默化地受到影响，逐步认识中国社会的某些本质问题。

王右木不像其他一些旧式教员那样喜欢摆架子。他平易近人，和蔼可亲。每次上课后，他总是把一项旧呢帽戴得矮矮的，悄悄走到教室侧边来找同学闲谈。下课后又有很多同学围着他谈问题，常常要一直谈到下一堂课的钟声响了他才能脱身。

他利用当学监的方便条件，指导学生的课外活动。他经常教育学生说："要研究新的社会科学，从旧的国故中走出来，做中国的新青年。"他在后来也并入四川大学的四川公立农业专门学校讲课时，针对当时一些空喊"实业救国"的论调，尖锐指出："中国政治问题不解决，经济问题就不可能解决，实业就没有前途。"

马克思读书会的启蒙者

1920 年初，在上海的陈独秀与在北京的李大钊相约在南北共同筹建党组织。当年 8 月，陈独秀在列宁派来的共产国际代表维辛斯基的帮助下，与李达、李汉俊等在上海建立了第一个共产主义小组。暑假期间，王右木前往上海考察，会见了陈独秀等，了解到上海和各地筹建党组织和《新青年》宣传马克思主义的情况，深受启发。

王右木返校后，即于年底在国立成都高等师范学校的皇城明远楼成立了马克思读书会。这是五四运动以后，四川地区最早诞生的以研究和宣传马克思主义为主要任务的革命群众组织。成员由国立成都高等师范学校和国立成都高等师范学校附中的师生发展到各校，中小学教师及少数工商业从业人员、工人、记者等后来也参加进来，达一百余人。

读书会由王右木直接指导，每周活动一次。他自费订购了《新青年》《觉悟》《东方杂志》等进步书刊，手抄、油印《共产党宣言》供会员学习。恽代英给会员讲阶级斗争。讲得最多的还是王右木，曾经专题讲过《资本论》《唯物史观》《社会主义神髓》等。他理论联系实际，深入浅出地揭露帝国主义和封建军阀的罪恶。他"发言激昂，鼓动性强，颇能打动听众的思想感情，是一个很好的革命理论宣传家"。成都南门外点将台、老西门外万福寺、武侯祠、杜甫草堂、青羊宫都留下了读书会会员们的足迹。

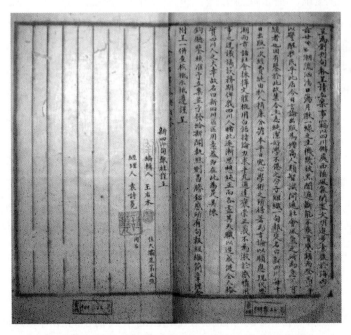

1920 年王右木和袁诗荛关于成立《新四川旬报》的报告

　　王右木和读书会会员们将理论与社会实际紧密结合起来，积极参加马克思主义理论指导下的各种社会活动。他们参加教育经费独立运动，组织工人与资本家的剥削作斗争，声援工人运动和学生运动的各种宣讲，他们还利用学界每年开运动会的机会进行反帝宣传，在运动场上写下："东方三岛如弹丸，荡浪沧海间，神州健儿力拔山，踏破有何难！"马克思读书会的建立，扩大了马克思主义在巴蜀大地的影响，团结了大批进步青年参加到革命运动中。四川地区许多共产主义党团组织的优秀干部，如童庸生、袁诗荛、廖恩波等，都是在读书会中受到启蒙，走上革命道路的。读书会为四川地区共产主义党团组织的建立，奠定了思想基础和组织基础。

　　有一次，王右木发现国立成都高等师范学校附中的学生刘孝祜、肖崇述等编了一张小报，名为《黎明》，内容主要是"不满当时的社会制度，不满军阀作威作福"。他亲自去请这两个学生到他的办公室谈话，鼓励他们要"多写社会，多写农村，多写穷苦人，多写帝国主义和兵匪在农村造成的残破和悲惨情况"，并吸收他们参加马克思读书会。

《人声》，人民的呼声

　　五四运动以后一段时期，面对无政府主义思潮的泛滥，王右木感到光靠读书会是不行的，必须有一个宣传马克思主义的刊物。于是，他主编的《人声》报便于1922年2月7日应运而生。何谓"人声"？用他的话说，这个刊物"应鼓动人民起来大声疾呼，提出人民的意愿和要求，代表人民的呼声"。《人声》报的编辑部就设在王右木家中，他集社长、编辑、主笔、内外杂务数职于一身，将大部分工资都用来办报。他邀请了国立成都高等师范学校附中直觉社成员刘先亮、马静沉等做编辑。

　　《人声》报是四川地区第一家以宣传马克思主义为主要任务的刊物。创刊宣言公开声明"要直接以马克思主义的要义"去分析社会问题，寻求解决办法。它深入浅出地介绍剩余价值、阶级斗争、无产阶级革命等基本理论，宣传十月社会主义革命，批判无政府主义，深刻揭露帝国主义和封建军阀的罪恶，猛烈抨击四川军阀拥兵虐民的防区制，深入探讨文化、妇女、青年等各方面的问题。

　　《人声》发表了新诗《"新"与"朽"之两不立》《生日》，号召青年们，要抱"绝对改造的观念"，"把现在所有一切旧社会——腐朽势力所凭借的——制度，一齐打倒，作根本改造"，高呼"我的仇人，救我的朋友！头可断，身可毁！再也不敢放弃这份人的责任"。

《人声》创刊不久，有几个青年学生创办了《平民之声》，宣传无政府主义。一天晚上，王右木亲自邀请《平民之声》的编辑吴先忧和张拾遗等到他家里，语重心长地肯定他们的革命精神，同时给他们讲实现无政府主义只是幻想，中国只有走马克思主义道路才能成功，希望他们放弃无政府理论的宣传，集中力量来宣传马克思主义。

1922年9月，因《人声》报刊登揭露江油地方军阀和县太爷狼狈为奸、搜刮民脂民膏的罪行，王右木的大哥被囚于牢狱，二哥被非刑折磨致死。王右木悲愤至极，但革命的决心更坚定了。

《人声》报的出版发行，给徘徊不前的四川指引了前进的方向，使青年们知道马克思主义的概要和改革社会的正确途径。四川地区两届团委书记童庸生、蒋雪邨在给团中央的报告中，都谈到他们在创建团组织中受王右木和《人声》影响的情况。

《人声》发行遍及省内外和社会各界。它如万马齐喑中突发的一声呐喊，震撼着人们的心灵；如天边微露的曙色，让人们在黑暗中看到希望；如战鼓，振奋了无数的热血革命青年。《人声》报旗帜鲜明地反对军阀和封建主义，一开始就被当局视为洪水猛兽。《人声》报发行到第3期时，四川省警察厅就以"言论纯为鼓吹社会主义而作"的罪名，勒令该报停刊。虽然经王右木周旋得以复刊，但是由于当局不断迫害，再加上办报经费困难，《人声》报不得不在5个月之后终刊。尽管如此，《人声》报的发行，就像黑夜中的一盏明灯，照亮了四川革命运动前进的道路。正如曾任中共四川省委书记的张秀熟所说："在中国共产党领导下的《向导》周刊出版前，《人声》在四川起了它不可磨灭的战斗先进作用。"

站在革命群众运动的前头

王右木既是马克思主义理论宣传家，也是革命群众运动的组织者。1922年夏天，四川爆发了一场争取教育经费独立的群众运动，其主要领导者就是王右木。

长期以来，由于军阀混战，教育经费无着。各校校长年年为经费所苦，教职员薪水常常被拖欠。1922年初，国立成都高等师范学校全体学生发表宣言，历数军阀摧残教育的十大罪状，以"唤起民众觉悟，运动教育独立"。

王右木抓住这个关系学校存亡和师生员工切身利益的十分敏感的问题，经四川全省学生联合会和省会教职员联合会决定，亲自担任总指挥，当面与议长熊晓岩进行说理斗争。不久，重庆各校也表示声援，运动扩到全川。北京、上海的报刊也作了报道。在王右木的领导下，斗争取得了巨大胜利，充分显示了他的领导才能。

1922年夏秋之际，王右木在赴上海与中央取得联系后，即遵照中央指示，回川组织社会主义青年团团员开展工人运动。

当时成都只有兵工厂和造币厂的工人算现代产业工人。一般的手工业工人零星分散，工作难做，影响也不大。只有织锦业的"长机帮"工人最多。他们工作条件差，待遇低，迫切要求改革现状。王右木取下呢帽，脱去长袍，换上工装，深入"长机帮"，和工人交朋友，出入工人聚居的街道、茶馆、酒馆。他多次用通俗的语言宣传马克思主义，进行工人的启蒙教育。他说："工人要求自己生活的改善和解放，只有努力奋斗，组织自己的工会，团结自己的力量，不依靠他人。"

在工作有一定基础后，王右木为团结工人中的积极分子，在国立成都高等师范学校的皇城明远楼办起了成都第一家以宣传马克思主义为宗旨的工人夜校。他和国立成都高等师范学校国文部的学生谢国儒等人，在课堂上讲阶级斗争，讲十月革命，讲社会主义和共产主义。这所夜校培养了四川工人运动的骨干，比如著名四川工运领导人孟本斋、梁华等。由于王右木扎扎实实的启蒙工作，"长机帮""生绉帮""建筑帮""牛骨帮""店员帮"等20多个工会陆续成立起来了。

1923年"二七"惨案发生后，王右木带领社会主义青年团团员和读书会会员，通过各工会发动全市工人，抗议北洋军阀暴行，声援京汉铁路工人。这次大规模的活动，第一次显示了组织起来的成都工人阶级的伟大力量，有力地配合了党领导下的全国工人阶级的斗争。1923年5月1日，成都市劳工联合会成立，发表了《人日宣言》和《劳动五一纪念游行大会宣言》，标志着四川工人运动进入了新阶段，也是王右木积极宣传马克思主义的巨大成果。

为四川地区党团组织奠基

马克思主义理论和革命运动相结合，使革命形势发生了很大变化。王右木开始进行创建共产主义党团组织的工作。

1920年至1924年期间，每年暑假他都要去上海，先后和党团组织的领导人陈独秀、施存统、俞秀松、张太雷和阮达时等有所接触，并和施存统进行了较密切的通信联系。这对于他领会中央的路线、方针和策略，有很大作用。

1922年4月，由王右木领导的马克思读书会的骨干成员童庸生、钟善辅、郭祖劼、阳翰笙、李硕勋、刘弄潮、雷兴政等，根据《先驱》杂志刊登的《中国社会主义青年团临时章程》自发组织了"四川社会主义青年团"。他们发表宣言，开展教育经费独立运动，体现了"为国家除害，为人民谋福，牺牲一切，在所不惜"的精神。

为了和团中央取得联系，建立正式统一的组织，王右木于当年7月赴上海。时值中国共产党第二次全国代表大会在沪召开，会议制定了彻底反帝、反封建的民主革命的纲领，使他明确了斗争方向。团中央书记施存统等发给他《社会主义青年团大会号》等文件，委托他回川建立团的正式组织。王右木回到成都后，经过紧张筹备，在原四川社会主义青年团的基础上，于10月15日在自己家中正式建立了中国社会主义青年团成都地方执行委员会，选出执委，由国立成都高等师范学校国文部学生童庸生为书记。王右木则因年龄大，以特殊身份指导团的工作。这是四川地区最早的相当于省一级的团组织。随后，王右木又按团中央指示物色本校国文部毕业生刘砚声、张秀熟和何瑸辉等，委托他们分别进行重庆、川北（南充）地方团组织的筹建工作。在四川社会主义青年团的建设中，王右木坚决按中央的正确路线办事，反对无政府主义思潮。后来在恽代英的支持和团中央的决定下，王右木于1923年5月直接担任了成都地方执行委员会书记，使工作有了很大发展。到1924年初，社会主义青年团成都地方组织已建立了11个支部，团员遍及全市。邹进贤等创办了机关刊物《青年之友》，先后领导了声援开滦工人反帝爱国斗争，开展了民权保障运动，使团组织成为学生运动、工人运动、妇女运动的领导核心。

随着斗争的深入，四川建党条件开始成熟了。1923年5月，王右木给党中央写信，要求在四川建立党的组织。8月上旬，他亲自到上海和广州找党中央联系。党中央批准了他的请求，并委派他回四川建立党的组织。

1923年秋天，王右木带着党的三大的文件回到成都。根据党的指示，在社会主义青年团中选拔了一批骨干，按组织原则转为中共党员，组成中国共产党成都独立一组（又称独立小组），直属中央领导，由王右木暂任书记。1923年冬，中共中央正式任命他为成都地区党组织的书记，同时命令他辞去成都地方团委书记的职务，由学生张霁帆接任。这个组织即中共四川支部，是四川地区最早的党组织。这个组织的骨干成员童庸生，是后来的中共重庆地方委员会负责人杨闇公、吴玉章的入团和入党介绍人。可见，王右木在创建四川共产主义党团组织方面作出了巨大贡献，发挥了主要奠基作用。

视高官厚禄如粪土

在创建四川共产主义党组织的同时，王右木积极贯彻1923年6月党的三大关于建立革命统一战线的方针，在四川积极推进国共合作。当时，很多同志对国民党极为不满，尤其是在军阀混战和教育经费独立运动中，对四川国民党当局的种种劣行印象很深，对国共合作很不理解。王右木耐心地给他们做思想工作，讲斗争形势，讲国共合作的重大意义，说服大家执行党的决议。

王右木本人则身体力行，带头按党中央的决定，以个人身份加入国民党。由于其声望和胆识，他被聘为国民党四川省左派党部宣传科的副科长，进行马克思主义宣传，发动群众投身革命运动，为北伐战争做了思想和组织方面的准备。

在国共合作中，王右木正确执行中央的革命统一战线策略，很注意维护无产阶级的独立性和自主权。一方面，他力求与国民党左派和一切可以团结的人士合作共事，他对在教育经费独立运动中站在对立面的省议会议长、国民党员、本校教授熊晓岩，不计前嫌，携手合作。另一方面，对国民党右派和陷民于水火的四川反动军阀，则继续进行坚决的斗争。1923年下半年，他在与社会主义青年团团员、大军阀杨森的秘书秦正树（以杨森的名义）一起主编的《申子日刊》上，著文巧妙揭露帝国主义和封建军阀的罪恶，反对"防区制"，反对军阀混战，反对拥兵虐民，主张还政于民，并颂扬十月革命，介绍社会主义。对于这些，杨森当然怀恨在心，但又慑于王右木在社会上的地位和群众中的威望，便企图收买他。1924年春天，杨森的四个亲信副官带着一大箱银圆和一张杨森签署的军部督办署高等顾问的委任状，来到王右木家，说："杨军长久仰大名，请来共理川军。"王右木婉言谢绝。把军官们打发走后，王右木对妻子说："杨森想用高官厚禄收买我，简直是痴心妄想，我和他的信仰主张是水火不相容的，我怎么能去做他的官?"

高山仰止

1924年暮春，王右木对工作略做安排后，告别妻儿，取道嘉定、叙府、泸州，乘轮东下，去上海与党中央联系，并到国共合作的中心地区广州参加党的重要会议。

是时，中国国民党第一次全国代表大会刚刚结束，会议通过了孙中山的"联俄、联共、扶助农工"三大政策，革命事业蒸蒸日上，北伐战争已准备就绪。在这样的氛围和形势下，王右木也受到很大的感染。

不久，王右木领受任务，经广西、贵州步行回川，一路进行社会考察。是年中秋前夕，亲属收到王右木的来信，得知他经过艰苦跋涉，已到贵州土城，离泸州不远。但是，此后王右木却音讯杳然，同志们和亲人再也没能见到王右木。他在贵州土城至四川泸州的路途上失踪了。据传，杨森收买利用王右木不成，竟与贵州军阀周西成串通一气，在土城一带将王右木秘密杀害了。

新中国成立后，中央人民政府于1952年追认王右木为革命烈士，并发给其家属"光荣纪念证"。

王右木的一生是短暂的，牺牲时年仅37岁。他从事革命活动的时间更短，从1919年五四运动后投身时代潮流，到1924年秋失踪遇难，不过5年时间。他的一生是不断探索的一生，开拓创业的一生，勇猛搏击的一生。他学府执教，泽沃群英，为大革命培育了许多骨干。他巴蜀播火，把马克思主义的真理传遍全省。他艰苦创业，为四川共产主义党团组织的建立奠定基础。他英勇奋斗，为四川地区无产阶级事业开辟了壮阔道路。

（陈光复、靳用春编写，刘乔改编）

参考资料：

1. 中共江油市委党工委. 王右木研究［M］. 成都：四川大学出版社，1989.

2. 中共江油县委党史办公室. 四川马克思主义运动先驱者：纪念王右木诞生一百周年［M］. 成都：四川大学出版社，1988.

3. 中共江油县委党史办公室. 四川马克思主义运动先驱者王右木［M］北京：光明日报出版社，2017.

4. 中国中共党史人物研究会. 中共党史人物传：第24卷［M］. 北京：中国人民大学出版社，2017.

5. 中共四川省委党史研究室. 四川党史人物传：第1卷［M］. 成都：四川人民出版社，2016.

6. 林红. 巴蜀传播马克思主义的第一人：王右木［J］. 四川档案，2011（3）：24－25.

7. 刘宗灵，赵春茂. 论王右木与四川地区中国共产党早期党团组织的创建［J］. 绵阳师范学院学报，2018，37（3）：112－116.

8. 邓寿明. 四川党团组织的创始人王右木［J］. 四川党的建设（城市版），2004（1）：58－59.

9. 中国人民政治协商会议四川省委员会文史资料研究委员会. 四川文史资料选辑：第28辑［M］. 成都：四川人民出版社，1983.

10. 四川省政协文史资料研究委员会，四川省文史馆. 四川近现代文化人物续编［M］. 成都：四川人民出版社，1989.

11. 杨子林. 绵阳市社会科学志［M］. 成都：四川人民出版社，1997.

12. 中国人民政治协商会议四川省江油县委员会文史资料研究委员会. 文史资料选辑：第5辑［Z］. 1984.

13. 胡华. 中共党史人物传：第25卷［M］. 西安：陕西人民出版社，1985.

14. 政协成都市西城区委员会文史资料委员会. 少城文史资料：第4辑［Z］. 1991.

15. 中国人民政治协商会议四川省委员会文史资料研究委员会. 四川文史资料选辑：第31辑［M］. 成都：四川人民出版社，1984.

16. 李成良，杨振之. 可爱的四川［M］. 成都：四川文艺出版社，1995.

17. 中国人民政治协商会议四川省绵阳市委员会文史资料委员会. 绵阳市文史资料选刊：第10辑［Z］. 1990.

18. 亦闻，大蓁. 巴蜀红色故里寻［M］. 成都：四川人民出版社，2006.

19. 中国人民政治协商会议四川省绵阳市委员会文史资料委员会. 绵阳市文史资

料选刊：第 2 辑 [Z]. 1986.

　　20. 林如稷. 林如稷选集 [M]. 成都：四川文艺出版社，1985.

　　21. 丁新约，等. 中国共产党英烈志 [M]. 青岛：青岛海洋大学出版社，1991.

　　22. 成都市总工会工人运动史研究组. 成都工人运动史资料：第 5 辑 民主革命时期成都工人运动简史 [Z]. 1987.

　　23. 四川省博物馆近现代史部. 四川省博物馆革命文物资料选辑：1919—1949 [Z]. 1984.

　　24. 绵阳市文化局. 绵阳市国统区革命文化史料 [Z]. 1992.

　　25. 中华人民共和国民政部. 中华著名烈士：第 1 卷 [M]. 北京：中央文献出版社，2000.

　　26. 中共绵阳市委党史工作委员会. 中国绵阳地方党史稿：1927—1949 [M]. 成都：四川人民出版社，1989.

　　27. 杨露. 荒原有人语：从《人声》报创刊号走近王右木的初心和使命 [J]. 四川档案，2020（1）：49—59.

　　28. 邓寿明. 马克思主义在四川传播的第一人：王右木 [J]. 四川党史，2001（3）：32—35.

　　29. 李殿元. 王右木：四川马克思主义运动的先驱 [J]. 四川党的建设（城市版），2011（7）：47.

　　30. 黄丽沙，徐江山. 王右木传播马克思主义的特点及其当代启示 [J]. 兰州教育学院学报，2019，35（7）：99—101.

　　31. 苗体军. 王右木是否是中共"二大"代表的两种说法 [J]. 攀枝花学院学报，2018，35（3）：18—23.

　　32. 高烨. 王右木与四川早期马克思主义的传播 [J]. 现代交际，2018（5）：226—227.

　　33. 彭波. 王右木与四川早期马克思主义的传播研究 [J]. 兰台世界，2014（16）：19—20.

　　34. 蒋德心. 鲜为人知的四川早期团史资料：孟本斋致王右木的信的残件考 [J]. 四川党史，1995（2）：51—54.

　　35. 成都市档案馆. 有关王右木与《新四川》、《人声》旬报的几件史料 [J]. 民国档案，1990（1）：17—20.

　　36. 黄石林. 珍贵的遗物　历史的见证：王右木烈士在日本学习的讲义 [J]. 四川文物，1992（4）：67—71.

恽代英烈士——传薪播火自有人

恽代英烈士

经过五四运动的洗礼，20 世纪 20 年代的国立成都高等师范学校（四川大学前身）成了全国六大学区首校之一，也成了四川地区宣传马列主义的重要基地和培育英才的革命摇篮。

对于国立成都高等师范学校教员恽代英（1895—1931），校长吴玉章曾作出这样的评价："在校任教将近一年，是最受学生欢迎的教师，他在国立成都高等师范学校期间，把马克思主义的宣传活动，推向一个更高的阶段。"尽管恽代英烈士在校任教时间不长，但他此前在学校和四川的活动，对于他的马克思主义世界观的形成和发展，对于四川马克思主义的传播，对于马克思主义党团组织的创建，都打下了不可缺少的基础，做出了不可磨灭的贡献。

一生灿烂辉煌

恽代英烈士祖籍江苏省武进县，1895 年生于湖北省武昌。1918 年，他毕业于武昌中华大学，留校做中学部教务主任。五四运动期间，他在武汉领导学生运动，传播马克思主义，结识邓中夏等著名革命家。在安徽宣城师范任教半年后，于1921年10月底，他逆长江而上，应少年中国学会创建人之一、时任川南道尹公署秘书长的陈愚生（陈淯）和泸州永宁道尹公署教育科科长的卢作孚的邀请，到川南师范学校任教务主任，继而任校长。因他着力推行教育改革、宣传马克思主义和培养革命青年，军阀赖心辉竟以莫须有的罪名，于1922年10月15日，将恽代英拘捕。一时四川教育界为之震动，成、渝等地大力声援，国立成都高等师范学校吴玉章校长当即致电赖心辉和泸州军政当局，保释恽代英，并邀请恽代英来成都任教。11月8日获释后，恽代英"很感激四川持正论的一些先生"，带领一批革命学生，欣然赴蓉，来到国立成都高等师范学校，受到吴玉章校长热情接待，出任教育学讲席。

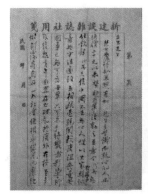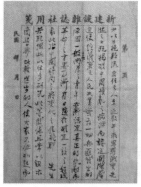

恽代英手稿

1923年8月，恽代英作为代表，离校赴上海参加中国社会主义青年团第二次全国代表大会，会上当选为团中央执委会候补委员、宣传部主任，主编《中国青年》。从此，他再也没有回校。1926年他又赴广州，任黄埔军校政治主任教官。次年1月北伐军攻下武汉后，他主持武汉军事政治学校。在党的五大，他当选为中央委员。在八一南昌起义中，他任党的前敌委员会委员。在广州起义时，他任广州苏维埃政府秘书长。1928年，他任中共中央宣传部秘书长。1930年，他任上海沪东行委书记。同年5月，他不幸被捕。就义前，他留下了感人肺腑的《狱中诗》："浪迹江湖忆旧游，故人生死各千秋。已揆忧患寻常事，留得豪情作楚囚。"1931年4月，恽代英在南京狱中壮烈牺牲。

恽代英主编的《中国青年》

"最受学生欢迎的教师"

由于博学多才且授课内容丰富、观点新颖，恽代英在国立成都高等师范学校上的第一堂课曾引起轰动。以后，他每次讲课，教室里都座无虚席，连后面都站满了人。当年亲耳聆听恽代英先生教诲的校友肖崇素，曾经这样回忆这位大名鼎鼎的师长："他说话目光炯炯之，滔滔不绝，声音洪亮，诚挚动人。他头上光光的，戴着眼镜，穿着败了色的黑色学生服，脚上穿着黑色帆布操鞋，非常简单朴素。"

恽代英编写的部分教材

在国立成都高等师范学校，恽代英除了以马克思主义观点诠释教育学课程以外，还利用业余时间向学生宣传马克思主义和阶级斗争学说。肖崇素非常赞叹恽代英的奋斗精神："他办公桌上摆着一两尺厚的《社会主义史》翻译稿。他说他只有深夜才有时间进行工作，这样的苦研苦干精神，引起我们很大的崇敬。那时他翻译的《阶级斗争》（阶级争斗）已在上海出版了，还常常给《少年中国》写文章。""他住在北门，到学校上课时，常常是步行到校，并常在皇城校门外卖'帽儿头饭'的长木桌上和苦力边吃边谈，吃的菜仅仅是在捣烂的青海椒里和上一撮盐。当时学校教师，不是有名学者、留学生，就是前清经师、翰林、进士，很少这样吃饭的。恽代英同志艰苦实干的精神，当时真使我们几个同学非常感动。"

这些形象的描述使我们对恽代英当年在国立成都高等师范学校任教有了一个更加深刻的印象。从中华大学中学部、宣城师范学校、川南师范学校到国立成都高等师范学校，多年的教育实践使他已不仅仅满足于教书，而且要探寻教育改革的新观念、新途径。他在来国立成都高等师范学校前，曾发表了《拟发起新教育建设的意见书》一文，表明自己的教育观。初步掌握了马克思主义理论，已经是共产党员的恽代英，想打破旧教育的束缚，以"新教育理想"和"团体"建设新教育，其内涵是不言自明的。他在学校任教期间，由于与校长吴玉章志同道合，彼此之间互相切磋，用吴玉章的话来说就是"对马克思主义的理解，随着形势的推移而逐步深入"。这中间，恽代英的新教育观必然要影响到吴玉章。吴玉章在国立成都高等师范学校办学中贯彻了"推动新思潮的扩展"和"为革命培养人材"的思想，推行了一系列改革，如反对重文轻理，大胆起用新派人物，注意社会实践，面向世界学习等。这些都与恽代英的主张不谋而合。可以认为，这是中国共产党早期的无产阶级教育观的重要探索之一。

志同道合的革命者

恽代英在校期间，"主义与问题"的论战在继续进行。他根据切身体验和调查分析，用马克思主义观点写出了《论中国社会革命及我们目前的任务》《路》《学生的社会活动》等文章，宣传他对中国革命的主张。这些文章发表在团中央机关刊物《先驱》上。同时，他先后多次向学生做关于马克思主义和无政府主义问题的演讲。在这些文章和演讲中，恽代英回顾了自己世界观的转变过程："即以我而论，我的比较刻苦，一大半是因为贫穷有失业的恐怖使然，我现在努力于革命事业并决心投入这中间。"

1922年10月，经团中央批准，中国社会主义青年团成都地方执行委员会成立。这是四川地区最早成立的带有省级性质的团组织。书记虽是本校国文部四年级学生童庸生，但实际领导者是王右木。恽代英到校后，立即和王右木联系，给王右木主持的马克思读书会讲"阶级斗争"。他还把从泸州带来的几个团员，交给王右木编成一个团小组。1923年春天，他在《关于请团中央给予四川青年团工作的指示信》中，坚定地表示："但望中央能为川中慎于发令，使王得到恰当指导，则川中前途尚可为也。"因此，团中央再次发函确认中国社会主义青年团成都地方执行委员会的省级团委性质，而且是"中央的坚实基础"。同时，团中央还委托王右木负责派人筹建中国社会主义青年团重庆地方执行委员会。另外，杨闇公也称赞恽代英是"志同道合的革命者，是值得信任堪与合作的同道"。在恽代英的协助和指导下，王右木领导的社会主义青年团组织，在成都地区开展了如火如荼的革命斗争。

恽代英在国立成都高等师范学校工作期间，一直住在少年中国学会会员刘泗英为他准备的几间房子里。随同他来成都的六个进步学生与他住在一起。在恽代英的辅导下，他们自学社会科学书籍，阅读马克思主义著作和进步报刊。他们一起在食堂用膳，共同过着清苦的生活。他鼓励大家成为"心地纯洁、理想崇高、立志为人类服务的青年"。余泽鸿、张霁帆等六人考入当时的四川公立外国语专门学校，创办《青年之友》，积极宣传马克思主义。这些学生不负期望，后来都成为党和革命的有用人才。在王右木牺牲后，张霁帆接任了中国社会主义青年团成都地方执行委员会书记，继续进行斗争。余泽鸿曾任四川全省学生联合会主席，出席了全国学联"六大"，后到江西苏区任中共中央秘书长，再后长征入川，为掩护主力红军北上，奉命组织川南游击队，在激烈的战争中英勇献身。

1923 年 8 月，在校长吴玉章和学生们为恽代英举行告别会后，他乘舟东下，穿过三峡，离别四川，来到上海团中央工作。恽代英离开了学校，可是他播下的革命火种却渐成燎原之势，燃遍了四川乃至全国。

（陈光复、靳用春编写，刘乔改编）

参考资料：

1. 虞建安，李兆娟，汪旭东. 恽代英传 [M]. 南京：江苏人民出版社，2016.

2. 田子渝，任武雄，李良明. 恽代英传记 [M]. 武汉：湖北人民出版社，1994.

3. 李良明，等. 恽代英年谱 [M]. 武汉：华中师范大学出版社，2006.

4. 李良明. 恽代英 [M]. 长春：吉林文史出版社，2011.

5. 李羽，王爱云. 恽代英与马克思主义在中国早期传播 [J]. 绥化学院学报，2019，39（6）：49－51.

6. 刘文晴. 恽代英对马克思主义理论教育的探索 [J]. 山西青年职业学院学报. 2018，31（2）：37－40.

7. 赵世杰. 恽代英革命党思想探析 [J]. 党史博采（理论版），2019（1）：21－24，36.

8. 徐良文，于扬子. 落英祭：恽代英烈士传 [M]. 南京：江苏凤凰文艺出版社，2016.

9. 汪建民. 代代读革命先烈：第 2 辑 恽代英 [M]. 北京：北京工业大学出版社，2012.

10. 金立人. 恽代英教育思想研究 [M]. 沈阳：辽宁教育出版社，1993.

11. 魏春桥. 革命先烈故事：恽代英的故事 [M]. 长春：时代文艺出版社，1998.

12. 何祥林，李良明. 纪念恽代英诞辰 110 周年学术讨论会论文集 [M]. 武汉：华中师范大学出版社，2006.

13. 李良明，杨新起，赵永康. 恽代英诞辰 100 周年纪念会暨学术讨论会论文集 [M]. 武汉：华中师范大学出版社，1996.

14. 人民出版社编辑部. 回忆恽代英 [M]. 北京：人民出版社，1982.

15. 陈锡增，廖隐郁. 黄埔将帅：黄埔"四杰" 恽代英、邓演达、张治中、高语罕 [M]. 北京：当代世界出版社，2005.

16. 军事科学院解放军党史军史研究中心. 恽代英 [M]. 北京：学习出版社，2020.

17. 人民出版社. 回忆恽代英 [M]. 北京：人民出版社，2015.

18. 张羽，铁凤. 恽代英传 [M]. 北京：中国青年出版社，1995.

19. 中国中共党史人物研究会. 中共党史人物传：第 5 卷 [M]. 北京：中国人民大学出版社，2017.

20. 郝赫. 恽代英年谱新编 [M]. 北京：中国文史出版社，2005.

21. 中共泸州市委党史工作委员会办公室. 恽代英在泸州 [Z]. 1987.

22. 徐霞翔. "苦行""布道"与革命动员：恽代英革命形象考察 [J]. 唯实，2020 (6)：87−91.

23. 凌承纬，刘兴旺. 近代知识分子革命思想互动的历史考察：以恽代英与陈独秀革命思想互动为例 [J]. 重庆科技学院学报（社会科学版），2018 (5)：79−82，94.

24. 刘君，雷家军. 青年恽代英马克思主义信仰形成的历史轨迹探析 [J]. 佳木斯大学社会科学学报，2020，38 (4)：44−47.

25. 刘君，雷家军. 青年恽代英确立马克思主义信仰的动因探析 [J]. 新西部，2020 (15)：70−71.

26. 陈田田. 恽代英对早期学生运动的认识与行动选择：以五四时期的武汉学生运动为例 [J]. 上海党史与党建，2020 (6)：26−29.

27. 王相坤. 中共创立时期共产党人的初心解读：恽代英篇 [J]. 党史文苑，2019 (7)：15−22.

杨闇公烈士——血沃鹃花红四野

杨闇公烈士

锦官城外建红旗，
革命潮流卷华西。
为救万民于水火，
不辞千里转成渝。
打枪坝上留英迹，
扬子江中失健儿。
血沃鹃花红四野，
巴山蜀水更神奇。

这是20世纪20年代国立成都高等师范学校（四川大学前身）的校长、杰出的无产阶级革命家吴玉章在新中国成立后怀念曾任教于四川公立外国语专门学校（1927年并入公立四川大学，1931年并入国立四川大学）的杨闇公（1898—1927）烈士而写下的著名诗篇。这首诗既全面概括了烈士的英雄业绩，又深刻表达了吴玉章与烈士的战友情谊。

　　杨闇公，原名杨尚述，四川省潼南县（现重庆市潼南区）双江镇人。他生于1898年3月，牺牲于1927年4月6日。他是中国共产党重庆地方委员会的创建人之一，四川地区早期的马克思主义先驱，大革命时期四川党组织的优秀领导人。

　　五四运动以后，杨闇公来到了成都。他与吴玉章、王右木一起，以当时的国立成都高等师范学校等高校为基地，开展了大量的革命活动，使学校成为名副其实的"革命摇篮"。

在探索中前进

　　在兄长、同盟会会员杨剑秋和杨宝民等人的影响下，少年时代的杨闇公受到民主革命思潮的启蒙和辛亥先烈献身精神的鼓舞，萌发了救国救民的思想。1913年，怀着"振武救国"的愿望，年仅15岁的杨闇公到南京，考入了江苏军官教导团。在直接聆受孙中山先生和革命党人的影响后，他的民主革命思想有了较大发展。他痛恨袁世凯篡权窃国、投靠日本和出卖民族利益的罪行，与教导团内的革命党人密谋倒袁。他两次受外国巡捕和反动当局追捕，均机智地脱逃。

　　在日本留学期间，杨闇公参加组织"留日同学读书会"的活动。国内五四运动爆发的消息传来，他不顾驻日官员的阻拦，毅然与广大留日学生、爱国华侨一起，举行集会，上街游行，声援北京学生的反帝爱国行动。他与前来镇压的日本宪警进行英勇搏斗，被东京警视厅以"违反治安罪"逮捕入狱，关了8个月。切身的遭遇使他对西方文明的价值观产生了怀疑，对资本主义国家标榜的民主自由的虚伪本质有了较深的认识。

　　回国后，他看到的是四川从1916年以来连年军阀混战、民不聊生的残酷现实，看到的是"祸乱相寻，民穷财尽"。他说："吾国自辛亥改革后，算是骤进共和，民人的程度实与共和相去很远；兼辛亥以前的旧势力者并未打倒，所以才有这十二年的纷扰。"他追根溯源，强烈抨击军阀混战给人民带来的灾难——"乱世的人民如草芥""兵士借搜索为名，四处抢劫"。他针对当时社会上一度流行的改良主义和实业救国的论调，指出在这样的情况下，"无异痴人说梦"。

　　反袁失败的痛苦经历、日本留学的残酷打击和当前现实的黑暗，使杨闇公的民主主义思想有了一个新的飞跃。既然资产阶级革命并没有给人们带来期望的民族独立、民主和社会进步，旧的道路走不通了，那就必须寻找新的道路。当时与杨闇公过从甚密的吴玉章曾经这样形容那一阵他们的心情："从前的一套革命老办法非改变不可"，而"通过十月革命和五四运动的教育，必须依靠下层人民，必须走俄国人的道路，这种思想在我头脑中日益强烈、日益明确了"。

杨闇公在日本留学的三年期间，随着十月革命的胜利，欧洲工人运动的发展，马克思、恩格斯的著作在日本广为流传。日本知识界思想十分活跃，社会主义思想迅速传播。许多著名进步学者，如河上肇、山川均等人，纷纷在学校里开设马克思主义理论课程。这些都促使着杨闇公去认识了解指导十月革命的马克思主义学说。在这期间，他如饥似渴地阅读《资本论》和相应的理论书刊，如《社会主义神髓》《过激派》（即《布尔什维克》）等，接受马克思主义的启蒙教育。

1921年冬天，杨闇公来到成都时，五四运动已过去了一年多。作为四川的政治中心，成都也是新旧思想激烈冲突的地方。他与吴玉章等开展革命活动的基地国立成都高等师范学校，是五四运动在四川的策源地，师生思想甚为开放。四川早期的马克思主义者王右木、恽代英、吴玉章、童庸生，全省学生联合会理事长张秀熟、袁诗荛等都聚集在学校里进行革命活动，师生和校友们还办了宣传新思潮的《星期日》《四川学生潮》《威克烈》等进步刊物。当时，国内思想界正进行着一场"三大问题"的论战，即马克思主义者与胡适的改良主义、与张东荪的假社会主义、与无政府主义的论战。在成都，这场论战主要表现为对改良主义的"平民自治"和无政府主义的论战，其结果是推动了马克思主义的进一步传播和革命者的成长。

杨闇公的马克思主义世界观的形成经历了与形形色色错误思潮的斗争，并在斗争中前进。杨闇公在他的日记中，用了很多篇幅写他阅读介绍资产阶级思想家及其学说的《近代思想》一书的心路历程。我们由此可看出他在与错误思潮斗争中选择马克思主义世界观的思想轨迹。

"欲指导群众，究竟从哪条路走的好？并思及目前的环境，究竟应取何种方法才打得破？"杨闇公经过深刻的思考和反复的比较推求，得出的结论是："前者刻以马氏为主。"也就是说，资产阶级的世界观是不能给灾难深重的中国人民指示真正的革命出路的，能指出光明道路的只能是马克思主义。正如毛泽东所说："十月革命一声炮响，给我们送来了马克思列宁主义。……走俄国人的路——这就是结论。"

杨闇公对马克思主义的具体认识，体现在他对吴玉章于1924年初发表的著名演说《马克思主义派的势力》的赞赏中。吴玉章说，马克思主义是"最伟大、最新颖的潮流，普遍于全世界""经过苏俄的试验，人人都知道它有实现的可能性""实行社会主义以扫除资本阶级，消弭国际战争，也是时势的要术"，号召中国人民要"对于最流行的社会主义明辨而后笃行，才能达到改造社会的目的"。杨闇公不仅在日记中极力赞扬"玉章演说词甚善"，而且将这篇我党早期的重要马克思主义文献刊登在《赤心评论》上广为传播。他还称赞与他在同一个社会主义青年团组织中活动、给学生讲阶级斗争的中国早期马克思主义者恽代英"谈话很有真理存在。他非常注意向民间去工作，与我所主张的很相同"。他称赞刘伯承"真是天才，颇有见解""可同行于一个道路"。从这些方面，足以看出杨闇公的马克思主义水平。

对于马克思主义组成部分的科学社会主义，杨闇公认为："社会主义是为使一般人各得其所，都有发展天才的机会，不致受经济压迫，得真正自由""使彼第四阶级（即劳动阶级）得一反其生活地位"。他极力赞扬马克思主义理论指导下的十月革命，说列宁是"世界平民革命的巨人，劳动界的福星"，是"人类推倒资本帝国主义的急先锋"，是"实行经济革命和世界革命的第一位成功者"。杨闇公还强调："社会的过程是循序渐进的，有自然的定律。"这就清楚地表明，他主张中国人民只有而且必须走马克思主义理论指导的十月革命的道路，才有光明的前途。

就在这样反复的探索中，杨闇公不仅明白了中国应该向何处去，应该怎样走，而且明白了在中国的具体国情下面，自己应该有什么样的行动，进行什么样的努力。他毅然决然选择了马克思主义，完成了由热忱的民主主义者向坚定的共产主义者的过渡。"内心的信仰更加坚定，奋斗的雄心油然而生。"

以学校为基地开展革命活动

1924 年，杨闇公在当时的四川公立外国语专门学校担任体育教员。杨闇公在成都研究和宣传马克思主义，主要通过带领进步青年组织读书会、研究会和办刊物等方式进行。他到成都前，即已有由王右木领导、童庸生负责的马克思读书会，参加者多是社会主义青年团员和进步青年。杨闇公1922 年由童庸生介绍入团前，就已是读书会会员了。杨闇公还介绍当时在国立成都高等师范学校附中读书的五弟杨尚昆参加这个读书会，并"指示他进行的方略，读书的捷径，对于主义研究所得，全数告他"。由于形势的发展和人员的流动，读书会后来已难以适应需要。1924 年 4 月，杨闇公又和吴玉章一起创办领导了"社会主义研究会"。该会继承了读书会的传统，组织了 70 多位青年结合现实研究马克思主义理论。吴玉章的著名演说《马克思主义的努力》，就是在研究会上首讲的。这个研究会对于加速马克思主义在四川的传播，推动革命运动的发展，起了重要作用。

杨闇公与吴玉章主持、筹办的《赤心评论》，是继王右木的《人声》报之后，又一个集中宣传马克思主义的刊物。尽管这个刊物后来被右派篡改了方向，但在早期还是发表了不少宣传马列主义、介绍十月革命和揭露帝国主义、封建军阀的文章。比如在《追悼列宁纪念号》中，他就提出了"国民革命应打倒列强，推翻列强在华势力"，"应该实行马克思的两个教训——阶级斗争和联合世界无产阶级"。"我们这里，把马克思主义最基本的东西：阶级斗争，无产阶级专政，社会主义，全世界无产者联合起来，以及反帝反封建的问题都提出了。"难怪萧楚女在《中国青年》上撰文称赞《赤心评论》是"'急进'的青年刊物"，"介绍列宁很有见地"。从这里，我们也可以看到杨闇公马克思主义世界观的不断成熟。

由于主张"要在群众中物色骨干"，杨闇公发现了一大批革命人才，促成了 1924 年 5 月 1 日四川地区首次大张旗鼓纪念五一劳动节万人大会的成功召开。这次大会显示了四川工人阶级的伟大力量。会议的组织者、主持者和主题报告《国际资本主义对中国侵略》的发表者就是杨闇公。

尽管杨闇公 1922 年上半年即已加入四川社会主义青年团，但他和吴玉章当时并不知中国共产党已经成立。他们感到"群众运动非有中坚人物不可"，应该有马克思主义政党来领导。经过一段时期的酝酿，他们联络了部分进步青年和社会主义青年团员于 1924 年 1 月在他的寓所里成立了"中国青年共产党"（y. c. 团），推选他和吴玉章等六人为负责人。这是一个以反帝反封建军阀，争取无产阶级解放，建立社会主义为目标的革命组织。这个组织成立后，他们以社会主义研究会为其外围组织，先后创办《微波》《赤心评论》等作为其机关刊物。不久，杨闇公和吴玉章离开成都，分别在重庆、北京找到了中国共产党。他们很快加入了中国共产党，并毅然解散了"中国青年共产党"。这是杨闇公政治上成熟的标志，也表现了他作为无产阶级革命家无私无畏的气魄。

到重庆去开辟新天地

1924 年秋，杨闇公来到重庆，和萧楚女、童庸生等一起组织社会主义青年团重庆地方委员会。他初任组织部部长，后任书记。当年 11 月，日本轮船"德阳丸"私运银币到重庆，打死四名中方检查员，引起群情激愤。地方军阀政府一味妥协，杨闇公等领导群众进行了斗争。次年初，在杨闇公同志领导下，社会主义青年团重庆地方委员会响应孙中山先生的号召，发动了重庆国民会议促成会的运动，选派了童庸生、邹进贤等十多人为代表出席全国国民会议，起到了提高民众觉悟的效果。

1925 年杨闇公和重庆团地委还利用纪念孙中山先生逝世，声援上海五卅惨案的时机，开展了广泛的群众运动，在江北、南岸大街小巷进行宣传，提高了群众的反帝爱国热情，发展了反帝统一战线。

1926 年 2 月，由于革命形势发展的需要和条件的成熟，经中央批准，四川的共产党员在重庆中法大学四川分校成立了中共重庆地方委员会。会议选举杨闇公为书记，吴玉章负责宣传。这是四川历史上第一个中共省级党组织。

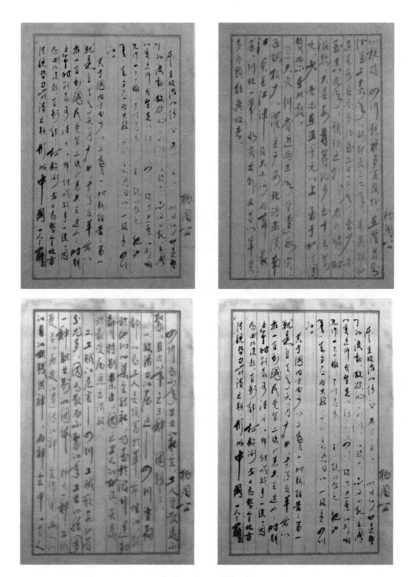

杨闇公撰写的报告

在国共第一次合作时期，1926年1月，杨闇公代表四川出席在广州召开的国民党全国第二次代表大会。他抱着"人生如马掌铁，磨灭方休"的革命精神，无私忘我地开展工作。1926年9月5日，英帝国主义军舰炮轰万县的惨案发生以后，以杨闇公为书记的中共重庆地方委员会领导全川人民组织"万县惨案雪耻会"，发动了规模更大、斗争更激烈的反帝运动，以支持北伐的革命斗争。雪耻会发动和依靠群众，彻底实行与英帝国主义的经济绝交，打击私贩、私卖英货的奸商。由于声势浩大，斗争坚决，英帝国主义的军舰不得不开走，侵略分子仓皇撤离四川。1926 年 12 月初，杨闇公等参与发动和领导了顺泸起义，支援北伐战争，推动了四川革命的发展。

民主生活会留佳话

在中国共产党党史中，有一份弥足珍贵的档案，讲述着杨闇公如何解决党内矛盾的故事。

1926 年 1 月，中共党员杨洵（后改名为杨伯恺）决定向远在上海的党中央去信，反映重庆党团组织存在的团体个人化、革命学潮化问题。作为一名 1922 年在法国勤工俭学时便入党的老党员，杨洵在 1925 年 7 月受党安排返回重庆，在中法大学四川分校工作。后来他感到，重庆党团组织的领导人童庸生个性强烈。杨洵关心刊登中法大学招生广告的问题，童庸生居然以长信回复，有怀疑之意。国立四川第二女子师范学院学潮兴起，童庸生坚决反对杨洵提出的停止运动的意见。童庸生还一再插手中法大学教职员事务。除童庸生外，其他同志也常常不采纳杨洵的意见，要求他不能只关心中法大学事务……当时重庆党团领导人吴玉章、杨闇公和童庸生等人，远赴广州参加国民党代表大会，于是杨洵便写信报告党中央。

党中央收到杨洵的来信后，适逢杨闇公、童庸生在广州会议结束后，来到上海，随即专门召集杨闇公、童庸生二人谈话。童庸生也感到有些冤枉。例如，刊登中法大学招生广告之事，因经办同志延误、报社要价较贵，慢了两天登出，这本与他无关。谁料想杨洵发生误解还来信质询，童庸生才写长信希望尊重客观事实。女师学潮兴起，如不参加，必定失去青年信仰，怎么可以制止？组织事务繁多，他们都希望杨洵多承担工作，有何不可？至于中法大学教职员事务，或是安排其他同志生活来源，或是担心引发军阀注意，又怎么算是乱插手……其实，童庸生对杨洵不愿意担当临时负责人一事也有看法。对于地方组织中发生不团结的现象，中央的办法就是一个——开会。杨闇公、童庸生、杨洵等全部参加，进行公开的批评与自我批评，目的就是要弄清事实，消除误会，团结同志向前进。

1926 年 4 月 15 日，重庆党、团地委领导干部共十人，按照中央的要求开了一个批评会。在会上，杨闇公开门见山地说，"我们尽可赤裸裸地把许多经过的事实说出来，请各位加以批评，以免因一点小事，妨碍团体工作的进行。"杨洵随即发言，详细陈述了自己在工作中遇到的十个不适的问题和对童庸生的意见。童庸生也把相关情况一一陈述。

参会的同志逐一发言，态度严谨，言辞庄重，陈述事实，一字一句见血见肉，根本没有什么童庸生是重庆团的创始人、杨洵是老党员的顾虑。"这次全是他（庸生）的态度不好，惹出来的，以后希望改正。杨洵平时对工作不努力，有高等党员的气概。这次的误会，全是你自己的疑心生出来的，不应因个人的误会，不信任团体"，"庸生对团体工作虽诚实，但个性强烈。杨以前也曾努力工作，但回团后，态度上不十分好"，"对地委生出许多误会来，全是不明了团体与个人的关系而发生的"，"庸生个性甚强，批评同志时甚至于谩骂，故很容易引起误会。杨洵……除中法校事外，全不工作，态度对同志不诚恳，自然要引起误会，且常站在团体外说话，更容易引起分歧……这些言论哪里不引起同志的猜疑呢?"

面对同志们的批评，刚才还言之凿凿的杨洵、童庸生虽偶有解释，却更多的是回答"接受批评"。于是，当杨闇公要求互相批评之时，杨洵希望童庸生改正态度，童庸生则希望杨洵注意改正"小资产阶级心理"、团体与个人关系处理不当和工作挑剔的毛病。

虽然杨闇公对童庸生一直非常认可。然而，杨闇公主持会议时，始终不偏不倚，从未打断任何一人的发言。当所有人发言完毕，他客观总结了杨洵、童庸生二人的缺点并进行批评。最后，他希望杨洵、童庸生"以后共同努力奋斗，不再闹此资产阶级的意气"。

经历此番会议，杨洵、童庸生化解了矛盾，放下了包袱。同时，四川地区的党团组织更加团结、更富战斗力。童庸生始终战斗在革命斗争的最前线，后于1930年牺牲。杨洵一直发挥理论功底深厚的特长，一边搞宣传，一边做统战，不幸于1949年12月7日牺牲在国民党的屠刀下。

一片丹心昭日月

1927年3月24日，北伐军占领南京，各界群众集会庆祝。美、英、日、法、意等帝国主义国家为了阻碍北伐军前进，捏造侨民及领事馆受暴民侵害，从军舰上开炮，轰击南京，武装干涉中国革命。经党组织决定，杨闇公以国民党左派省党部的名义，举行群众大会和示威游行，抗议美帝暴行。3月30日，刘湘支使他的师长对杨闇公进行恫吓，并给他送来一封信，信中威胁"大会将有事故发生，恐对你不利！"他声称："若能不去赴会，军座定有好音。"杨闇公冷笑说："威胁和利诱，对我都无济于事，我们是为了正义的事业，又不是为了个人利益，反对帝国主义，难道还有错么？"

重庆国民党四川左派党部旧址

3月31日，重庆工农商学反对美英帝国主义炮轰南京的群众大会在打枪坝举行。大会将要宣布开始的时候，会场外面突然响起了枪声。大批反动军队包围了会场，军阀组织的便衣队在场内用手枪和铁棒袭击群众。500多人受重伤，轻伤者不计其数。当惨案发生时，杨闇公正在主席台，那天又穿着最醒目的白色雨衣。他连忙叫大家不要惊慌，就地卧倒。后来枪声更密，场内大乱，杨闇公才脱掉白色雨衣，从墙上跳出打枪坝。出城以后，他又遇敌人紧追不舍。他机警地顺路绕到通远门外一户贫苦人家，经其掩护才平安地到了江北。

在江北住了一个晚上后，第二天一早他便冒着极大的危险渡过江来，布置工作，并准备到武汉向中央报告和请示今后的工作方针。当时，重庆四处布满便衣特务，有的亲友劝杨闇公暂避一下。杨闇公声泪俱下地说："敌人虽然万分残暴，一想到同志们死得那样惨，我岂能顾及个人安危。"

4月2日晚，他尝试乘轮船去武汉，因发现有便衣跟踪，只好又回到家中。但他急于赴武汉向党中央请示报告工作，次日又化装同他爱人赵宗楷一道上了"亚东号"客轮，不想被便衣特务发现。敌人问他："你是不是杨闇公？"他面不改色地说："我是，你们又怎么样？"敌人说："那你不要干什么共产党了，跟到我们才有命。"他斩钉截铁地说："你们国民党反动派、反动军阀是伙什么东西！你们是一伙凶恶的强盗，无耻的卖国贼，是一伙屠杀工农的刽子手，你们眼看就要死无葬身之地了。"

杨闇公被逮捕后，关在浮图关蓝文彬司令部。敌人用尽威吓利诱手段，几次审讯，杨闇公同志坚贞不屈，不为所动，义正辞严斥责敌人。军阀问他："你难道不怕死吗？和我们一起干，你的前途还大嘞！"杨闇公回答："哼！怕死，只有你们才怕死，也必然快要死无葬身之地的，你们只能砍下我的头，绝不能丝毫动摇我的信仰。"他又说："一句话，我头可断，志不可夺。"敌人用尽一切卑鄙手段，但丝毫不能动摇杨闇公的革命意志。

1927年4月6日晚，在浮图关，杨闇公振臂高呼："打倒帝国主义！打倒军阀！中国共产党万岁！"刽子手们先用刀割去了他的舌头，不让他喊。他横眉怒视，用手戳指那些家伙。他们又残忍地挖掉他的双眼，砍断他的双手。最后，身中数枪的杨闇公终于倒下了，倒在了他深深眷恋的祖国的土地上。为了他所信仰的党和人民的事业，他贡献出了自己全部的热情与生命！

在杨闇公牺牲后，他的父亲杨淮清写下了不足200字的祭文，不仅声声含泪、字字悲切，而且大义凛然、气宇轩昂。

尚述英灵：

初五惨况，家中均已尽悉，但托诸友营救，连日苦无善果，家人痛心匪言可及。惟尔生前富贵不能淫，临难威武不能屈。知尔为国宣劳，为党牺牲，日来含笑着大礼服印我脑筋，尔之精神不死，九泉故无遗恨矣！我垂死老朽，尔无我念。尔当有灵，日常拥护尔斑白苦境之老娘，青年单身之少妇，岁半弱女，月半孤儿，安康平福。目睹尔最后之光荣，释我愿耳！今须与尔永别，不久我亦当与尔见面于地下也！

英雄垂目回盼，后辈自当奋发。他的儿女曾经用这样的文字寄托对父亲的一片哀思：

> 这是不平凡的，是为了事业而献出了他的生命，如今他所从事的革命事业已经有千万个同志努力工作而接近成功了。爸爸啊！你的血没有白流，你的鲜血滋润了革命事业，你在天之灵安息吧！欣慰吧！中儿、花儿一定要继续你未完的遗志的！

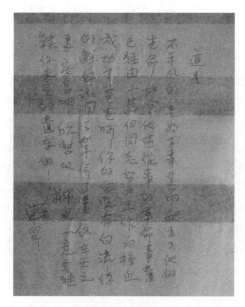

杨闇公后人纪念文字

（陈光复、靳用春编写，刘乔、党跃武改编）

参考资料：

1. 春明. 杨闇公［M］. 长春：吉林文史出版社，2011.

2. 中国共产党潼南县委员会，潼南县人民政府. 杨闇公［Z］. 1992.

3. 中国中共党史人物研究会. 中共党史人物传：第 5 卷［M］. 北京：中国人民大学出版社，2017.

4. 刘伯承，等. 忆杨闇公同志［M］. 成都：四川人民出版社，1980.

5.《中华英烈事迹读本》编写组. 中华英烈事迹读本：第 1 卷［M］. 北京：新华出版社，2019.

6. 吴玉章，李新. 忆杨闇公同志［J］. 历史研究，1978（10）：43—52.

7. 李彦一. 高高的佛图关作证［J］. 红岩春秋，2008（2）：28—31.

8. 简奕. 志存高远的革命者［J］. 红岩春秋，2018（4）：8—13.

9. 周勇. 杨闇公简论：纪念杨闇公同志牺牲 65 周年［J］. 社会科学研究，1992（6）：47—51.

10. 杨绍中. 杨闇公日记［M］. 成都：四川人民出版社，1979.

11. 简奕. 90 年前重庆地方党团创建纪事［J］. 红岩春秋，2016（1）：8—13.

12. 丁艾. 从《杨闇公日记》看大革命时期国共关系及党的统战方略［J］. 红岩春秋，2012（Z1）：150—151.

13. 本刊编辑部. 浮图关忠魂：杨闇公［J］. 科学咨询，2015（30）：24—27.

14. 肖伟. 纪念杨闇公同志牺牲 65 周年学术讨论会综述［J］. 社会科学研究，1992（6）：52—53，23.

15. 李丽华. 堪当益友 可为同道：刘伯承和杨闇公的挚友情谊［J］. 四川统一战线，2004（10）：29.

16. 简奕. 廓清政治生态的光辉典范杨闇公［J］. 炎黄春秋，2018（10）：32—37.

17. 王新华. 人生如马掌铁 磨灭方休：重庆革命领袖杨闇公［J］. 重庆行政（公共人物），2011（5）：68—29.

18. 王友平. 杨尚昆与杨闇公的手足情［J］. 百年潮，2007（8）：30—32.

19. 郑洪泉. 杨闇公与第一次大革命在四川的兴起［J］. 重庆师院学报（哲学社会科学版），1993（1）：32—38.

童庸生烈士——披荆斩棘真猛士

童庸生烈士

　　童庸生（1899—1930）是国立成都高等师范学校（四川大学前身）国文部1923年毕业生，中国社会主义青年团四川地方组织的创建人之一，四川早期杰出的共产主义战士。他为在四川地区开拓民主革命的新局面立下了不朽的功勋。1926年10月，中共中央评价他是一位具有"刻苦奋斗的精神"和"很强的活动能力"的革命者。

在新文化运动的激流中

　　童庸生又名童显祚、童受祚、童鲁，1899年3月生于四川省巴县（现重庆市巴南区）永兴乡一个濒临破产的地主家庭。其父曾在山西做过县知事，希望儿子走"学而优则仕"的功名利禄之路，童庸生却对变法维新、"废科举、兴学堂"之类很感兴趣。辛亥革命后，童庸生考入巴县川东联合县立师范学校。这是一所传授西方教育思想和自然科学知识的新制学校。他是一个具有强烈正义感和爱国心的学生，也是封建家规的叛逆者，不顾一切地为姐妹争取上学和不缠足的自由。

1919 年，童庸生考入国立成都高等师范学校国文部。其时正值五四新文化运动前夜，童庸生一进国立成都高等师范学校，即投入日益高涨的学生运动。最初，他参加了高年级学生张秀熟、袁诗荛领导的爱国学生运动，参加了出版进步刊物《四川学生潮》，参加了反对日英帝国主义和北洋军阀政府卖国行为的学生活动。在这些活动中，他认识了四川马克思主义先驱王右木，参加他发起的马克思读书会和《人声》报的工作。除了协助王右木做一些具体工作外，他还积极学习陈望道翻译的《共产党宣言》、恽代英翻译的《阶级斗争》，听王右木讲授《资本论》《唯物史观》等。在王右木的影响下，他建立起科学社会主义的信念，开始运用马克思的基本主义解释社会上的一切问题，把自己的命运与无产阶级事业联系起来。

立足学校，鏖战蓉城

在童庸生看来，空谈革命毫无意义。1920 年起的两年间，四川的教育经费仅占全川税收的 2%，并且经常被军阀们侵占，危及学校生存。1922 年夏天，矛盾达到顶点。王右木等号召全川师生员工团结起来，维护教育事业，改革教育进而改造社会。6 月 10 日，童庸生等推动四川全省学生联合会，在国立成都高等师范学校召开万人大会，揭露军阀们侵占教育经费的事实。6 月 18 日至 21 日，重庆等地学生纷纷响应，迫使省议会通过学生代表的提案，斗争取得初步胜利。

1921 年夏，童庸生就在王右木的指导下，邀约几位革命青年——李硕勋、阳翰笙、廖恩波、刘亚雄、刘弄潮等，自发组织起四川最早的社会主义青年团组织成都社会主义青年团，以国立成都高等师范学校为基地开展活动，后改名四川社会主义青年团。1922 年暑假，王右木去上海与团中央联系，带回了团的"一大"文件。这样，中国社会主义青年团成都地方执行委员会经中央同意正式定名。10 月 15 日，在王右木家，13 人投票选定童庸生等五人为现任执行委员，童庸生为书记。在讲到建团动机时，童庸生说："办报来宣传和学会来研究，固然好，但没有一种真正做革命事业的团体，这精神终究不能结合来实施。"正是基于这种重视组织和实践的认识，童庸生把建立"真正做革命事业的团体"当作自己"实施"马克思"精神"的第一步。

1922 年下半年，四川省一中进步校长陈光普被无故撤职，童庸生与阳翰笙等带领各校学生，反对军阀指派严恭寅接任校长职务。四川军阀刘成勋下令各校开除进步学生，阳翰笙、李硕勋等被追究，于当年冬天先后离开成都。童庸生仍坚持留在成都。

1922 年 8 月，吴玉章被任命为国立成都高等师范学校校长，聘请了不少具有新思想的人执教，使学校的进步力量进一步发展。吴玉章之后还是中国社会主义青年团成都地方执行委员会的同情者和保护者。童庸生前去拜访时，受到吴玉章的热情接待。吴玉章很赏识这位志趣不凡的学生。二人结为忘年之交，并成为亲密战友。同年，童庸生还结识了在成都从事革命活动的杨闇公，并很快成为挚友。

展翅搏击在渝州

1923 年初，童庸生从国立成都高等师范学校毕业后，回到重庆，任教于巴县川东联合县立师范学校。他一入校，便投入了重庆社会主义青年团的工作中。社会主义青年团重庆地方组织虽于上年 10 月成立，但屡经变更，且未经中央批准，领导无力，工作也无法开展。童庸生接手后，一面自动按团的宗旨积极开展活动，一面写信将组织状况和工作布置汇报给团中央。在信中，他还提出"相机活动，务以实力充分，渐渐发展"的工作方针，征求中央的建议。这封信清楚表明了他的实干精神和领导才能。

童庸生逐步成为重庆地方团组织"真正革命"的中坚人物。无论在团组织中身居何职，他都主动承担与团中央联系、培养团的骨干、训练新团员的责任。童庸生向巴县川东联合县立师范学校学生讲李大钊、陈独秀、鲁迅的文章，传播马克思主义的思想，发展学生团员，于 1924 年初在川东联合县立师范学校和巴县中学建立团支部。同时，他也在江津中学等校开展宣传组织工作。

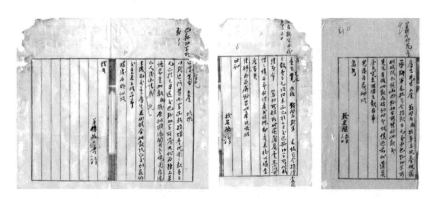

国立成都高等师范学校校长傅振烈给童庸生的信

列宁逝世后，中共中央要求各地开展宣传活动，童庸生深知纪念列宁的意义。他经过四个多月的艰苦努力，终于继成都后，在重庆组织举行了追悼列宁群众大会。会后，他与罗世文等继续宣传十月革命与列宁的思想和生平。

后来，童庸生不得不转移到涪陵中学教书。在那里，他继续宣传马克思主义，把宣传与组织工作结合，组织"社会问题研究会"，指导成员学习《共产党宣言》。在他的帮助下，隶属重庆地委的涪陵团支部诞生了。

1925 年 1 月，童庸生当选为重庆社会主义青年团书记。3 月上旬，童庸生去北京出席国民会议全国促成会，支持孙中山结束军阀割据和国共合作的主张，会议期间，他聆听了李大钊、赵世炎的教导，并按组织安排以个人身份加入国民党，以国民党左派身份开展活动。会议期间，他遇到了吴玉章。他向中共北方区委负责人赵世炎反映吴玉章的情况，并与赵世炎共同介绍吴玉章入党。

1925 年春，重庆建立起由杨闇公负责的党的基层组织。童庸生作为团的主要负责人，与杨闇公积极合作。

当年 9 月至 10 月，四川各地党团负责人聚会重庆中法大学四川分校，酝酿成立四川党的领导机构。1926 年初，童庸生和杨闇公同去上海，向党中央汇报成立全川党的领导机构问题。中共中央决定成立中共重庆地方委员会，杨闇公任书记，童庸生任共青团重庆地方委员会书记。童庸生立即将十多个共青团员转为共产党员。党领导团的体制正式形成了。

1925 年 6 月，重庆团组织领导了声援五卅惨案，反对日本帝国主义的群众运动；7月，英国水兵用刺刀戳死我同胞四人，伤十余人，制造了"七二"惨案。军阀王陵基派兵镇压集会游行的群众。童庸生领导重庆团组织采取行动，与军阀作坚决斗争。

童庸生目光敏锐，紧密地注视着思想战线上的理论斗争，努力扫除封建主义、无政府主义、国家主义在青年中的影响，向中央提出通过讨论来发现和传播真理的建议。11月初，他来到广州，准备以国民党左派代表的身份，参加国民党第二次全国代表大会。在等待开会期间，童庸生执笔撰写了《介绍重庆的"四川平民学社"》和《右派的三民主义》两篇文章。在后一篇文章中，他以简练的笔法列举右派不实行民族、民权、民生主义的事实。大会期间，他除了协助大会秘书长吴玉章工作外，还以《今后之本党》为题发言，指出右派破坏国内外反帝联合战线的愚蠢行为，主张把国民党"革命化"为一个"统一的，建立在左派理论和策略上"的"纪律严密的组织"等。

国民党二大决定进一步贯彻执行联俄、联共、扶助农工三大政策，指示左派成立新的四川省临时执行委员会，左派取得了决定性胜利。童庸生任左派省党部青年部长，再度成为军阀和右派谋害的对象。中共重庆地方委员会决定童庸生转移他处，并给予他新的重要任务。

踏遍巴山蜀水

1926年2月，中共重庆地方委员会成立后，即派遣童庸生去自贡、内江、宜宾、荣县等地视察了解各地中共党组织及国民党左派党部的建立和活动情况，传达中央的指示。童庸生就靠双脚步行数千里，出色地完成了党交给的重任。

紧接着，童庸生即被派到江津中学，以国文教员的身份在当地开展工作。他到校不久，就开办星期日讲座，向听众分析社会形势，指出三民主义和马克思主义才是救国的政策和真理，使群众耳目一新。接着，他在江津中学内组织"励学读书会"，又介绍会员入团，建立了团的江津小组。

随着北伐军的组成，军阀出现了分化。6月，童庸生又被派去协助吴玉章、刘伯承做争取川军的工作。他携带刘伯承的介绍信去泸州与赖心辉部旅长袁品文、陈兰亭取得联系，说服二人参加国民革命军。半年后，二人在泸州成立国民革命军四川第四、五路军。接着，他又去南充和张秀熟、袁诗荛等人一道在当地进行革命活动。同时，他与驻军何光烈师联系，争取何光烈和旅长秦汉三、杜伯乾。秦汉三、杜伯乾后来参加南充起义，成立国民革命军四川第二、三路军。在去南充途中，他在合川与有参加革命愿望的黄慕颜见面，介绍黄慕颜加入了中国共产党。后来，黄慕颜任泸顺起义军副总指挥兼第一路军司令。

7月下旬，童庸生起草了《四川各派军阀的动态》和《四川军事调查》，并上报党中央。党中央因此发出《致重庆信》，指示重庆地方委员会利用军阀分化的机会，开展民众运动，培养新的力量。8月下旬，童庸生又持朱德介绍信赴万县见杨森。9月上旬，他代表杨闇公去上海向中共中央全面汇报重庆地方委员会的工作，提出"造成一系军队"的设想，党央随即做出在泸州和南充举行起义的有关指示和决定。这就为泸顺起义确定了战略方针。刘伯承回忆起泸顺起义的组织者和领导者童庸生时，说道："我于1926年在四川担任泸顺起义的总指挥时，童庸生同志任党代表。这个同志是一个对革命忠诚，热情洋溢，善作宣传鼓动的好同志。"

令人遗憾的消逝

童庸生返渝不久，中共重庆地方委员会依党中央计划派他和邹进贤、张锡畴赴苏联学习。三人赴苏联后就读于莫斯科东方劳动大学和列宁格勒军政学院。据他的同学杨尚昆、张锡畴回忆，他在苏联学习期间，表现很不错。

在列宁的故乡，他与同在苏联学习的原二女师缪云叔恋爱并结婚。1930年缪云叔被捕叛变，还嫁给了一个特务。这对刚回上海的童庸生是一个沉重的打击，因此他也不能留在上海工作。不久，党组织派童庸生与罗世文等进入苏区。途经九江，童庸生下船买香烟就再也没有能回船，他失踪了。

党组织找寻他的下落长达15年之久，在全面地确认了他在党团组织建设的突出成绩之后，终于在1945年追认他为革命烈士。

（任吾祖编写，陈光复、刘乔改编）

参考资料：

1. 童庸生：在川渝播种共产主义星火［EB/OL］. http://www. thecover. cn/subject/4771415.

2. 郑洪泉，等. 重庆古今风云人物［M］. 重庆：重庆大学出版社，1989.

3. 中共重庆市委党史工作委员会. 重庆党史人物：第 1 集 1925—1927［M］. 重庆：重庆出版社，1987.

4. 傅德岷，李书敏. 巴渝英杰名流［M］. 重庆：重庆出版社，2004.

5. 杨炜. 碧血青春洒江天：纪念童庸生同志诞辰 100 周年［J］. 四川教育学院学报，1998，14（3）：113－116.

6. 欧美强. 试析成渝地区社会主义青年团的创建与分合［J］. 西南石油大学学报（社会科学版），2020，22（1）：62－69.

7. 张继琳. 童庸生烈士籍贯考［J］. 红岩春秋，2018（8）：66－69.

8. 宋键. 中共早期党内民主生活的典范：一份 1926 年中共重庆党、团地方执行委员会批评会记录析读［J］. 党的文献，2017（2）：44－47.

9. 中共泸州市委党史工作委员会办公室. 泸州起义：纪念泸州起义六十周年［Z］. 1986.

10. 重庆市渝中区人民政府地方志编纂委员会. 重庆市市中区志［M］. 重庆：重庆出版社，1997.

11. 王群生. 重庆历史名人典［M］. 重庆：重庆出版社，2005.

12. 重庆工商大学信息技术和社会发展研究院，项玉章. 重庆之最［M］. 重庆：重庆出版社，2008.

13. 中国人民政治协商会议四川省重庆市委员会文史资料研究委员会. 重庆文史资料：第 25 辑［Z］. 1985.

14. 中央档案馆. 中央档案馆馆藏革命历史资料作者篇名索引［M］. 北京：中央文献出版社，1992.

15. 《涪陵辞典》编纂委员会. 涪陵辞典［M］. 重庆：重庆出版社，2003.

16. 张静如，等. 中国青年运动词典［M］. 石家庄：河北人民出版社，1989.

17. 中共四川省委党史工作委员会. 泸顺起义［M］. 成都：四川省社会科学院出版社，1986.

康明惠烈士——力学笃行竟一生

1920 年，王右木积极宣传马克思主义理论，并在学生群体中组织创立了四川首个马克思读书会。当时的四川公立农业专门学校（四川大学前身）林科学生康明惠（1898—1931）受王右木的深刻影响，成长为其得力助手和马克思主义的坚定信仰者，后成为四川党团组织的骨干成员和参加党领导的重大革命事件的重要人物，直至献出自己宝贵的生命。

康明惠烈士

就读四川公立农业专门学校

康明惠，号恩溥，化名悯怀，1898 年 12 月出生于四川省温江县（今四川省成都市温江区）涌泉乡。1917 年，康明惠考入四川省立第一中学。五四运动的消息传到成都后，康明惠反帝爱国热情高涨，积极参加到成都学界外交后援组织领导的游行示威和抵制洋货的运动中，抗议帝国主义的罪行和北洋军阀政府出卖主权、镇压学生的卖国行径。1920 年秋，康明惠以优异的成绩考入当时的四川公立农业专门学校林学专业本科第八班学习。在学校期间，他刻苦学习，积极参加社会活动。后受王右木的影响，他加入王右木组织的成都马克思读书会，积极阅读《共产党宣言》《唯物史观》《新青年》《每周评论》《四川学生潮》等进步书刊，初步确定了马克思主义的信仰。

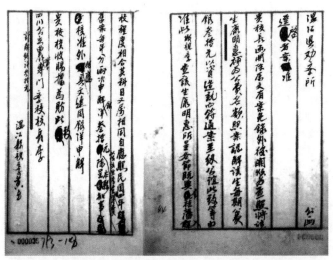

温江县劝学所咨送康明惠入读四川公立农业专门学校函

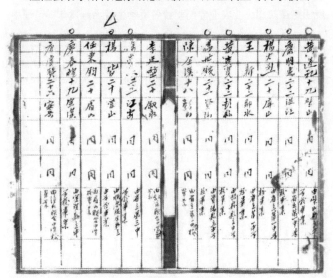

康明惠在四川公立农业专门学校关于新招林学本科第八班学生姓名表
暨教职员履历学科课程呈报中

康明惠在四川公立农业专门学校各班学生姓名籍贯年龄清册中

康明惠在四川公立农业专门学校林学本科第八班学生姓名履历表中

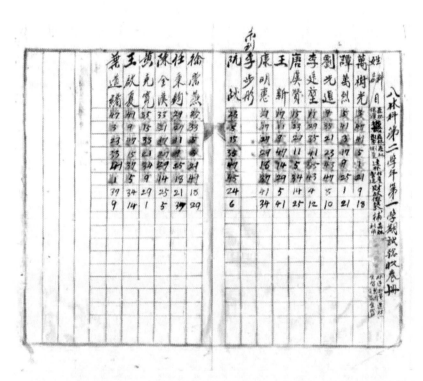

康明惠在四川公立农业专门学校林学本科第八班第二学年第一学期试验收卷册中

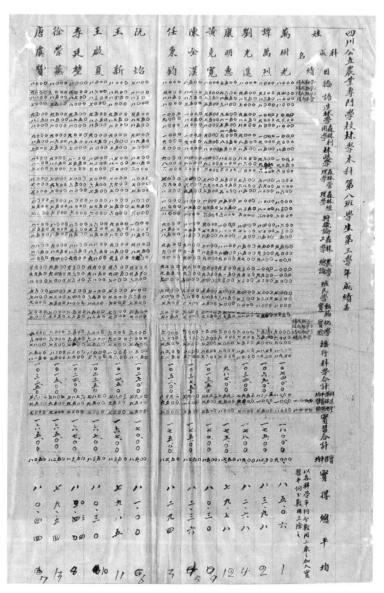

康明惠在四川公立农业专门学校林学本科第八班学生第三学年成绩表中

因康明惠在马克思读书会中积极上进，常常组织学生开展活动，在1922年四川社会主义青年团创立之初便被王右木推荐加入了团组织。成都地方团组织草创之际，内部意见分歧还比较严重。傅双梧甚至以假马克思主义之名另外创建组织，率众攻击王右木。在历经激烈而残酷的斗争后，康明惠迅速成长了起来。1922年夏，康明惠投入到四川教育经费独立运动中，成为四川公立农业专门学校在该运动中的重要领导者。在此次运动中，康明惠积极奔走，发动学校师生参加集会，为教育经费独立运动取得成功做出了重大贡献。

1923年，康明惠在四川社会主义青年团第二届执委会选举中被选为执委委员。当时执委共有五位，分别为王右木、郭祖劼、何雁秋、康明惠、蒋雪邨。面对团内初创时期的分崩离析局面，康明惠做了坚决斗争，为维护团内团结付出了巨大努力。当有的执委违背组织原则拒不执行民主集中制，执意发起所谓救国十人团时，康明惠质问："明惠是执行委员之一，何以现所发起之救国十人团运动，明惠不能与闻商议？若非本团所组织，明惠对此实不敢盲从。"同年，康明惠受王右木委派，回到家乡温江县考察农村状况。因当时川省军阀混战，土匪遍野，民不聊生，康明惠经过认真调查与思考，提出发动组织群众，招募农工，建立革命武装政权的建议，是在党的历史上较早正确地提出武装夺取政权道路的思想先行者之一。王右木在1923年5月18日给施存统的信中专门针对康明惠的工作评价道："明惠于归温江后，调查得乡村匪患，只在办团，若能招募有职业之工人青年立刻化为有枪阶级，劳工专政，必自握军权始，此为最可信赖者。"

1923年，康明惠当选执委后，与王右木一起就成都地方团改组后的川省团的工作向中央作了报告。该报告做出了由康明惠在四川公立农业专门学校开展平民教育的决定，旨在促进工人智识教育，提高工人阶级意识。此后，康明惠在四川公立农业专门学校创办了工人教育班，并亲自担任班主任。招生的学生有生绉帮工人20人，四川公立农业专门学校校工30人，附近农民4人，兵工厂工人3人，共57人。

7月2日，"四川民权运动大同盟"在成都召开会议，康明惠当选为庶务股长。当时，担任同盟负责职务的都是社会主义青年团成都地方组织的主要干部。后来的共和国元帅陈毅当时以留法勤工俭学同学会四川代表的名义参加了此次民权运动同盟会，并担任文书职务。11月5日，康明惠在成都社会主义青年团团员大会上做了农村形势报告，并当选为第三届执委委员。委员共有三人，分别为王右木、康明惠、黄钦，王右木任委员长，康明惠任秘书。

此后，康明惠还当选四川全省学生联合会秘书，领导学生参加游行、演讲，指导各校学生会开展工作。同时，他在第四届成都地方团选举中被继续选为执委，任秘书并负责团务，向中央报告四川团组织发展形势。成都地方团当时经费困难，康明惠多方求援，以便组织活动能够顺利开展。同年，康明惠应党中央加强国共合作的要求，与王右木等一起以个人名义加入国民党。

至死不渝的革命信念

1925 初，受党中央委派，康明惠离开四川公立农业专门学校，南下广州，考入黄埔军校第四期工兵科，投身国民革命运动之中。在国民党右派分子在军校活动猖獗时，康明惠不顾威逼利诱，加入周恩来组织的"青年军人联合会"，同右派分子展开斗争。军校毕业后，康明惠被分配在国民革命军第四军任排长，参加北伐战争。蒋介石等发动四一二反革命政变后，康明惠随部队参加了南昌起义。

1927 年底，康明惠返回成都温江地区开展革命工作。回家第二天，温江县禁烟局长郭弼臣说他是共产党，并指控他贩卖大烟，康明惠当即被捕入狱。后因查无实据，他才被取保释放。当时，白色恐怖笼罩中国，革命形势严峻，但康明惠没有被吓倒，而是秘密地在温江地区开展革命工作。他以自己的农学专长为掩护，利用培育果树、养蜂等社会职业开展活动，团结温江境内思想比较进步的人士，宣传马克思主义思想与党的方针，逐步团结一批进步青年成立了"青锋社"，油印刊物《青枫》。康明惠负责稿件的审查、编辑，其余人员负责搜集资料，撰写刻印。刊物名称的意义是：给鱼肉乡民的土豪劣绅、贪官污吏及反动势力当头一棒，以唤醒民众起来革命。《青枫》第一期首栏标题是"揭开温江贪官污吏、土豪劣绅联合阵营的重重黑幕"，揭露了温江县恶霸郭弼臣勾结官僚和驻军压榨人民、无恶不作的种种罪行。在《青枫》第一期中，康明惠对大革命失败以及时局进行了尖锐深刻的述评。刊物出版后，受到了民众的欢迎，引起了社会的强烈反响。《青枫》发行了八九期之后，因受到反动势力的追查，被迫停刊。

康明惠早在四川公立农业专门学校读书时就和梅子乾是好朋友。1929年初，时任中共川西特委军委秘书的梅子乾回到温江。他得知梅子乾的身份后，请梅子乾向组织转告自己的经历和革命愿望，请求解决组织问题。梅子乾将他的情况向上级党组织做了汇报后，经中共川西特委研究决定，重新恢复了康明惠的工作。党组织委托康明惠继续在温江开展革命工作，筹建温江党组织。通过考察，康明惠把"青锋社"成员黄增益、王重民等吸收入党，组建了温江历史上第一个党支部。1930年9月，温江党支部成员已有七人。经川西特委批准，温江支部改建为温江特支，康明惠任历史上温江党组织首任书记。

同年，康明惠被调往成都开展革命工作。康明惠在三倒拐街开了一间小铺，以经营丝线作掩护，在手工业工人中开展革命工作，同时继续负责温江党组织工作。当时革命形势复杂，经费支绌困难。康明惠继承祖遗田产80余亩，自1927年底回到温江后，他先后卖掉70余亩。亲友闻讯后，不能理解其行为，纷纷指责其为"败家子"。他自己只留下德通桥附近约十亩菜地维持妻子儿女的生活，卖田的钱大多数用作革命活动经费。妻子问他钱到哪里去了，他说用在成都开丝线铺子了。后来妻子又问他丝线铺子生意好不好，他说请的先生到重庆去了，铺子垮了。妻子气得跑回了娘家。

1930年10月，曾在省立第一中学与康明惠同学的新任温江县县长黄鹏基，知道康明惠能文能武，为了培植私人势力，劝康明惠为桑梓尽力，再三邀请他出来任职。为了使康明惠有公开职务掩护，进一步为党搞好工作，经上级批准同意，康明惠出任了温江县第三区团长，管理治安。次年5月，由于形势发生变化，组织决定让他辞去了这个职务。

康明惠为了革命工作，常奔走于成都、温江两地，引起了反动当局的注意，他的党员身份也因此暴露。1931年夏天，康明惠邀约刚从万源回温江的吴兆昌到县城十字口"可久大"烟馆，了解万源县李家骏姐弟起义的情况，打算去参加起义军。当吴兆昌去买烟时得到全城戒严正在搜捕康明惠的消息后，立即返回烟馆把消息告诉康明惠，康明惠即迅速撤走隐蔽，这才免遭毒手。1931年9月，康明惠奉上级命令同川东一个姓王的同志去江西苏区工作。临行前，他秘密返回温江找到地下党组织的同志，传达了上级的决定，又交代了温江特别党支部的工作，并拿出一本黑色布面的日记本交给地下党员黄增益，日记本记着温江县地下党员的化名。他叮嘱黄增益说："在白区工作，态度要灰色，要避免无谓牺牲，不要图戴红帽子，要积蓄力量，待机战斗。"

11月暂住上海期间，康明惠以"悯怀"为名，向党中央做了《关于四川政治经济状况的报告》，文中分析了当前四川经济政治形势，并对党内立三错误路线进行了批评。他提出：党组织首先要加强无产阶级领导，肃清阶级异己分子；其次要社会化，最后要职业化。到上海后，曾给黄增益等来信说："已安抵上海，暂住法租界内。"不久，他又来信说："不日即将起程，前往西一游。"不久，康明惠离开上海前往江西苏区，在途中不幸失踪。

1988年6月1日，根据民政部〔1980〕63号文件和温江县委组织部、党史办和县档案局的专题报告，温江县政府作出追认康明惠为烈士的决定。

（潘坤、王继红编写）

参考资料：

1. 中国人民政治协商会议温江县委员会文史资料研究委员会. 温江县文史资料选辑：第1辑〔Z〕. 1987.

2. 党史人物：温江中共党组织创建人：康明惠〔EB/OL〕. http://www. thecover. cn/news/3141803.

3. 陈昀菲. "八一"珍档：参加南昌起义的康明惠〔EB/OL〕. https://dag. sicau. edu. cn/info/1030/2021. htm.

4. 中共江油市委党史研究室，江油市国家档案馆. 王右木：四川马克思主义运动先驱·党团组织始人〔M〕. 北京：光明日报出版社，2017.

5. 中共成都市委党史研究室. 蓉城英烈〔M〕. 成都：成都时代出版社，2007.

6. 成都市温江区地方志编纂委员会. 成都市温江区志：1986—2005〔M〕. 北京：方志出版社，2011.

7. 中共成都市委党史研究室. 康明惠 高擎火炬照温江〔N〕. 成都日报，2011—07—01.

8. 简奕. 试论中共早期农民运动对民团的争取与改造：四川早期党团组织改造民团的历史考察〔J〕. 中共党史研究，2017（1）：109—119.

9. 赵青，凌冬梅. 从成都马克思读书会说起〔J〕. 红岩春秋，2020（4）：48—51.

10. 中共江油县委党史办公室. 四川马克思主义运动先驱者：纪念王右木诞生一百周年〔M〕. 成都：四川大学出版社，1988.

郭祝霖烈士——莫将壮志没蒿莱

在 20 世纪二三十年代，中共彭山县委员会是川西南第一个县委，彭山县农民协会是川西南最早的农民协会组织，彭山"青年互助社"是革命早期农民武装组织之一，彭山公义农民暴动是中国共产党领导武装斗争的革命实践之一。其中，四川大学校友郭祝霖（1909—1934）作为彭山早期共产党人的代表，和他的哥哥郭祝三、侄子郭剑鸣被称为"一门三英杰，革命一家人"，为我们留下了可歌可泣的英雄事迹。

革命真理的追求者

郭祝霖，原名郭仲纯，字祝霖，以字行，学名郭家驹，化名郭志平，1909 年出生在四川省彭山县公义乡一个农民家庭。1916 年，他先后在彭山公义场高级小学、彭山县立小学和眉山联立中学学习。1926 年，他以优异成绩考入当时的国立成都高等师范学校（四川大学前身）国文部。1927 年，国立成都大学从国立成都高等师范学校分出后，原学校国文部改为国立成都师范大学中文系。

彭山公义场郭氏旧居

郭祝霖从小勤学好问，刻苦钻研，成绩优异。他抱着教育救国的目的而来，在教室、寝室和图书馆中昼夜苦读，尤其喜爱《史记》《文选》《荀子》中的文字。他掩书成诵，眼睛高度近视。郭祝霖为人豪爽，仗义执言，对帝国主义和反动军阀的暴行恨之入骨，每每谈及总是咬牙切齿。在校园内，郭祝霖与同时考入国立成都高等师范学校国文部的李清玉和杜仲陵等最为相好。

李清玉，又名李蕴璞，四川省苍溪县人。1926 年 10 月，李清玉由张博诗、苟永芳等介绍秘密加入了中国共产党，先后参加并组织了成都人力车工人罢工和反劣币斗争等进步活动。郭祝霖、李清玉两人同住在学校枇杷院中，交情日厚。因为工作需要，李清玉夜间常不在校。郭祝霖甚为诧异，就悄悄地问他是否在做革命工作。李清玉不便明言，随口应付。郭祝霖又见李清玉与国立成都大学社会科学研究社的进步青年李正恩等来往亲密，当然他并不知道李正恩是中共党员。李清玉还常常和校内的国民党右派、国家主义派分子和特务学生开展激烈的斗争。郭祝霖明白了几分，不但同情支持李清玉，自己也参与其中。郭祝霖主动和李清玉谈心，恳切地对李清玉说："我决心参加革命，不能再读死书，教育不可能救国。"他向李清玉表示，想参加共产党。李清玉及时向中共成都师范大学党支部书记、进步团体导社的实际负责人苟永芳汇报了郭祝霖的情况。

1926 年 12 月，李清玉介绍郭祝霖加入了导社。国立成都大学的社会科学研究社、国立成都师范大学的导社、公立四川大学法政学院的共进社和国立成都师范大学附中的新青年革命团等革命团体是当时党领导的成都地区著名的赤色团体。其中，国立成都师范大学导社就是为了团结进步同学，在 1926 年 10 月声援万县"九五"惨案的斗争中，由中共成都师范大学党支部书记苟永芳承头，发起组织成立的，在校用名曹培金的曹荻秋和张博诗等都是导社的主要骨干力量。导社成立后，即作为团体成员加入成都"声援'九·五'惨案后援会"，积极参加抗议英帝国主义暴行的斗争。1927 年秋，导社社员从最初的三四十人发展到七八十人。郭祝霖在导社中结识了不少共产党员和进步青年，不断成长。他们在学校中共支部的直接领导下，积极参加教育经费独立运动和反劣币运动，继续进行革命斗争。

进步思想的宣传者

20 世纪 20 年代，在革命浪潮的激励下，在眉州、成都、雅安等地求学的彭山进步青年学生，受俄国十月革命的启示和五四运动的影响，怀着救国的满腔热情，高举民主与科学的大旗，纷纷返乡建立进步团体，出版进步刊物，宣传新文化新思想，传播马克思主义，开展反帝反封建宣传运动，唤起人民的觉醒。1926年底，郭祝霖从学校回到家乡，邀约公义场高级小学部分教师和成都、眉州读书的返乡学生十多人筹备成立进步团体。1927年初，以公义场高级小学的教职员及成都、眉州两地的学生为主，40多位有志青年在公义场高级小学发表宣言正式成立"新益学会"。学会专门订有章程，明确提出其宗旨：交流知识，增进友谊；明确读书目的，探索救国救民之道。新益学会是彭山最早诞生的具有反帝反封建性质的进步组织，是彭山第一个学习马克思主义的进步团体。"新益学会"的诞生为进步青年指明了方向，在彭山共产党组织建立之前活动范围较广、影响较大。

在学会成立大会上，血气方刚的郭祝霖慷慨激昂，痛斥时弊，对读书的目的和学会的宗旨作了精彩的说明。郭祝霖说："认为读书只为光宗耀祖改换门庭，是功利主义；只为认几个字，能看书写信，是鼠目寸光；为将来做官，学而优则仕，是孔门之见。'仕'应有方向，方向不明就是书蛀。时代赋予我们的使命是救国救民，救国救民才是方向、目的。目前，帝国主义四处横行，军阀割据战乱不已，贪官污吏彼彼皆是。因此，时代要求我们组织起来，团结起来，交流知识，增进友谊，共同前进，一齐向帝国主义开火，向军阀和一切反动势力开火，走苏联革命的道路，建设新中国。"

学会成立的当天下年，学会的宣言即分送彭山县行政公署各部门、彭山知名人士、各学校、城区各单位和在成都、眉州读书的彭山籍同学。宣言义正辞严，旗帜鲜明，在县各界人士中引起很大反响。县行政公署当局及一批上层人物，诚惶诚恐，视新益学会为洪水猛兽，叫嚣宣言"毒气很大，离经叛道，妖言惑众"。郭祝霖在和会员座谈时鼓励大家说，当局不高兴，我们才欢喜。他要求会员们观察动向，暑假再战。每次从成都回来，郭祝霖都要带回一批革命理论刊物，在会员中广泛传阅。他发动会员深入农民协会，积极开展革命活动，走与劳动人民相结合的道路，在斗争中锻炼自己，实践革命理论。

1927年暑假，国立成都师范大学学生、同为导社成员的喻永廉，根据导社的布置，回到家乡江口镇开办平民学校，提高平民的阶级斗争觉悟。与此同时，他又联合旅省、旅雅、旅眉的江口学友共同组织"青年学会"。

学会的主要工作是积极响应农民协会的号召，配合农民运动，到街头散发传单，张贴标语，举行罢课、罢市等革命斗争。青年学会与新益学会联系密切，喻永廉与郭祝霖两人经常碰头，互通情报，商讨斗争策略。青年学会会员罗尚权、王权明等进步青年还同时被介绍参加了新益学会。

在新益学会和青年学会的带动下，1928年7月少年俱乐部在彭山县城成立。少年俱乐部是共青团的外围组织，是由眉山联中学生何德明与李文英、王文英、杨衡则等二三十人返乡建立的。少年俱乐部成立后，以俱乐部为阵地，向广大少年讲解革命道理，指导他们阅读进步书刊，开展各项革命活动。俱乐部的读书会先后组织少年阅读《请看今日之蒋介石》《"三·三一"惨案》《洪水》《少年漂泊者》《共产党ABC》等革命书籍。俱乐部除举办演讲会外，还开演唱会，教唱"打倒列强，除军阀"等革命歌曲。俱乐部组建的剧团，先后演出了郭沫若的历史剧《棠棣之花》等剧目，在群众中引起了很大的反响。1928年冬，农民协会组织发起抗交免役费斗争，少年俱乐部的多数成员赶到公义场参加斗争，搞演讲，散传单，贴标语，处处冲在前面。少年俱乐部的活动，触犯了地主豪绅的利益，激怒了官绅恶棍。以周星斗、刘书明为代表的一些人，组织"醒狮派"，发表宣言，攻击少年俱乐部，叫嚷什么"共产党胡来""共产主义不适合中国国情""共产党接受苏联卢布"等，一派胡言乱语。少年俱乐部以牙还牙，一连出了五期油印刊物，针锋相对地予以驳斥。通过这场斗争，少年俱乐部的活动阵地进一步巩固了。

1928年夏，眉山师范第一班学生洪文渊与杨衡则、刘蕴玉、付少基、陈荣桢等，在彭山县城南街南华宫女子学校兴办曙光平民夜校，宣传革命理论，探讨民族解放道路。上夜校的学员近百人，有学生，有市民，还有手工业工人。在夜校里，他们既学文化，又讲革命道理，思想得到了空前的大解放。

1929年5月，上级党组织派共产党员杨雪痕来彭山，领导青年革命运动。杨雪痕以公义场高级小学教师的身份作掩护，在新益学会的基础上组织了"晨曦社"。社员有公义场高级小学校职员和新益学会会员李泽文、郭建勋等20余人。晨曦社以倡导新文化宣传新思想为宗旨，自筹资金，出版《晨曦半月刊》。在第一和第二期中，针对彭山县城以刘勋伯为代表的反动文人，社员进行了猛烈的抨击。一篇篇文章像匕首和投枪一样击中了他们的要害。《新益学会宣言》发表之后，在县城中又掀起了一场革命风暴。刘勋伯等惊呼："西山洪水又暴涨了！"《晨曦半月刊》还从巩固农民协会的需要出发，以农民的故事、农民的语言，通俗生动地向广大农民宣传"不信神、不信鬼、不信命运，自信自立，走苏联革命道路"的道理，启发广大农民的阶级觉悟，唤起民众起来与帝国主义、封建主义、官僚资本主义进行斗争。

同一时期，彭山有影响的进步组织还有"反帝大同盟""革命互济会"等群众团体。这些共青团的外围组织，都可以说是在新益学会的带动下成立的。他们旗帜鲜明地积极宣传反帝爱国思想，在广大民众中提出了反帝、反封建、反军阀的任务，喊出了打倒贪官污吏、打倒土豪劣绅、反对军阀割据的口号，让革命理论、革命思想和马克思主义在彭山得到广泛深入传播，推动了农民运动，从思想上和干部上为党组织的建立和发展准备了条件。

为扩大革命影响，向家乡人民宣传马克思主义，1930年1月15日，作为彭山旅省同乡会负责人，郭祝霖主编的进步刊物《彭山县旅省学会会刊》在成都公开出版发行。在创刊号上，郭祝霖明确《彭山县旅省学会会刊》的任务是："一、反抗封建势力，批判他，消灭他；二、唤醒被压迫民众，努力揭穿统治者的一切黑幕，认清敌人的本来面目，更进而消灭之；三、站在乡土立场，督促和建设彭山的教育、团务、实业，以谋'新彭山'的早日实现。"每期的《彭山县旅省学会会刊》在成都盐道街省立第一师范学校编印好后，除在成都散发外，大部分发回彭山，在青年学生、进步人士和农民协会中广为流传。《彭山县旅省学会会刊》不仅使马克思主义的革命理论传播到广大民众之中，更主要是给彭山革命运动指明了前进的方向。在创刊号上，一位名叫何畏的学生在《卷头语》一诗中，呼唤青年朋友们起来努力斗争，破坏旧社会，创造未来世界之光明。诗中写道：

> 朋友们！听呀！
> 是黑暗地狱里发出来底呼声；
> 是血肉横飞的场上涌起来底血涛。
> 呵！这伟大的呼声。

　　呵！这波浪滔天底血涛。

　　他将要震醒大梦沉沉底被压迫民众；

　　他将要淹没一切违反社会进化的叛徒。

　　他底责任呵！破坏旧社会的一切；

　　他底使命呵！创造未来世界的光明。

　　热血未干的青年朋友们呀！

　　努力吧！努力的斗争。

　　只等那惊天动地底一声炸响！

　　全世界立地变作光明灿烂的乐土。

　　《彭山县旅省学会会刊》文章多为短篇，内容以分析形势、宣传革命道理和评论县事为主，在当时的彭山反响强烈。尽管其存在的时间不长，但流传广、影响大。其鲜明的阶级观点、坚定的反帝反封建反军阀的立场和勇敢战斗的顽强精神，对彭山人民，尤其是进步青年影响极大。

革命斗争的先行者

　　1926 年，在北伐战争胜利的鼓舞下，彭山农民运动以公义乡为中心，进入了新的发展时期。为加强对彭山农民运动工作的领导，当年冬天，中共成都特别支部派与郭祝霖有同学关系的共产党员帅世襄到彭山县秘密考察组织发展工作。郭祝霖回到家乡公义场后，组织成立了新益学会，把公义场农民运动搞得轰轰烈烈。于是，郭祝霖给留校从事革命工作的李清玉去信，请党组织派人到公义场指导农民运动。李清玉请示党组织后，中共成都特支委员李正恩说："川西特委派你前去辅导协助，相机发展党员，扩大农民运动。"通过一段时间的实际观察和考察，两人了解到公义乡有健全的农民协会，彭山其他不少乡也有农民协会。知识分子中确有不少国民党左派和进步人士，但还没有共产党的组织和党员。县农民协会的主要干部、公义场高级小学校长郭祝三很有威信和组织能力，对国民党右派痛恨至极。他原名郭慎文，字祝三，以字行，学名郭家驹，化名周远帆，是郭祝霖的哥哥。两人本来就很了解郭祝霖，看到他辅助郭祝三搞农民运动，意志坚强，才干卓越，很是高兴。于是，帅世襄和李清玉报经中共成都特支书记李正恩同意，把郭祝三、郭祝霖确定为彭山第一批党员发展对象。

帅世襄、李清玉在彭期间，彭山发生了"张卓宣事件"。1927年春节期间，农民张卓宣反映民众意见，反对县知事李瑶一年征收几年粮，被听差拖进县衙乱棒打死，弃尸三官堂。李瑶的残暴罪行激起农民协会会员、回乡学生和知识分子团体的极大愤慨。2月6日，由郭祝三、郭祝霖主持，彭山农民协会在公义场召开群众大会，愤怒声讨李瑶为军阀卖命、加重粮税、打死张卓宣的滔天罪行。开会当天，各乡农民协会、妇女协会、学生联合会、新益学会的代表和群众1000多人，云集公义场，个个义愤填膺，上台声讨李瑶暴行。会后，举行了声势浩大的示威游行，游行队伍高呼"打倒贪官污吏""打倒军阀""反对苛捐杂税""枪毙李瑶"，口号声响彻公义场上空。当天，在公义场街头还演出了由郭祝三、郭祝霖、高从俭等人编写的活报剧《枪决李瑶》，并当众烧毁李瑶形象的稻草人。人们奔走相告，农民协会的声威大震，广大贫苦农民纷纷加入农民协会。事后，四川省政府迫于舆论压力，不得不作出撤销李瑶县知事职务的决定，以平息事态。

在公义场开展革命活动的帅世襄、李清玉不仅参加了这次声讨李瑶罪行的活动，而且目睹了郭祝霖在斗争中的实际表现。会后，由李清玉介绍、帅世襄签署，决定吸收郭祝三、郭祝霖参加中国共产党。帅、李二人回到成都报请党组织并得到批准。其时，郭祝霖年仅18岁，郭祝三40岁。至此，彭山县有了第一批中国共产党党员，为彭山县党组织的建立和发展奠定了基础。

农民运动的组织者

1925年夏，在全国农民运动革命浪潮的推动下，彭山县实业所负责人何伯勋发起组织彭山县农民协会，郭祝霖的哥哥郭祝三被推举为县农民协会组织委员，负责公义乡农民协会工作。

郭祝三以公义场高级小学为据点和活动场所，发动教师张笃生、高从俭、李泽文和学生刘文康、吴用田等参加农民协会工作。郭祝三在公义场川主宫兴办了农民夜校，和公义场高级小学教师轮流给农民讲课，不仅教农民学文化，还讲时事政治，宣传孙中山提出的联俄、联共、扶助农工三大政策，培养了王庆顺、梁洪山、吴洪发、王柱臣等农民骨干，为农民协会的壮大发展准备了条件。1925 年底，参加农民协会的会员达 800 多人。

1926 年冬，郭祝霖放寒假从成都回到公义场家乡，积极协助郭祝三开展农民运动，向工农群众传播马列主义。郭祝霖把从成都、眉州等外地学校放假返乡的学生和公义场高级小学的师生组织起来，每逢场期就到公义场街上开展宣传活动。他们散发传单，张贴标语，手执红旗登台演讲，教唱革命歌曲，宣传进步思想，号召民众团结起来，打倒官僚、军阀。许多农民协会的骨干和先进分子也积极投入宣传活动。这次活动历时一个多月，极大地推动了彭山农民运动，公义乡的农民协会组织也进一步壮大。

在此期间，郭祝三、郭祝霖同中共四川临时省委派到彭山指导工作的刘单如、黄仁杰等，经常利用夜间到公义乡的独青杠、白平观、古井村的农户家里开会，研究农民协会的组织发展，动员群众参加农民协会。从 1927 年 2 月到 1928 年冬，经过艰苦细致的宣传发动工作，农民协会组织逐渐发展到青龙、牧马、观音、凤鸣、义和、江口、江渎等地区，全县农民协会会员增至 2000 多人。各乡镇的农民协会组织都有专人负责，青龙场是黄天泽，牧马山是李世珍，观音铺的李店儿、唐河坝、钟林盘、孙巷子是梁泰昌，凤鸣兴崇寺是王玉安。

其时，彭山农民协会盛极一时，涌现出了大批骨干，如张绿芝、龚连成、梁益兴、王朝珠、田春廷、梁泰昌、张春廷、张轩富、任静之、黄天泽、吴用田、梁凯明、马茂林、梁照明、余照林、陈大发等。这批斗争中成长起来的先进分子，后来大多数加入了中国共产党，走上了革命道路。李清玉曾经这样评价彭山农民协会工作："彭山乡村农民运动，条件较好，又有基础，应搞武装斗争，反对官府、军阀，反对地主老财，反苛捐杂税，反租押和高利贷剥削。发动千千万万的农民举行暴动，起来革命，由小到大波浪式地前进，占据高山有利地带，建立革命根据地。破仓分粮，打土豪，分田地，响亮地提出'实行土地革命，建立苏维埃政权，一切权力归苏维埃'的口号。"当时彭山的农民协会工作是卓有成效的，对此，郭祝霖功不可没。

农民武装的领导者

彭山农民协会组织发展壮大后，组织起来的广大贫苦农民运用各种形式反对剥削压迫，打击的目标是贪官污吏、封建政权和与之相勾结的土豪劣绅，但协会徒手空拳，面对势力异常强大的敌人，显得势单力薄，力不从心。经过慎重考虑，郭祝三、郭祝霖等决心建立一支农民武装，与敌人抗衡斗争。为此，郭祝三、郭祝霖、洪文渊等昼夜在彭山境内奔波，宣传群众、启迪群众、组织群众，让群众明白只有武装起来革命才有指望。

1927年冬的一天晚上，一个名叫"青年互助社"的农民武装组织，由刘单如、郭祝三、郭祝霖、王柱臣等人发起，在公义乡泉水村李世珍家正式成立。这是20世纪二三十年代四川最早的农民武装组织之一。在成立会上，刘单如、郭祝三、刘奇、黄天泽、李世珍、李泽文等推选郭祝霖担任青年互助社社长，并吸收吴用田、李玉安、李德珍、骆少轩、陈少南、李银轩等六人为第一批社员。青年互助社对外是青年互助组织，对内则是农民协会的武装组织。凡入社社员，都发给一本青年互助社手册，并自愿缴纳底金，用于购买枪支，武装社员。

1928年前后，青年互助社的组织发展很快，公义、观音、江口等地都相继建立了青年互助社。入社的社员有农民、学徒工、帮工、航运工人等。这支后来发展到上千人的农民协会武装，是后来彭山开展抗捐斗争和农民武装暴动的基本力量。

与此同时，1928年初，张用之在青龙场也组织了旨在反贪官污吏、反军阀、反官僚资本主义的"血花少年团"，团员有干雄、张青和、梅文伟、卢志云、卢志田、梁照明等。农民运动的迅猛发展，农民武装的建立，预示着彭山一场革命大风暴的来临。

农民暴动的指挥者

1927年9月，经中共川西特委批准，中国共产党在彭山县建立了第一个党支部——中共彭山公义支部。郭祝三担任支部书记。1928年3月，经中共川西特委批准，川西南第一个县委——中共彭山县委员会在公义场成立，刘单如担任县委书记。1929年5月，郭祝三担任县委书记。1930年9月，中共川西行动委员会派团省委书记郝谦到彭山、眉山、青神，传达省行动委员会关于配合广汉兵变、组织农民暴动的指示。不久，上级党组织又派张泽然和郭祝霖一道来彭山，协助郭祝三具体组织农民武装暴动工作。

中共彭山县委立即从多方面进行暴动的秘密准备，特别是做好暴动前群众的思想发动工作。当时正值暑假，除发动回乡度假的进步教师、学生在各场镇开展形式多样的宣传活动外，在郭祝三、郭祝霖的组织下，共产党员何德明、王文英、罗德全、何世明等分别在江口镇的禹王宫、观音乡梓桶小学、县城南街女子小学、保胜乡小学开办青年农民学校，宣传党的主张，深入浅出地向学员讲述革命道理，激发他们对贪官污吏、地主豪绅的仇恨。

为启发民众的阶级觉悟，郭祝三、郭祝霖兄弟俩相继作歌。郭祝三和郭祝霖所作的《庄稼佬》歌词是：

红日东升天未晓，庄稼老汉起来了，出门去忙不开交，出门去忙不开交！

一年累得不得了，挣的钱儿白丢掉，遭强盗抢起去了，遭强盗抢起去了！

洋人就是大强盗，军阀就是第二号，我看你心不心焦，我看你心不心焦！

恶霸地主令人恼，占着田地耍横豪，仁义道德挂嘴上，横行霸道手段刁！

这些东西不打倒，子子孙孙难伸腰，怎么开交？怎么开交？

恶霸地主齐打倒，衣食住行样样好，庄稼佬快乐逍遥，庄稼佬快乐逍遥！

郭祝霖还以春夏秋冬为题，创作了歌谣：

春季到来闹饥荒，农民喝菜汤，饿得皮包骨，求亲找友急忙忙，借到三斗谷，栽插几亩秧，勤施肥催苗壮，盼望秋后，过上一点好时光。

夏日田中麦子黄，拌桶乒乓响，可望喝稀汤，背时军阀真凶狠，捐款多花样，催丁如虎狼，挑麦子折苛捐，五施六抢，捉到整得精光。

秋来桂花满园香，军阀打恶仗，人民遭大殃，丘八爷爷下四乡，挑抬拉夫子，陪睡拖大娘，倘若是不依从，要扳要捶，钢枪一响，命见无常。

冬日寒霜雪狂，老板喊算帐，红苕没一条，横思想，顺思量，如何是好，起来革命才有指望。

这些歌谣通俗易懂，真实地反映了广大贫苦农民的悲惨生活，道出了他们渴望翻身的共同心愿，很快就在群众中广为传唱，是武装暴动前对群众最生动、最形象、最有力的动员。

暑假结束前，郭祝霖在青龙乡莲池寺召开党的骨干会议，总结开办青年农民学校工作，提出了组织秋收起义和配合广汉兵变的具体任务。9月下旬，中共彭山县委在观音乡梓潼小学召开秋收起义工作会议，制订暴动方案。牧马山梁克明、江口镇马茂林、公义乡吴用田、城区王文倩等中层以上领导成员参加了会议。上级党组织派来负责这次暴动的军事指挥张泽然、负责政治工作的徐立文出席这次会议。

会议决定：暴动定于11月2日在公义场举行；暴动的目标是夺取一乡、一区或全县的胜利，建立苏维埃政权；暴动的路线是在公义场举事获胜后，转移到青龙场，再集中力量攻打彭山县城；成立前敌总指挥部，张泽然任总指挥兼管组织，王文倩负责宣传，马茂林负责粮食供应，三人各配备若干名助手；在宣传方面，由公义场张凤武组织妇女积极分子绣制党旗，并组织一部分人刻印、书写《土地法大纲》《暴动宣言》及布告、标语，布告、标语由张用之组织血花少年团成员负责张贴；在组织策应方面，由王文倩在城区县立中学发动一次学潮，组织师生罢课声援农民的正义斗争；在军事组织方面，确定了各乡负责指挥的人员，由梁克明组织牧马山农民武装，马茂林组织带领江口镇的航运工人和手工业工人，青龙乡由黄天泽负责，公义乡由吴用田负责，谢家乡由孙桂山负责，观音乡由帅志安负责，保胜乡由田松廷负责，凤鸣镇由王永山负责；暴动队伍以郭祝霖领导的青年互助社社员为骨干，组成赤卫队，队员们统一在手臂上扎红色布条标志，尽可能多带武器；粮食供应方面，由马茂林在暴动开始后，带领人员没收地主的粮食，一部分作为赤卫队给养，一部分分配给贫苦农民。

会议分析了公义场土匪武装和民团的情况，决定由吴用田去做土匪头子何耀武的工作，要他们保持中立，并争取何耀武手下一部分人参加暴动。同时，争取做好公义乡团练所团丁的工作，促使他们在暴动开始后倒戈反正，将团练所的枪支弹药用来充实赤卫队的武装力量。

会后不久，县委紧接着又在同一地点开了一次碰头会，检查、汇报暴动的准备情况。由于彭山县城没有驻军，眉山县驻有一个独立营（一个连驻县城，其余分驻乡场），新津县驻有一个营，根据新获悉的有关军阀部队的布防现状，会议决定截断他们之间的通信联络，破坏新津通往彭山、眉山的电话线路。这一任务由洪文渊率领楠木林的农民协会会员，在暴动前夕完成。

此后，中共彭山县委和前敌总指挥部的领导成员，进入了临战前紧张的组织、备战工作。郭祝霖和王庆顺、王柱臣等人四处奔走，组织发动农民协会会员参加暴动。郭祝霖在公义乡五马村舒家祠堂召开的农民协会会员紧急会议上，宣布了暴动的日期和暴动的组织纪律。他特别讲述了暴动成功后，要没收地主的土地分配给农民，使耕者有其田，子孙后代有饭吃，有衣穿。

10月底，上级党组织派四川公立工业专门学校（后并入四川大学）毕业生、共产党员徐懋刚等，到彭山协助组织农民暴动工作。他们除在公义、观音等乡参加由农民协会召开的动员会议外，还直接参加了书写、油印传单和标语等活动。10月31日，彭山县中学举行全校性罢课。公义乡农民协会立即贴出标语声援，呼吁社会各界支持彭山县中学的罢课行动。

11月1日晚，陈大发、汪少洲带领农民协会骨干30多人，在观音乡楠木林割断了新津通往眉山的电话线，砍断木质电杆，切断了两县间的通信联系。

11月2日，公义场高级小学的大门上贴了一副郭祝三亲自书写的对联："赤血愿为群众洒，快刀须向土劣加。"清晨，各乡农民武装1000余人从四面八方涌向公义场，人人手臂上佩带红布条，手执各种武器，陆续向公义场高级小学操场坝聚集，先由郭祝三、郭祝霖向暴动队伍作临战动员，继由总指挥张泽然作兵力部署；观音乡农民暴动队员聚集于公义上场，青龙乡农民暴动队员聚集于公义下场，公义乡农民暴动队员聚集于公义场新街，其余各乡镇农民暴动队员主要聚集于公义场中心地段；由郭剑鸣带领20名农民暴动队员埋伏在公义场高级小学后面，如有豪绅外逃立即抓捕；由洪文渊带领几十名赤卫队员，掩护张贴标语，散发传单，为上街游行队伍开道，维持大会会场秩序。大会会场设在公义场戏台前大坝。会场内外贴满了五颜六色的宣传标语，绣有镰刀铁锤的党旗在会场中心迎风招展。

10时，浩浩荡荡的农民暴动大军，从公义场高级小学开往大会会场，队伍井然有序。大会开始，洪文渊、吴用田、李玉安等先后上台发表演说，揭露、痛斥地方当局腐败、军阀专横、官吏贪污、豪绅压榨，致使物价飞涨、捐税增多、百业调零、农民破产的罪行，号召农民们参加暴动，用农民武装摧毁封建势力，变封建的土地所有制为农民的土地所有制，建立一个没有剥削、没有压迫、人人有饭吃、个个有衣穿的美好社会。演讲道出了广大民众的心声，说出了他们多年梦寐以求的愿望。

大会后开始游行，围观的农民纷纷自动加入游行队伍。一部分人冲进乡公所查抄公文案卷，并将抄出的粮簿当众烧毁；有的冲进第四区区长袁子成的酱园铺，捣毁家具。有的到管民事纠纷的区事长郭少文开的茶铺，砸坏桌椅板凳、茶碗茶具。此时，头裹毛巾、身着蓝布长衫、腰缠白带的洪文渊手提马刀，气宇轩昂，带领赤卫队员在街上来回巡逻，捉拿欺压农民的土豪劣绅。

正当潮水般的队伍热火朝天地游行时，土豪劣绅万晓楼指使从成都和金堂县到公义乡的武装土匪以及他的手下，突然向密集的游行队伍开枪射击。驻在场背后祝家山待命的原计划用来对付外来军警、民团的长枪队听到场内枪声，看到群众纷纷从街上奔跑出来，立即冲下山掩护群众撤离。在激战中，共产党员洪文渊和赤卫队员陈少卿、文吉武三人不幸牺牲，刘光明、杨茂清被捕。暴动领导人在祝家山召开了紧急会议，决定党员和农民协会骨干立即分散隐蔽，避免更大牺牲；派专人迅速前往彭山县中学转移存放在那里的秘密文件和进步书刊；派张泽然、王文倩立即到成都向省行动委员会汇报公义暴动情况。

公义农民暴动的枪声，使反动派大为惊恐。当天傍晚，一支从新津开出的军队，经青龙场前往公义镇压农民运动。国民党彭山县政府下令把共产党员洪文渊的尸体搬到县城关帝庙门前示众。军队和民团挨家挨户搜捕共产党人、农民协会骨干和暴动骨干，悬赏500元大洋缉拿郭祝三、郭祝霖等主要领导人。通缉令写道："不意在本月二日第四区公义场暴动之事发生。当日午间来场时起初仅数十人，手挽红线，打出红军旗帜，手执刀矛，亦间有执杂枪者不过 20 余人，四处警戒并张点文告标语传单，高呼红军口号，登台演说，高喊'打倒地主资本家''联合工农兵一起来暴动''抗捐抗税'等口号。暴动群众捣毁了区长袁子成和区事长郭少文两家。后暴动群众增至百人以上。经帅大队长鹏章前来镇压，参与暴动的群众被打散，当场打死暴动队员洪文渊、陈少卿、文吉武，重伤一名叫周瞎子的农民，刘光明、杨茂清等两名农民暴动队员被抓。洪文渊……系梓橦宫初级小学教员。拿获文告、标语、传单系洪文渊等伙同第四区立小学校长郭家驹、教员郭崇清、张风武、李玉成、王文英、吴用田等之所为。"国民党二十四军军部如临大敌，下令各县查缉。一大批革命同志被迫离乡出走或者隐蔽起来，公义场农民武装暴动失败。

坚强的奋斗者

公义场农民暴动失败后，郭祝霖由中共四川省委派到青神县莲花乡组织暴动，后转移到眉山县娴婆乡华头村郑富廷家隐蔽活动。半年后，他被调回成都工作。

1933 年春，担任共青团四川省委常委的郭祝霖，由中共四川省委派往南充、三台视察工作，并担任三台中心县委委员。郭祝霖在三台用名郭仲纯，公开身份是教书先生，住在三台中心县委县城联络站，即三台小学巷二号志远相馆学徒、共青团员郭德康家。

1933 年 8 月，郭祝霖到三台县北区会龙场检查工作。在与地下党员李家盛接头时，他因口音与当地不同，眼睛近视，形象陌生，引起当地团防队的怀疑，当场与李家盛一起被捕，被押解到三台县县政府关押审讯。审讯中，郭祝霖只承认在三台郭德康处投亲。县府派员到郭德康家搜查，未获任何罪证，于是将郭德康也逮捕入狱，分别关押审讯。半月后，三台县府将郭祝霖、李家盛、郭德康三人，移送国民党二十九军卫戍司令部审理。后几经审讯，三人口供始终如一，敌人抓不住证据，又将三人复转回三台县监狱关押。9 月初，李家盛、郭德康获释。

9 月中旬，三台县由于没有弄清郭祝霖的真实身份，准予其取保开释。郭德康找好保人，正欲拿保状去取释郭祝霖时，原三台中心县委组织委员黄泽，将三台地下党组织系统全部出卖给敌人，郭祝霖真实身份暴露，再次被从三台县监狱移送国民党二十九军"剿赤青年团"关押审讯。郭祝霖在监狱中遭敌人多次严刑拷打，仍坚贞不屈，守口如瓶，始终未暴露党的组织，未泄露党的一点机密。刑讯逼供无效，敌人又利用叛徒劝降。郭祝霖严厉痛斥劝降的叛徒："你不要作他们的鹰犬，干反革命的勾当。要记住，革命一定会胜利，非人的意志所能转移……"刑讯逼供不成，叛徒劝降又告失败，国民党二十九军"剿赤青年团"中校参谋、侦缉大队长余以慈亲自出马，设置美酒盛宴，再次进行劝降和收买。大义凛然的郭祝霖严词拒绝，断然回答余以慈："三台组织你们已全部掌握破获，成都方面我无可奉告。"敌人费尽心机，终一无所获。

在狱中，郭祝霖为庆祝难友保释出狱写下两首诗。他以苏武持汉节的典故，勉励自己与难友保持革命气节，憧憬革命前途。

两首诗是：

禁门深锁气难平，
夜话连床梦不成。
苏武有心持汉节，
弦高无音犒秦军。
金固锻炼归良冶，
身为淹留负隅耕。
散尽千金君莫惜，
明朝屈指计归程。

一年禁地几迁回，
皂角城头晚吹哀。
且看离人分手去，
无端愁思拂心来。
风云处处惊消息，
烟气层层冷劫灰。
行矣前途珍重好，
莫将壮志没蒿莱。

郭祝霖在经受了狱中一年零三个月的折磨后，自知难逃魔掌，决心为革命牺牲。在牺牲前夕，他将身上仅有的四枚银圆交给同狱在押的阆南县委书记何芗，叫何芗设法转交给党组织，作为他最后的一次党费。

1934 年 10 月 13 日，郭祝霖面不改色，昂首挺胸，从容就义。敌人惧怕他在赴刑场的途中高呼革命口号，用棉花堵住他的嘴。他就这样被敌人用大刀杀害于三台县城西门外牛头山下，年仅 25 岁。郭祝霖烈士的遗体后由党组织托人安葬于牛头山西坟场内。与郭祝霖同时遇难的，还有南充中心县委书记闵建勋和阆南中心县委书记唐知音。当日，敌人还将何芗、王灵山、徐三才等 13 人，押去陪杀场，并下令不准给烈士收尸，暴尸三天。目睹惨状的革命群众无不对残暴的反动派切齿痛恨。

在郭祝霖牺牲 50 年后，郭祝霖的入党介绍人李清玉赋诗两首缅怀烈士：

革命不怕死，
传统真精神。
夺取霸主权，
发动农奴军。
力战公义乡，
血洒梓州城。
前赴有后继，
虽死亦犹生。

枇杷院里谋大举，
隆山乡下诛暴秦。
万里黑云沉西海，
一轮红日照丹心。

曾代烈士转交最后一次党费的何芗在悼诗中写道：

恶魔危害霸梓城，
同地异处两圈图。

禁门密语暗嘱咐，

沉着机警贵坚贞。

身中余钱全交我，

转交党费最后心，

慷慨就义陪死去，

长使余生泪满襟。

四川大学校友郭祝霖烈士的一生是短暂的，他没有等到"这时节，同乐盛世，绿草红花遍地香"。他与敌人坚贞不屈地英勇斗争的一生，体现了追求真理的可贵品质、大公无私的高尚情操、矢志不渝的坚定信念和视死如归的革命精神，堪称共产党人的楷模。

（张宗友编写，党跃武改编）

参考资料：

1. 眉山市地方志办公室. 眉山市人物志 ［M］. 北京：方志出版社，2013.

2. 中共眉山党组织的建立 ［EB/OL］. http://szb. mshw. net/html/2018－08/26/content＿79198. htm.

3. 眉山市政协. 眉山名人 ［M］. 成都：巴蜀书社，2004.

4. 王京川. 乐山首个党支部9个党员闹革命 ［N］. 乐山日报，2011－07－01.

5. 中共彭山县委党史研究室. 中国共产党彭山县历史：1928.3—1998.12 ［Z］. 眉山：中共彭山县委党史研究室，2003.

第三篇　热血如花涌莲池

袁诗荛烈士——漫卷全川学生潮

袁诗荛烈士

1928 年"二一六"惨案中，有 14 位烈士在成都东门外下莲池壮烈殉难，其中 9 位为四川大学师生。袁诗荛（1897—1928）是他们中唯一的一名教师。牺牲时，他是中共川西特委宣传部部长，公开的职务是国立成都师范大学国文教员兼附中教务主任。

品学兼优的学生

1917 年夏天，一个身板结实、头发蓬松、两颧突出、目光炯炯的青年从盐亭来到国立成都高等师范学校国文部。在报到注册时，他用苍劲有力的笔写下了"袁首群"三个字。他就是后来名震全川的袁诗荛。

国立成都高等师范学校是当时西南地区规模最大的最高学府，也是全国著名的六大学区国立高校之一。校规素来十分严格，学生一律身着黑色制服。教师中有许多是知名的"蜀学宿儒"，如廖平、宋育仁、骆成骧、龚道耕、廖天祥、林思进等。学生勤学敬业，读书风气很浓，确实是求学的好地方。

袁诗荛，字守琼，又名袁首群、袁诗尧，1897 年 5 月 18 日出生在四川省盐亭县一个农民家庭。虽然家境贫寒，但他受其祖父家学影响较深。祖父袁辉山为清末秀才，在盐亭、三台各处书院教过书。袁诗荛从小勤奋好学，入校时已有较为深厚的国学根底，在国文部的学生中是出类拔萃的高才生。由于他学习刻苦用功，每学期考试的成绩，均为全年级第一。这个优势一直保持到他毕业。学校和老师们都一再要他留校任教。

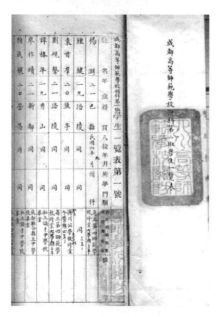

袁诗荛（袁首群）在成都高等师范学校专科学校预科第一班学生一览表中

袁诗荛被认为是最守校规的学生，却不是只读死书的循规蹈矩的学生。早在入校前，袁诗荛就是一个勤于思考的活跃人物。在遂宁省立第三师范学校读书时，他就受进步教师、著名的革命者孙炳文影响，积极参加反帝爱国运动。1916 年春，全国反袁义师群起，张澜先生在南充宣布独立并招募学生军，袁诗荛也起而响应。

当他考入国立成都高等师范学校时，国家正处于风云变幻的时代。陈

独秀主编的《新青年》，在学校广为流传。特别是新文化运动的杰出代表
之一、本校教员吴虞笔锋犀利的反封建檄文，十月社会主义革命的胜利，
都给袁诗荛以强烈的影响。他被新文化思潮吸引，思想更活跃了，看到了
一个更为广阔的世界。

袁诗荛（袁首群）在成都高等师范学校国文部学生毕业成绩表中

　　袁诗荛进入学校不久，就显示了他为大众服务的精神和出色的办事才
能。当时成都各大学校的学生都时兴自办伙食。袁诗荛被推举为预科第一
个伙食团总管。上任后，他竭诚为大家服务，办得很有成效，引得其他年
级同学纷纷效仿。同时，他又敢于在大庭广众之中，对学校教学工作和行
政管理提出自己的意见。从此，他在国立成都高等师范学校开始崭露头
角。加上本人学习刻苦、成绩优异，他被师生誉为国立成都高等师范学校
最优秀的学生之一。

高举起五四运动的火炬

五四运动的烈火燃遍全国，风气闭塞的"天府之国"也掀起了反帝爱国运动的热潮，更让袁诗荛这名优秀的青年学子发出耀眼光辉。

1919 年 5 月 5 日，《川报》刊登了校友、记者王光祈从北京发回的学生火烧赵家楼、痛打卖国贼的简讯，立即引起了袁诗荛的注意。5 月 16 日，《川报》关于五四运动详情的通讯以及主编李劼人富有鼓动性的按语，点燃了袁诗荛心中的熊熊火焰。

当天，在学校至公堂前的皇城坝广场上，袁诗荛和张秀熟代表成都学生号召各界内除国贼、外争国权。同时，袁诗荛和他的同学于 5 月 22 日以国立成都高等师范学校全体学生的名义，通电全国。电文写着：

> 青岛卖，中国亡；
> 章曹死，天下生。
> 请及时力争国权，释放学生，慰留辞职各校长，杀国贼以谢天下。

袁诗荛在反帝爱国斗争中的突出表现，获得了同学们和社会各界人士的赞扬。不久，领导全省反帝爱国运动的"四川学界外交后援会"在成都成立，张秀熟和他被推选为主要负责人。后来，该会改名为"四川全省学生联合会"，他们又分任正副理事长。

在四川全省学生联合会，袁诗荛主要负责对外宣传演讲，促成四川督军熊克武顺从民意通电全国要求"罢会拒约"，颇有叱咤风云的气概。他的战友张秀熟这样形容他："冲天的干劲，坚定的意志，无畏的精神，丰赡的才华，灵敏的机智，特别是他那在敌人千军万马中纵横驰骋，旁若无人的气概，和声如洪钟，热情洋溢，具有一种魔力的煽动性极强的语言，令人感到不可学步。"抵制日货和反对封建军阀的斗争，是四川地区五四运动推向社会，动员民众，深入开展斗争的重要方式。在这些斗争中，袁诗荛始终站在斗争的最前列。

1920 年 9 月，川军军阀刘存厚组织靖川军从陕南打回成都。11 月 27 日，该部全副武装占领操场，重伤学生 10 人，轻伤无数，抓走 10 余人。

对于军阀蓄意制造的血案，袁诗荛表现出了极大的愤慨。在他的领导下，
在社会舆论的声援下，经过五天的坚决斗争，军阀当局不得不接受学生们
提出的三项条件，斗争取得了胜利。

　　就这样，时代的潮流把袁诗荛推到斗争的前列。他成了五四时期冲锋
陷阵、名扬一时的学生领袖人物。

袁诗荛在国立成都师范大学函蒲宾虞等君代表本校向军事当局
就防区内划拨肉税径解来校的函中

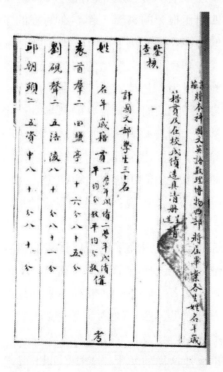

袁诗荛（袁首群）在国立成都高等师范学校本科应届毕业各生清册中

在奋斗中寻求真理

五四运动不仅是反帝反封建的爱国运动，而且是文化思想战线上的一场深刻的革命。在这方面，袁诗荛同样也是一员猛将。

1920 年 5 月 23 日，四川全省学生联合会的机关刊物《四川学生潮》创刊了。其主编就是袁诗荛，编辑部就设在国立成都高等师范学校。他得到同班同学刘砚僧、王维彻等人的全力支持。《四川学生潮》"以警觉国民，促进文化，改革社会恶习为宗旨"，目的是要"先唤醒青年，再叫青年去唤醒社会的人"。

由于《四川学生潮》广泛接触社会生活的各个方面，体现了"唤醒青年，警觉国民""打破旧牢狱，创造新世界"的理想，前后出了 19 期，很快成为五四时期四川最有影响的进步刊物之一，和学校其他校友创办的《星期日》《半月》《威克烈》等齐名。"在四川这个社会上的功效，救活了若干人，觉醒了好多迷梦者，令人追思不置。"与此同时，袁诗荛还参加了《半月》和《新四川旬报》的编辑工作。在两报的工作经历，反映了他在奋斗中寻求真理的精神，也反映了那个时代青年走向革命的历史痕迹。

五四运动后期，在马克思主义传播的同时，许多青年把无政府主义也当作马克思主义。他们以为，凡是主张"革命"的理论都是正确的。在这种情况下，袁诗荛参加了无政府主义者办的《半月》报社，还和当时的四川公立外国语专门学校（四川大学前身）的学生巴金一起参加了该报的编辑工作，并建立了深厚友谊。巴金回忆："那时候我们只等着一个机会来交出我们个人的一切，而且相信在这样的牺牲之后，理想的新世界就会跟着明天的太阳一同升起。"巴金说："《春》里的方继舜，真名就是袁诗荛。"

五四运动的锻炼使袁诗荛明确了反帝反封建的目标，十月革命的胜利又使他看到了新世纪的曙光。他有了接受马克思主义的思想基础，但还不是一名真正的马克思主义者，而是一名带有一些无政府主义色彩的激进的民主主义者。在和学校教员、四川的马克思主义先驱王右木接触后，他的世界观才发生了根本变化。

王右木十分器重像他这样的学生，袁诗荛也十分敬重王右木这样的老师。他参加了王右木在 1920 年冬天组织的马克思读书会，学习《共产党宣言》，阅读《社会主义神髓》《新青年》等进步书刊。他常常和老师彻夜长谈，受到马克思主义的启蒙教育，他开始怀疑无政府主义。同年 12 月，他协助王右木办《新四川旬报》。他们说："二十世纪潮流汹涌，日当月激，但四川僻处西陲，风气闭塞，必须疾首蹙额而登高一呼以警醒我民！"《新四川旬报》诞生后即投入四川自治运动的宣传。在与王右木共事期间，他结合四川自治运动的得失，寻求救国救民的真理，逐渐明确了"赤色化"，即应走十月革命道路。这是袁诗荛由激进的民主主义者自觉向马克思主义者转化的开始。他终于找到了自己应走的道路。

投身社会实践

1921 年夏天，袁诗荛以第一名的成绩从国立成都高等师范学校毕业了。他谢绝了学校一再挽留他当教师的好意，放弃了优厚的待遇和条件，决心投身到社会实践中去。

他按照王右木"多多散布革命种子，建立川北据点"的要求，来到了张澜主持的南充中学担任教务主任。他利用一切机会，通过各种形式，向学生宣传革命道理。当时他的学生，后来成为杰出的无产阶级革命家的罗瑞卿将军回忆说："袁老师给我讲了很多新道理，使我学到了一个新的主义，对于挽救中国是个良方，这就是马克思主义。"罗瑞卿毕业之后，按袁诗荛的指引，投考黄埔军校，开始了他的戎马生涯。

1925 年，袁诗荛经乡人再三敦请，回到盐亭县担任教育局局长。他先后创办了盐亭国民师范学校和初级中学，并兼任校长。他亲自确定了盐亭国民师范学校的校歌："堂聚群英，探讨中外和古今；学成致用，愿追中山与列宁。世界不平须革命，努力役此身。"就在这一年，袁诗荛实现了多年的夙愿，成为四川地区早期的共产党员之一。入党后，袁诗荛根据大革命的形势和党的要求，在农民运动和统一战线方面做了不少工作。

为了激发农民斗争热情，他用群众喜闻乐见的形式，写了一本《新三字经》。这本小册子宣传了党在革命时期的路线，20 世纪 20 年代在川北广为流传。他描述了农民在三座大山压迫下的深重苦难后，大声疾呼：

旧社会，是非混。

到而今，要学新。

要铲除，害人精。

志士们，齐发奋。

寻真理，争平等。

我民众，快觉醒。

打土豪，除劣绅。

铲军阀，灭祸根。

均田产，民共耕。

救穷人，出火坑。

驱黑暗，勇献身。

为人类，布光明。

1927 年 3 月，袁诗荛受中共四川省委派遣，到川北地区开展工作。同时，他以国民党川北特派员身份，到驻在三台的田颂尧军部担任政治部主任和高等顾问，积极开展统一战线工作。他还积极推动了潼属联合县立高级中学校即今天的三台中学的建设。然而，四川军阀在重庆制造了"三三一"惨案，蒋介石在上海发动了四一二反革命政变。虽然情势十分危急，袁诗荛却毫不畏惧，继续斗争。他在四川教育界负有盛名，"文章道德、埋头苦干精神，均为一般人士钦佩"，反动派也奈何他不得。传说有一天，他手提马灯走进军部，有人问他："袁校长为何大白天打马灯？"他说："此间太黑暗，不提灯无以行？"一时在川北人民中传为美谈。

"讲革命，救中国，何罪之有！"

大革命失败后，袁诗荛在三台不能立足了。1927 年 7 月，党组织决定调他到成都，担任中共川西特委委员兼宣传部部长。他的公开的职务则是国立成都师范大学附中的教务主任，要用讲台宣传革命的思想。

当时，在中共川西特委领导下，成都以至整个川西地区的革命运动仍在向前发展，进步学生十分活跃。学校有许多以党团员为核心的进步组织，如国立成都大学的社会科学研究社、国立成都师范大学的导社、公立四川大学的共进社、国立成都师范大学附中的新青年革命团等。其中，共有 40 多人的新青年革命团是由袁诗荛组织的，还办有革命团的图书馆，陈列着《向导》《新青年》《中国青年》《共产主义 ABC》等书刊。袁诗荛经常给团员和学生们讲课，宣传革命道理，鼓励大家作革命先锋和闯将。他还在国立成都师范大学附中办民众夜校，教工人识字，用通俗的语言宣传马克思主义理论和十月革命。

1927 年底和 1928 年 1 月，中共川西特委先后发动各校师生开展大规模的争取教育经费独立运动和反劣币斗争。袁诗尧动员一切舆论工具，深刻揭露军阀拥兵擅权、摧残教育、搜刮民脂、祸国殃民的罪行。袁诗尧被列入了黑名单。中共川西特委决定让他辞去附中职务，另租房子作机关隐蔽下来。

他还未来得及办理，1928 年 2 月 14 日发生了成都省一中学生在择师运动中失手打死作恶多端的校长杨廷铨事件。反动派找到借口，诬称杨案"系袁诗尧等所为"，一场预谋已久的反革命屠杀就这样开始了。

中共川西特委领导同志通知袁诗尧和别的同志转移。袁诗尧则表示不愿离开岗位，要坚持斗争。2 月 15 日晚上，一位军警团联合办事处秘书钦佩袁诗尧的为人，冒险到国立成都师范大学附中通风报信。深夜，袁诗尧回校，邻居告知某秘书来访。他预感将生不测，但却泰然处之："迟了，门外到处有狗，走不脱了！"

2 月 16 日凌晨，袁诗尧被捕。反动军法官利诱他："你今后只要不讲革命，即可不杀。"他怒斥道："讲革命，救中国，何罪之有？"他质问道："你们指我们有罪，有何证据？你们无故扣押我们，是何道理，应当明白宣布！"说得敌人哑口无言。袁诗尧于是不再理会他："你们叫向二娃（向育仁）来跟我说！"在押解途中，他激励难友："同志们，不要害怕！"

未经任何审讯，当天下午 4 时，袁诗尧等 14 位同志即被绑赴成都下莲池，临刑前，他正气凛然，和难友齐声高呼："中国共产党万岁！"

年仅 31 岁的袁诗尧，身中七弹。他走完了壮丽的人生之路，倒在血泊中。

袁诗荛烈士墓

（陈光复编写，刘乔改编）

参考资料：

1. 李颖. 爱国青年袁诗荛唤起蜀中一代新青年觉醒 ［EB/OL］. http://www. cdrb. com. cn/epaper/cdrbpc/202103/23/c77454. html.

2. 中国人民政治协商会议四川省委员会文史资料研究委员会. 四川文史资料选辑：第 26 辑 ［M］. 成都：四川人民出版社，1982.

3. 中共成都市委党史工作委员会. 甘洒热血拯中华：成都革命烈士传 第 1 辑 ［M］. 成都：成都科技大学出版社，1987.

4. 中国人民政治协商会议四川省绵阳市委员会文史资料委员会. 绵阳市文史资料选刊：第 2 辑 ［Z］. 1986.

5. 中共四川省委党史工作委员会党史人物传编辑组. 四川革命烈士传：第 6 辑 ［M］. 成都：四川省社会科学院出版社，1986.

6. 中共四川省委党史研究室. 四川党史人物传：第 2 卷 ［M］. 成都：四川人民出版社，2016.

7. 管文虎. 袁诗荛：笔走龙蛇掀狂澜 ［N］. 成都日报，2011－07－01 (7).

8. 刘泰焰. 袁诗荛书《龙顾井记》［J］. 四川党史，1994 (6)：55.

9. 杨子林. 绵阳市社会科学志 ［M］. 成都：四川人民出版社，1997.

10. 中国人民政治协商会议四川省盐亭县委员会. 盐亭文史资料选辑：第 3 辑

[Z]. 1986.

11. 中国人民政治协商会议四川省盐亭县委员会文史资料委员会. 盐亭文史：第19辑 [Z]. 2001.

12. 任一民. 四川近现代人物传：第2辑 [M]. 成都：四川省社会科学院出版社，1986.

13. 中国人民政治协商会议四川省盐亭县委员会. 盐亭县文史资料选辑：第7辑[Z]. 1990.

14. 陈纪昌，等. 科学城·电子城·文化古城 [M]. 成都：四川人民出版社，1991.

15. 中国人民政治协商会议四川省绵阳市委员会文史资料委员会. 绵阳市文史资料选刊：第5辑 [Z]. 1990.

16. 中共三台县委党史研究室. 中国共产党三台县历史：第1卷 1919—1949 [M]. 北京：中共党史出版社，2007.

17. 中共成都市委党史工作委员会办公室. 二·一六烈士简介 [Z]. 1985.

18. 政协四川省绵阳市委员会学习文史委员会. 绵阳文史资料：第22辑 [Z]. 2004.

19. 绵阳市文化局. 绵阳市国统区革命文化史料 [Z]. 1992.

20. 中国人民政治协商会议四川省盐亭县委员会文史资料委员会. 盐亭文史资料：第23辑 [Z]. 2005.

21. 中华人民共和国民政部. 中华著名烈士：第3卷 [M]. 北京：中央文献出版社，2000.

22《绵阳市志》编纂委员会. 绵阳市志：1840－2000 [M]. 成都：四川人民出版社，2007.

23. 谢增寿，何尊沛，张广华. 张澜文集 [M]. 北京：群言出版社，2014.

24. 中共绵阳市委宣传部，等. 涪江壮歌：绵阳革命故事选 [M]. 成都：四川大学出版社，1995.

龚堪慎烈士——赤子拳拳爱国心

龚堪慎烈士

在"二一六"惨案殉难的革命志士中，与袁诗荛烈士齐名的，当推龚堪慎（1905—1928）。龚堪慎烈士牺牲时，是公立四川大学法政学院（四川大学前身）经济科三年级学生。他担任了公立四川大学法政学院党支部书记，同时也是进步组织共进社总务主任，还是中共成都市委委员、中共川西特委学委书记、四川省和成都市学联主要负责人，"五卅"反帝爱国斗争中涌现出来的著名学生领袖。

愤世嫉俗

龚堪慎，1905年出生于四川省宣汉县西北乡。川北地区是贫困的，但他家却比较富裕。其父是监生出身的县商会会长，后曾代理征收局长，是当地颇有名望的士绅。龚堪慎作为长子，并没有染上纨绔子弟的不良习气。他自幼诵读四书五经，勤奋好学，会写一手漂亮的书法。龚堪慎在绥定联合县立中学读书时，是一个公认的品学兼优的学生，并当选为校学生会会长。

龚堪慎曾劝其父不要出仕，可惜不为采纳。其父终于在官场倾轧中败下阵来，被拘捕入狱，家中也备受敲诈勒索。龚堪慎为此辍学一年，四处奔走，营救其父。对政治的腐败、官场的黑暗、官吏的横征暴敛，他感受很深。同时，他看到家乡农民极端贫困，在高利盘剥、苛捐杂税的压榨下，痛苦万状。青年时代的龚堪慎在深深的思索中，感到旧制度非推翻不可。但是，对于中国的出路在哪里，他是茫然的。他决心离开家乡，外出寻求真理。

1925年2月，20岁的龚堪慎离开家乡来到省会成都，准备东出夔门转赴上海求索。当时正是革命时期，高昂的斗争气氛洋溢在这个闭塞的省城，他也被感染了。

这时，他结识了四川公立法政专门学校的进步学生曹品。二人一见如故，志同道合。曹品对龚堪慎说：寻求真理何必远求，不如就在成都读书，大家朝夕相处，共同探索。他中学的进步同学、好友李正恩、郭翼棠分别在国立成都大学、志诚法专读书。于是，他放弃了去上海的打算，考入四川公立法政专门学校预科班，学校次年改名为公立四川大学法政学院。

龚堪慎在四川公立法政专门学校造报预科学生入学姓名籍贯一览表中

入校后，在学习课业的同时，龚堪慎与李正恩、曹品、郭翼棠等一起，如饥似渴地阅读进步书籍，积极钻研革命理论，探讨革命真理，广交进步同学，参加革命活动。在许多革命书籍的字里行间，他都写满了心得和批注，心里向往着光明和春天。

在反帝高潮中

爱国斗争的风浪造就了一代人才，他施展自己抱负的日子终于来了。

1925 年 6 月，五卅反帝爱国运动的烈火也烧到了四川，强烈震撼着龚堪慎的心灵。各界成立"成都国民外交后援会"，连日声讨帝国主义的罪行，声援上海人民的斗争。龚堪慎被推选负责后援会的宣传工作，组织宣传队到成都和附近十多个县的场镇进行宣传。当五卅惨案中被杀害的何秉彝烈士的灵柩运回成都时，龚堪慎率领同学到牛市口迎灵，形成一次声势浩大的反帝爱国的示威活动。

在爱国斗争的浪潮中，龚堪慎开始崭露头角，得到了同学们的爱戴。斗争中，龚堪慎和他的同学们痛感团结起来成立革命组织的迫切需要。他和曹品发起组织了共进社，并使之成为与国立成都大学社会科学研究社等齐名的八大赤色团体之一，由龚堪慎担任总务主任，即社长。次年秋，"九五"惨案发生，英军舰炮轰万县，造成中国军民死伤无数，一场反帝爱国运动再次被掀起。

全市各界人民在党的领导下，成立了万县惨案国民雪耻会。龚堪慎是负责人之一，任经济检查大队大队长。他率领仇货检查队，在盐市口安乐寺市场销毁了大批英国香烟等仇货，并当场演讲，谴责控诉英帝国主义的经济侵略行径和屠杀无辜平民的滔天罪行。当时华西协合大学的师生员工，也激于民族义愤，冲破教会的严密控制，投入到反帝爱国运动的行列中。一批革命学生竟因此被学校当局开除。为此，华西协合大学师生极为愤怒，学生组织"退学团"，开展了退学运动。

龚堪慎被推选为各界人士代表，组织各界人士开展声势浩大的运动，支持华西协合大学师生的正义行动。龚堪慎以机敏的思想、雄辩的才能，舌战华西协合大学当局谈判代表，迫使美籍校长毕启签署了调解协定。

在这一期间，为了有一个牢固的舆论阵地，上级党组织决定龚堪慎和国立成都大学学生、共产党员张星石，创办四川全省学生联合会机关刊物

《四川学生》周刊。他奔走于各校之间，负责组稿。在前后一年多的时间内，《四川学生》周刊对传播马列主义，揭露军阀罪恶，提高群众觉悟，推动学生运动，做出了重要贡献。反帝爱国斗争的锻炼，让已是共产党员的龚堪慎更加成熟了。

英勇搏击

1927年1月，四川全省学生联合会第四届会议在成都召开。龚堪慎继廖恩波之后，当选为主席。当时正值北伐战争节节胜利之际，龚堪慎即以四川全省学生联合会名义与成都市工会共同发起，召开了成都各界人民庆祝北伐出师胜利大会。他担任了大会主席团的主席。

重庆"三三一"惨案发生后，杨闇公同志等被残酷杀害的消息传来。随后上海发生了四一二反革命政变。龚堪慎立即用学联名义组织各校师生，召开了全市性的群众大会，通电全国声讨军阀暴行，要求严惩凶手，抓出元凶。他以大会主席身份发表演说，痛斥军阀屠杀无辜民众，鼓动大家与反动派斗争到底。

龚堪慎坚决的斗争精神以及他在群众中的威望和影响，使之被军阀视为眼中钉、肉中刺。很快，龚堪慎等七人被通缉。他和曹品暂避资中，仍忘不了在资中、简阳一带传播革命火种，宣传马列主义。

两个月后，他回到成都，继续组织各校学生，与反动派进行斗争，要求裁兵裁厘，反对苛捐杂税。不久，成都爆发了抗议军阀强提学款充作军费，使教育经费来源枯竭的教育经费独立运动。

在"四川省教育经费独立运动成都省市各校学生联合会"成立后，各校学生会代表推举龚堪慎为主席。龚堪慎立即组织宣传队，出版《学生时报》，印发通电，集会演讲，揭露四川军阀摧残教育的罪行，呼吁全川、全国人民支援成都各校师生的正义斗争。全省成立了"四川教育经费独立运动各界后援会"。

军阀当局在舆论的压力和群众的斗争下，被迫同意举行"教育经费独立会议"。龚堪慎是教育经费独立运动学联的六位列席代表之一。在会上，龚堪慎和其他学生代表列举大量事实，控诉军阀劫夺教育经费，弄得学校工作无法维持，教师无法生活，学生无法上课，教育濒于崩溃的罪行，要求教育经费独立。军阀口头上表示支持，但不谈具体办法，企图敷衍塞责。

龚堪慎代表教育经费独立运动学联针锋相对地提出：教育经费独立，必须要四川军政最高当局刘湘、杨森明确表态；教育经费收支机构必须有师生代表参加监督。

这两条要求遭到教育厅长万克明的无理拒绝。龚堪慎当即率领学生代表，愤怒退出会场。随后，在会场隔壁，他召开教育经费独立运动学联紧急会议，决定组织力量找万克明说理，直至后来万克明被迫辞职。

与此同时，关系广大人民群众切身利益的反劣币运动爆发了。在反抗劣币大同盟第一次代表大会上，"四川各界民众反抗劣币大同盟"正式成立。龚堪慎率领公立四川大学法政学院共进社的同学，积极开展宣传讲演，张贴标语口号，散发各种传单，谴责反动军阀滥铸劣币、祸国殃民的罪行。一次，他在中山公园进行讲演，到会者达千余人。反动军阀被迫接受请愿条件，停止铸造劣币，设立兑换所收回劣币。为此，反动当局对龚堪慎等恨之入骨，必欲置之死地而后快。

献身革命

1928 年春，面对军阀当局以分化瓦解和控制进步学生为目的而实施的更换校长阴谋，各校师生掀起了择师运动。最激烈的一次是省一中反对刘文辉委派杨廷铨任校长的斗争。

龚堪慎经过几年的斗争，政治上已日趋成熟。他根据中共川西特委的指示，在各校团支部书记会上提醒大家要注意斗争策略。但是，不希望发生的事情还是发生了。学生激于义愤，失手打死了杨廷铨。军阀当局即以此为口实，嫁祸于人，向共产党人举起了血淋淋的屠刀。

中共川西特委为防敌人下毒手，曾立即通知各校有关同志转移隐蔽。龚堪慎却认为自己既非省一中学生，又非当事人。他表示要坚守岗位，不准备离校隐蔽。

1928 年 2 月 16 日凌晨，全副武装的军警包围了公立四川大学。龚堪慎与其他被列入黑名单的同志一起被捕了，被押到沂水庙监禁。

当天下午，他和其他 14 位革命同志未经审讯，被枪杀于成都下莲池。

龚堪慎牺牲得十分壮烈。当第一枪打在身上时，他只跳了一下，依然挺直身躯，横眉怒目地瞪着刽子手们。身中第二枪时，鲜血喷涌，但他尽最大力量挺立，怒视敌人。直到第三枪打中要害处，他才壮烈地倒下，长眠在血泊中。

龚堪慎烈士把短暂的一生全部献给了无产阶级革命事业，人民将永远记住这个光辉的名字。

（陈光复编写，刘乔改编）

参考资料：

1. 中共四川省委党史工作委员会党史人物传编辑组. 四川革命烈士传：第 6 辑 [M]. 成都：四川省社会科学院出版社，1986.

2. 中共成都市委党史工作委员会. 甘洒热血拯中华：成都革命烈士传 第 1 辑 [M]. 成都：成都科技大学出版社，1987.

3. 中共成都市委党史工作委员会办公室. 二·一六烈士简介 [Z]. 1985.

4. 中华人民共和国民政部. 中华著名烈士：第 5 卷 [M]. 北京：中央文献出版社，2000.

5. 四川省宣汉县志编纂委员会. 宣汉县志 [M]. 成都：西南财经大学出版社，1994.

6. 饶用虞. 四川大学在近现代史上的特殊地位和贡献 [J]. 四川党史，2000(2)：19−23.

7. 张峻. 抗战时期中共成都党组织述论：1937—1945 [D]. 成都：四川师范大学，2017.

李正恩烈士——要革命就要战斗

20 世纪 20 年代，当时的国立成都大学（四川大学前身）生物系有一个学生，每月都收到家里给他的汇款，少则几十元，多则上百元，看上去颇为富有。但他却一年到头穿着一件土布长衫，衣着简朴，吃食节俭。钱用到哪里去了呢？原来，他的大部分钱都用来买书了。在他的宿舍里，书架上，课桌里，全是进步书刊，如《共产党宣言》《共产主义 ABC》《社会科学讲义》《帝国主义浅说》《唯物观浅释》以及《中国青年》《向导》《创造》《洪水》《莽原》等。只要当时成都书店里能买到的，他都要想办法买回来。许多追求真理的同学向他借书，和他谈读后感，指点江山，抨击时弊，如饮甘泉，如沐春风。在张澜主张学术、思想自由的国立成都大学，他被同学们称为"共产主义思想的传播者"。

这位青年就是"二一六"惨案中殉难的李正恩（1906—1928）烈士。

杰出的领导者

李正恩烈士，号惠安，是国立成都大学最初的三名共产党员之一，也是学校早期的党、团支部书记。牺牲时，他是中共成都市委委员、成都市学联主要负责人。

其实，他传播共产主义思想，并非自国立成都大学始。李正恩是四川省宣汉县人，1906 年出生在一个普通的教师家庭。父亲是一位教书先生，并擅长医道。李正恩 14 岁时入绥定联合县立中学。在中学期间，他参加了同时在校学习的共产主义者李家俊创办的《萼山钟》报的编辑工作，传播进步思想，揭露军匪暴行。后来，学校竟以"言论激烈、违章肇事"为由，将李家俊开除。

1924 年，李正恩考入当时的国立成都高等师范学校第二类预科生物学系。他生性聪敏，思想活跃，平易近人，学习勤奋。同学们遇到学业和生活方面的问题，都愿向他求教。李正恩在同学中发展了一批团员，并以此为核心成立社会科学研究社。这时，他已是中共成都特支分管团的工作的委员。

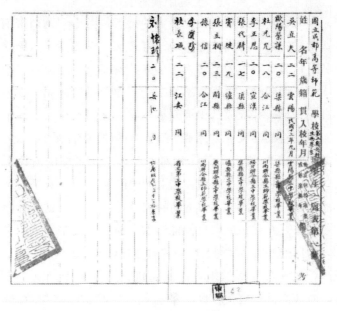

李正恩在国立成都高等师范学校第二类预科生物学系学生姓名年龄籍贯册中

李正恩在国立成都高等师范学校预科学生一览表中

李正恩在国立成都大学学生一览表中

李正恩与其他学生领袖相比，最大的特点是考虑问题周密细致，十分注意发挥其他同志的智慧和才能。1926年夏天，李正恩升入国立成都大学生物系本科。这时，新生中又转来十多名共青团员。经上级组织批准，共青团成都大学支部成立，由李正恩任书记。他上任后的第一件事，就是组织团员和社会科学研究社成员积极开展学习，让大家深入认识民主主义革命时期反帝反封建的意义。他带领大家，与国民党右派的"健行社"、国家主义派的"惕社"，进行了针锋相对的斗争。在张澜的支持下，他们用学术报告的方式与之进行了思想理论上的大论战。

李正恩还是一位杰出的工人运动的领导者。1927年他在校内创办工人夜校，担任校长，并且每周亲自授课三次。他在工友中发展团员，建立校工团支部，为国立成都大学校工工会的建立，在思想和组织上创造了条件。在校外，他深入成都丝织业的"长机帮"工人中，在"平民夜课学校"讲课，对他们进行启蒙教育，灌输马列主义思想，支持和鼓励工人为改善劳动和生活条件进行斗争。

战斗的勇士

1927 年四一二反革命政变后，根据新形势的需要，中共成都特支决定国立成都大学的共青团员转为中共党员。在此基础上，中共成都大学党支部成立，李正恩担任党支部书记。

当年 7 月，李正恩被逮捕。校长张澜得知后，十分气愤。他立即派法学院院长熊晓岩教授提出抗议，要求放人。经过张澜和党组织的多方营救，加上李正恩在狱中坚持斗争，3 个月后，他终于出狱了。在百花潭东岸一片绿树环绕的幽静处，国立成都大学党团支部的同志们席地而坐。李正恩瘦弱的身躯穿着蓝布大褂，头上是理得不大整齐的长发。他的脸色黑里透黄，只有那双炯炯有神的大眼睛，仍充满了沉着、坚定的光芒。他说："革命是战斗。"

在 1927 年底和 1928 年初的教育经费独立运动和反劣币斗争中，李正恩和苟永芳、龚堪慎等作为成都学生联合会的代表，带领进步青年和社会各界顽强斗争，取得了斗争的胜利。1928 年 1 月，在党的领导下，他组织各校学生社团，联合工、商、学、教各界团体，在盐道街省第一师范学校举行成都"反抗劣币大同盟第一次代表大会"，成立"四川各界民众反抗劣币大同盟"，代表学联提出议案并得以通过。

1928 年 2 月 14 日，省一中发生了学生失手打死校长杨廷铨的事件。中共川西特委通知包括李正恩在内的一些已暴露的党团员撤退隐蔽。李正恩表示，他"与打死杨廷铨的事无关，用不着走"。

2 月 16 日凌晨，全副武装的军警包围了学校，到处抓人。有同学劝李正恩："不要出去！看来军警要抓人！"他知情势危急，仍义无反顾地表示："不！社会科学研究社的都出去！"李正恩被捕了。

当天下午，未经审讯，他即被军阀枪杀于下莲池，成为"二一六"惨案牺牲的 14 位烈士之一。牺牲时，他年仅 22 岁。

（陈光复编写，刘乔改编）

参考资料：

1. 中共四川省委党史工作委员会党史人物传编辑组. 四川革命烈士传：第 6 辑

[M]. 成都：四川省社会科学院出版社，1986

2. 中国人民政治协商会议四川省委员会文史资料研究委员会. 四川文史资料选辑：第 26 辑 [M]. 成都：四川人民出版社，1982.

3. 中共成都市委党史工作委员会办公室. 二·一六烈士简介 [Z]. 1985.

4. 张峻. 抗战时期中共成都党组织述论：1937—1945 [D]. 成都：四川师范大学，2017.

5. 追忆烈士李正恩 [N]. 达州日报，2011－09－26.

6. 四川省宣汉县志编纂委员会. 宣汉县志 [M]. 成都：西南财经大学出版社，1994.

钱芳祥烈士——砍头流血寻常事

钱芳祥烈士

1928年2月16日凌晨，在当时的国立成都大学（四川大学前身）校园内，一位身材高大、目光炯炯的青年被带走。这位小伙子神色自若，笑着用洪亮的声音对同行的同学说："砍头流血，铁窗风味，是革命者的家常便饭。"反动派未经审讯，当天下午就将他枪杀在成都东门外下莲池。

这位青年就是钱芳祥（1900—1928）烈士，时为国立成都大学中文系二年级学生，中共成都大学特支书记，进步组织社会科学研究社的执行委员会主席兼组织部部长。

同学们的老大哥

钱芳祥，1900年生于四川省巴县（现重庆市巴南区）龙隐镇。家中祖祖辈辈务农，是地地道道的庄户人家。

在五四运动爆发的那年秋天，他进入重庆联合县立中学读书。在校内，他受到进步思潮的影响，如饥似渴地阅读进步书籍。他认为："遍街都是洋货，这是中国人的耻辱！"

1924年，他考入了国立成都高等师范学校第一类预科中国文学系。当时给他关怀和支持的彭孝渊是钱芳祥姑父的弟弟，曾留学日本，参加过同盟会。早年因反对袁世凯称帝复辟，彭孝渊被通缉，到钱家避难，住了三年。这个颇有进步思想的"彭幺叔"，对钱芳祥后来走向革命很有影响。

钱芳祥家境贫寒，学费和伙食费全靠族中接济和巴县地方当局贷款。他一年到头节衣缩食，穿着一件黑布马褂。艰苦困窘的生活培养了他的坚强意志。由于年纪较大，眼光锐敏，办事沉着，为人朴实，他很得大家的信赖。同学们都尊称他为"老大哥"。

钱芳祥到校的第二年，即1925年，上海五卅惨案的消息传来。他和共产党员何志远、李正恩等人，带头组织宣传队、募捐队，揭露帝国主义干涉中国革命和屠杀无辜人民的暴行。

在反帝斗争中，钱芳祥加入了中国共产党。1927年，学校已经改名为国立成都大学。他和进步同学一起成立了社会科学研究社，并且担任了执委会主席兼组织部部长。由于表现突出，在这年冬天，钱芳祥被选为校学生会总务长，即主席。

钱芳祥在国立成都高等师范学校预科学生一览表中

姓名	籍贯	毕业学校	时间
郑鸿猷	宜宾	南充县市学校毕业	十三年九月
章仲璧	江西	省立第一女子师范学校毕业	仝右
钱芳祥	巴县	重庆县立中学校毕业	仝右
唐南轺	永川	省立第三师范学校毕业	仝右
陈鸣西	巴县	巴县县立中学校毕业	仝右
聶泗南克	南克	南充县立中学校毕业	十五年八月
本科二年级英文学系			
王泽鍫	成都	华阳县立中学校毕业	十三年九月
鐘仁辅	宜宾	叙州联合县立中学校毕业	仝右
王彦威	达	四川省立中学校毕业	仝右
吴成	成都	成都府合县立中学校毕业	仝右

钱芳祥在国立成都大学学生一览表中

优秀的共产党员

钱芳祥以社会科学研究社为基础，把广大同学紧密地团结在党的周围。该社从最初的30多人，发展到五六百人。其中，不仅有学生，也有教职工。他们还在校外建立了分社，使社会科学研究社成为当时成都地区最大的赤色团体。在钱芳祥的积极张罗下，社会科学研究社的机关刊物《野火》半月刊出版了。这个刊物宣传革命思想，揭露军阀罪行。钱芳祥既是撰稿人，又亲自参加印刷，联系发行。他还以学生会负责人名义，争取张澜校长的支持。张澜校长每月拨给他们一定经费。

为了对工人进行启蒙教育，宣传革命道理，钱芳祥还和进步同学一起在校内办起了工人夜校。他们在课堂上用生动的例子，耐心讲解中国贫穷落后的根源，以及什么是帝国主义，我们为什么要反帝反封建等问题。他和王道文一起为工人夜校选编的一篇课文是这样写的：

烂军阀，打内战，抽案税，逼苛捐，百姓喊皇天。

说案板，听哑板，缺柴米，少油盐，老小常饿饭。

工人们，团结起，讲理性，跟他干，罢工罢市闹个翻。

干干干！不是命生孬，闹斗争，干革命，翻身在明天。

钱芳祥对人和蔼，有长者之风。经过他做工作，堂弟钱芳毛也出来读书了，他认为是"开吾族中数百年不出一明白人之先路"。有个同乡同学，在校期间，得到钱芳祥从思想到生活方面的热情帮助。钱芳祥借《向导》《独秀文存》等进步书刊给他看。这位同学后来也成了社会科学研究社活动的积极参加者。

1927年3月31日，重庆发生了"三三一"惨案，共产党人和数百名群众倒在血泊中，白色恐怖开始在四川蔓延。在四一二反革命政变后，钱芳祥和中共成都大学党支部书记李正恩等六人，被列入黑名单。当亲友要他注意安全，回乡避难，免遭不测时，他在给表兄彭哲先的信中写道："已许身革命，难考虑个人安危。"

李正恩被逮捕后，钱芳祥立即顶上来，继续斗争。1927年秋天，上级决定将中共成都大学党支部扩大为特支，由钱芳祥担任特支书记，领导当时四川地区人数最多的基层党组织之一。

1928年2月16日凌晨，全副武装的军警包围了学校，肆意抓捕进步学生。钱芳祥冷静地嘱咐一位同志："设法转告同志们，要镇静，不要怕，他们是抓不到什么的。"带队的军官照黑名单喊了六个人，第一个就是钱芳祥。钱芳祥神态自若，从容镇静的应声站在前列。他厉声质问军警："你们为什么闯入学校抓人！"军警不由分说，将6人押到督院街看守所。敌人不敢审讯，无证无供。下午2时，号声突然响起，刽子手冲入牢房提出14人，号叫着宣布："你们是共产党，奉三军军长命令，立即将你们处决。"钱芳祥和中共川西特委宣传部部长袁诗荛挺身厉声斥问："指我们是共产党，拿出证据来，喊向育仁出来跟我们说明白。"他们表现出对敌人的蔑视和无比仇恨。敌人不由分说，一拥而上将14人押上了刑车，车子向下莲池刑场开去。

被捕后，钱芳祥视死如归。在走向刑场途中，他高呼"工农兵联合起来，打倒封建军阀！"雄壮的口号声响彻云霄，过往行人无不为之动容。钱芳祥烈士牺牲时，年仅28岁。

（陈光复编写，刘乔改编）

参考资料：

1. 中共四川省委党史工作委员会党史人物传编辑组. 四川革命烈士传：第 6 辑 [M]. 成都：四川省社会科学院出版社，1986.

2. 中国人民政治协商会议四川省委员会文史资料研究委员会. 四川文史资料选辑：第 26 辑 [M]. 成都：四川人民出版社，1982.

3. 中共成都市委党史工作委员会. 甘洒热血拯中华：成都革命烈士传 第 1 辑 [M]. 成都：成都科技大学出版社，1987.

4. 中共成都市委党史工作委员会办公室. 二·一六烈士简介 [Z]. 1985.

5. 中华人民共和国民政部. 中华著名烈士：第 5 卷 [M]. 北京：中央文献出版社，2000.

6. 钱聪. 论马克思主义在中国大学的早期传播及特点：1923—1927 [J]. 理论观察，2013（10）：99−103.

7. 周良书. 1924 年—1927 年：中共在高校中党的建设 [J]. 北京党史，2006（2）：19−24.

8. 张峻. 抗战时期中共成都党组织述论：1937—1945 [D]. 成都：四川师范大学，2017.

9. 钱聪. 马克思主义在中国大学早期传播的历史考察及现实启示 [D]. 南京：南京师范大学，2014.

张博诗烈士——猛虎一般的"博士"

张博诗烈士

在"二一六"革命烈士中,有一位以"敢冲敢闯、勇猛泼辣"著称的勇士。由于他各科学习极好,革命工作也开展得有声有色,又借姓名谐音为"博士"。他就是国立成都师范大学体育科学生,共青团川西特委委员兼中共成都市委组织部部长,国立成都师范大学进步组织导社领导人之一的张博诗(1904—1928)。

我们要反抗

张博诗祖籍陕西,其父早年入川采盐。1904 年,他生于四川省自贡自流井区珍珠山镇。在他童年时代,家道中落,生活渐窘。他幼上私塾启蒙,15 岁时到东兴寺高等小学堂读书,与荀永芳、王楠兄弟、胡曼人等同班。他们都聪明颖慧,勤奋于学,是班级中的优等生。

张博诗酷爱学习,能言善辩,喜打抱不平。1920 年,四川全省学生联合会代表到自贡,组织荣(县)、威(远)、富(顺)、自(流井)地区学生联合会,在自流井的湖广会馆开成立大会。张博诗年仅 16 岁,也被选入地区学联领导机构。他和荀永芳等进步学生结盟,表示了"矢志反日救国,要同甘共苦到底"的决心。

上下求索

1921年寒假，恽代英从泸州率领讲演团到自流井，在东兴寺高小演说，鼓励学生反帝救国。17岁的张博诗听后，萌发了投笔从戎、报效祖国的想法。恰在此时，泸州团练学校来招免费生。他以为是"新事业"，于是和好友王楠一同考入。但他很快发现，这不过是军阀杨森为抢占地盘、鱼肉人民、进行混战而办的军事训练班。他感到，这与他的初衷南辕北辙，便趁部队调防时与王楠一同回到家乡。

投笔从戎报国的道路走不通了，他准备走教育救国的路。1923年秋，张博诗考入四川省立第一师范学校，来到了成都。

张博诗在省一师与同班同学中思想活跃、后任共青团川西特委委员兼中共成都市委书记的周尚明很接近，成了知交。在周尚明的帮助下，他知道了革命的许多道理，开始了新的求索。

张博诗企望将来做一位优秀教师，以开启民智，救国救民。因此，进校后，他十分用功，语文、数学都有坚实基础。省一师国文教师是有名的国学家李雅南。李雅南渊博的学问、高尚的人品、清苦的生活，让他深深地受到熏陶，并以先生为楷模。

1925年，因对当局撤换富有办学经验的周子高校长极为不满，张博诗愤而转学到国立成都高等师范学校附中第九班甲组。国立成都高等师范学校附中当时有大批思想进步的革命学生，与张博诗十分友好。当年，张博诗即由周尚明介绍，参加了中国社会主义青年团，开始了新的革命历程。

张博诗在附中是个勤奋用功的学生，各科成绩在班上名列前茅，数学尤为突出。有时连教师都不易解决的数学难题，到了他手里往往迎刃而解。在他的影响下，全班同学对数学的学习兴趣大增，成绩有了很大的提高。他开玩笑说："我都可以编一本数学教科书了！"同学们用他名字博诗的谐音，亲切地称他为"数学博士"，有时干脆称为"博士"。"博士"这个称呼很快就在学校里传开了。

由于张博诗学业优秀，又有较强的宣传组织能力，他在班上倡导"英语谈话会"、学术讨论会和体育活动，在学校中也起到了推动作用。他常常借进步书刊给同学们阅读，还到传事房与工人摆谈。他向他们讲解，穷人的"穷"并非命中注定，而是地主资本家剥削的结果，还动员他们参加夜校学习。

1926 年寒假，张博诗从国立成都高等师范学校附中毕业了。在补习功课准备升入本科的过程中，他与国立成都大学学生、共产党员李正恩、钱芳祥等来往密切。由于在斗争中的突出表现和在群众中的影响，不久经李正恩介绍，张博诗加入了中国共产党。1927 年 2 月，他进入国立成都大学旧制预科理科班学习。

敌人有刀枪，我们有热血

1927 年秋，张博诗免考进入了国立成都师范大学体育科。体育本非张博诗所长，为何弃熟悉、爱好的数理科而就体育，自有他的考虑。他对进步同学孔庆镒说："学体育我虽不见长，但这科对我有利，时间短，三年就毕业。"

张博诗进校的当年 11 月，国立成都高等师范学校正式分为国立成都师范大学和国立成都大学。学校和本属一校的国立成都大学比邻而居，张博诗与李正恩、钱芳祥、苟永芳、杨光池等进步学生联系、往来十分方便。他很快就成为国立成都师范大学进步组织导社的领导成员之一。

每当导社同志与国家主义派的"惕社"分子等开展论战时，张博诗总是以其雄辩的口才和威猛的气势镇住对方，使进步力量占据压倒性优势。为了接触农民，他练习"汉流"（即袍哥）用语和"丢拐子"等礼节，住在农家借以进行宣传。他深有感触地对同学说："过去，我有几个好朋友，我的学业也使我精神有所寄托，自己感到很满足，认为自己这一辈子很值得。现在，我有了成百上千的好朋友，为大多数人工作，生活得特别充实有意义，回想过去。真是太渺小了！"

1927 年四一二反革命政变后，在教育经费独立运动和反劣币运动等斗争中，进步学生起着先锋作用。张博诗是其中的活跃人物。四川省和成都市各界抗捐抗税大同盟成立后，张博诗被选为联络员。他以勇猛泼辣著称，表现了不可动摇的意志和无坚不摧的力量，被战友们称赞为"猛虎"。

1928 年 2 月 16 日凌晨，大批军警闯入国立成都师范大学，施行预谋已久的大镇压时，因中共成都师范大学党支部书记苟永芳不在校内，他成了敌人搜捕的头号目标。当天下午，未经审讯，24 岁的张博诗即和其他 13 位同志被军阀当局枪杀于成都东门外的下莲池。就义前，他高呼口号，怒斥敌人，表现了大无畏的英雄气概。

张博诗在国立成都师范大学函附中准九班范昌元第十名免试入学文中

张博诗在国立成都大学学生一览表中

日常生活二三事

在日常生活中，张博诗表现了一个革命者的崇高品质。

他服从真理，从不计较个人得失恩怨。在短短一生中，他对那些反对过他的人或犯了错误的人，虽有过针锋相对的时候，但只要人家改了，或者实践证明自己错了，他都从不介怀，敢于承担，或者以事业为重，事过即忘。在国立成都高等师范学校附中时，同室自习的两位同学，一位喜空谈革命，一位反对关心政治。对这两种观点，他都反对。他通过亲身的社会实践，教育和帮助两位同学改变了看法。

张博诗自幼一直家贫，家中20多口人靠父兄在盐号当职员糊口。他在学校生活极为困难，一年四季都穿件青布学生服，冬天无棉袄，就穿一件夹衣。但是，这丝毫没有影响他的工作和学习的热情。只要口袋里有一点钱，他就常常用来资助更困难的同学，并和同学们到学校附近的皇城坝同吃"车夫饭"，如红苕稀饭、"冒儿头"等，表现了一个革命者豪放乐观的性格。

张博诗在个人爱情生活上也是很严肃的，他追求的是能与他患难与共的伴侣。1926年，他和刚迁来的邻居、一位姓卢的姑娘相识。见她受宿命论和教会学校奴化教育较深，他便送进步书刊给她阅读，引导她脱离教会和封建思想影响。后来，他们相爱了。卢姑娘根据张博诗的意见，改名卢松寒，张自己则取名访松，意在像耐寒的松柏一样。后来，卢松寒在张博诗的带动下，走上了革命的道路。而张博诗自己，却为革命献出了宝贵的生命。

（陈光复编写，刘乔改编）

参考资料：

1. 中国人民政治协商会议四川省委员会文史资料研究委员会. 四川文史资料选辑：第26辑［M］. 成都：四川人民出版社，1982.

2. 中共四川省委党史工作委员会党史人物传编辑组. 四川革命烈士传：第6辑［M］. 成都：四川省社会科学院出版社，1986.

3. 政协四川省自贡市委员会文史资料研究委员会. 自贡文史资料选辑：第13辑

[Z]．1983．

　　4．中共自贡市委党史研究室．盐都英烈［M］．成都：四川人民出版社，1991．

　　5．中共成都市委党史工作委员会．甘洒热血拯中华：成都革命烈士传　第 1 辑［M］．成都：成都科技大学出版社，1987．

　　6．中共成都市委党史工作委员会办公室．二·一六烈士简介［Z］．1985．

　　7．四川省自贡市自流井区志编纂委员会，四川省自贡市自流井区志编纂委员会．自贡市自流井区志［M］．成都：巴蜀书社，1993．

　　8．自贡市地方志编纂委员会．自贡市志［M］．北京：方志出版社，1997．

王道文烈士——野火不尽春又生

王道文烈士

在"二一六"惨案殉难烈士中，有一位被同学称为"大学长"的王道文（1901—1928）。他是国立成都大学学生会的"秘书长"。他既年长，又才华横溢，娴于文笔，长于言词。因此，国立成都大学学生会和革命群众团体社会科学研究社的许多宣言、文告、函件，均出自他手。

他殉难时是国立成都大学中文系二年级学生，是一名光荣的中国共产党党员。

走进革命的行列

王道文，又名王郁用，1901 年生，四川省渠县文崇乡人。虽然家道贫困，但他幼学勤勉，学业名列前茅，国文成绩全班第一，被老师称为"一方奇杰之子"。

1924 年秋，王道文从绥定联合县立中学毕业，同时考入国立成都高等师范学校（后改名国立成都大学）预科甲班和四川公立法政专门学校。他最后决定就读国立成都高等师范学校。

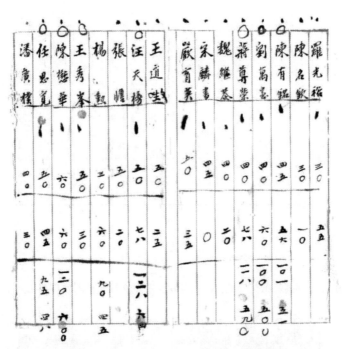

王道文在四川公立法政专门学校榜示第二次招考录取姓名表册中

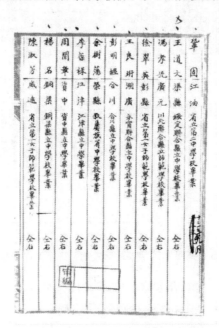

王道文在国立成都大学学生一览表中

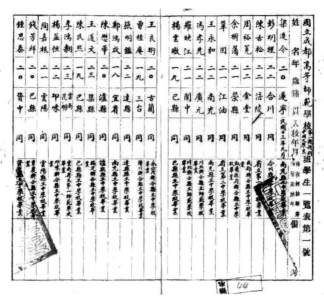

国立成都高等师范学校据本校预科生王道文等呈请再发证明书的函

王道文在国立成都高等师范学校第一类预科中国文学系学生一览表中

王道文身材魁伟，浓眉大眼，常穿一件半新不旧的长衫。他风趣健谈，富于学者风度，知识渊博，很得同学信赖，被称为"大学长"，而他的挚友钱芳祥被称为"老大哥"。

1925 年五卅惨案发生，王道文义愤填膺，怀着对帝国主义残害我同胞的深仇大恨，与校内共产党员何志远、李正恩等，积极参加全省五卅惨案国民外交后援运动。白天，他们走出学校，在大街小巷向广大市民揭露和控诉帝国主义的残暴罪行，鼓励大家声援上海人民的反帝斗争。晚上，王道文挥笔写下许多控诉帝国主义罪行的文章。

他与进步同学李正恩、钱芳祥等发起、创建了 20 世纪 30 年代学校著名的进步团体社会科学研究社。这是一个反帝反封建的学生组织，进步的青年学生一有空就学习《共产党宣言》《唯物史观浅说》《资本论》等理论书籍。当然，他们也读《狂人日记》《阿 Q 正传》《呐喊》等文学作品。这些进步学生逐渐认识了共产党的主张，懂得了只有共产党才会把中国引向光明的道理。社会科学研究社成员由 30 多人发展到 600 多人。他们创办了杂志《野火》半月刊，宣传革命思想，批判谬论，揭露军阀罪行。杂志深受读者欢迎，每期印 2000 份，很快销售一空。王道文特别热心投稿，同校内的国民党右派组织"健行社"、国家主义派的"惕社"针锋相对地展开斗争。

国立成都大学学生会成立后，他担任文书，也就是秘书长。他积极投入争取国立成都大学教育经费独立的斗争，带领同学从军阀手中争得 30 万盐税，作办学经费，为国立成都大学的发展做出了积极贡献。

在反帝爱国斗争的熏陶中，他阅读了各种各样的进步书籍，初步接触了马克思主义。他对中国共产党的主张有了较深的认识。就是在这一年，他终于找到了自己的政治归宿，成为中国共产党的一员。

王道文很注意做工人的工作，启发和提高他们的思想觉悟。被组织派到社会科学研究社主持的工人夜校讲课时，他利用自编教材，深入浅出，联系实际，讲解很容易为大家接受。当年听过他讲课的学校保卫处的老工人鲁文回忆："王先生讲课，道理讲得清楚透彻，事情人物讲得活灵活现，有趣得很，听这回，想下回。"鲁文还记得当时的一篇课文是这样写的：

> 烂军阀，打内战，抽案税，逼苛捐，百姓喊皇天。
> 说案板，听哑板，缺柴米，少油盐，老小常饿饭。
> 工人们，团结起，讲理性，跟他干，罢工罢市闹个翻。
> 干干干！不是命生孬，闹斗争，干革命，翻身在明天。

这段短小意深的课文，是王道文和中共成都大学特支书记钱芳祥合作完成的。

嬉笑怒骂皆文章

1926年暑假，王道文升入本科中文系学习后，文思大进。他在校报上发表的《思之恨》《风雨之夜》《绣姐的慰安》等短篇小说，结合现实，写得生动感人，颇获好评。当时校内的社团较多。王道文曾代表社会科学研究社，主持邀请了各派名人到校进行讲演，实际上这是革命思想与反动思想的交锋。

王道文经常以"苦岭"的笔名，在社会科学研究社的刊物《野火》上发表文章。他传播党的主张，反映群众的疾苦，抨击反动派的罪恶。文章尖锐泼辣，嬉笑怒骂，揶揄讽刺，痛快淋漓，犹如一支支掷向反动派的投枪。特别是四一二反革命政变后，他和王向忠烈士合写了《新陋室铭》：

> 人不在多，有旗则行。社不在大，有钱则成。斯是运动，唯吾得腥。油痕唇上滑，钞票手头清。谈笑无工农，往来尽豪绅。可以造密告、写黑名。无工作之累己，有官职之荣身。南昌总司令，西蜀向育仁。易某曰："何惧之有？"

文章入木三分地刻画出四川反动军阀及其走狗的丑态，是一篇战斗的檄文，令群众拍手称快，让反动派如芒刺在背、坐卧不安。

在反动派秘密策划后，1927年7月，王道文成了黑名单上的六个革命者之一，这预示着反动派要对他下毒手了。

勇敢站出来

1928年2月16日凌晨，全副武装的反动军警包围国立成都大学校园，肆意捕人，情况十分危急。有一位进步同学劝他找个地方躲一下，不要出去。王道文镇静地说："我没犯罪，怕什么！不出去，会让社会科学研究社的同志遭难。"那同学硬把他锁在室内走了。王道文随后翻窗出来。当反动当局命他走到准备逮捕的革命者队伍中时，他冷笑一声，昂然出列，和战友们站到了一起。

当天下午，未经任何审讯，王道文和其他 13 位同志被军警团联合办事处枪杀于成都下莲池。

28 岁的王道文牺牲时十分英勇壮烈。当刽子手要捆绑他时，他立即进行激烈反抗，多次打得刽子手不敢近身。后来，他被刽子手连捅了 9 刀，身负重伤，行动艰难，才双手被缚。但是，他仍然骂不绝口："我们犯了什么罪，你们这些反动派要杀我们！"最后，他高呼着"打倒军阀""马克思主义万岁"和"中国共产党万岁"的口号，从容就义。

（陈光复编写，刘乔改编）

参考资料：

1. 中共成都市委党史工作委员会办公室. 二·一六烈士简介［Z］. 1985.

2. 中共四川省委党史工作委员会党史人物传编辑组. 四川革命烈士传：第 6 辑［M］. 成都：四川省社会科学院出版社，1986.

3. 中国人民政治协商会议四川省委员会文史资料研究委员会. 四川文史资料选辑：第 26 辑［M］. 成都：四川人民出版社，1982.

4. 四川省渠县地方志编纂委员会. 渠县志［M］. 成都：四川科学技术出版社，1991.

5. 陈思华. 闪耀的星群：为中国革命作出突出贡献的达州儿女［M］. 成都：四川人民出版社，2014.

王向忠烈士——匕首投枪掷向敌

人不在多，有旗则行。社不在大，有钱则成。斯是运动，唯吾得腥。油痕唇上滑，钞票手头清。谈笑无工农，往来尽豪绅。可以造密告、写黑名。无工作之累己，有官职之荣身。南昌总司令，西蜀向育仁。易某曰："何惧之有？"

这是在 1927 年四一二反革命政变后，发表在当时的国立成都大学（四川大学前身）社会科学研究社刊物《野火》上的《新陋室铭》。这篇战斗檄文是掷向反动派的投枪，入木三分地刻画了向育仁以及校内的右派学生易光谦之流的反革命嘴脸，鞭挞了他们反共反人民的罪行。这篇《新陋室铭》当时在成都各大中学校师生中广为流传，众口称快，也引起了反动派的极端仇恨。有的老同志至今还可绘声绘色地全文背出。

这篇《新陋室铭》的作者，就是 1928 年成都"二一六"惨案中被敌人杀害的王向忠（1909—1928）和王道文。王向忠烈士牺牲时是国立成都大学文预科二年级甲班学生，四川全省学生联合会宣传部部长，中共成都市委学委委员，中共成都大学特支宣教委员，国立成都大学社会科学研究社宣传部长。他牺牲时年仅 19 岁，是"二一六"惨案牺牲的烈士中最年轻的一位。

敌我分明

王向忠 1909 年出生在四川省高县一户商人家庭，其父以开茶酒店为生。王向忠 5 岁读私塾，从小就极具才气。1919 年和 1922 年，王向忠分别以优异成绩考入高县第一高等小学和宜宾叙州联合县立中学。在中学时代，他就是一个关心时事的热血青年，立下誓与好友"同破浪""济群黎"的宏伟壮志。1926 年 9 月，当北伐军一举攻占汀泗桥、贺胜桥，直逼武汉，大革命进入高潮的时候，王向忠从宜宾叙州联合县立中学毕业，来到省城成都，考入国立成都大学。

王向忠在国立成都大学学生一览表中

　　曾经在中学受过革命启蒙教育的王向忠，入学后不久，即参加到社会科学研究社的行列中来，并被介绍加入了社会主义青年团。从此，他如饥似渴地研读革命理论，探索人生的意义。他和进步同学指点江山，纵论当时的革命形势，倾诉对马克思主义的理解，谈论个人在时代中应有的抱负和应起的作用。他们互相鼓励：绝不做时代的落伍者。

　　当时校内学生组织有三派，包括共产党领导的社会科学研究社、国民党右派的"健行社"和国家主义派的"惕社"。"健行社"和"惕社"打着"信仰三民主义，努力国民革命"的幌子，迷惑部分群众。学校的共产党、共青团组织决定和他们进行针锋相对的斗争。为了争取群众，揭露反动派的真面目，批驳其种种反革命谬论，宣传马克思主义和共产党的政治主张，他们组织出版了《野火》半月刊，由王向忠当编辑。

　　王向忠素来秉性刚烈、博学能文。他经常用王赫的笔名，在《野火》上发表文章，笔锋犀利，说理透辟，嬉笑怒骂，淋漓尽致。文章犹如匕首和投枪，击中敌人要害，深受群众欢迎。1927 年 1 月，四川全省学生联合会第四届代表大会在五世同堂街的四川公立法政专门学校召开。会上，王向忠当选为四川全省学生联合会宣传部部长。接着,四川全省学生联合会和工会联合发起成都社会各界庆祝北伐出师胜利大会,会后举行了游行和街头宣传、讲演。大会当天,王向忠发动国立成都大学社会科学研究社成员和全体共产党员、共青团员共同行动,天不见亮就上街,到处张贴革命标语。

奋然前行

1927 年春,重庆发生了"三三一"惨案,500 多名共产党人和革命群众倒在血泊中。随后,上海又发生了四一二反革命政变,革命形势急转直下。在"黑云压城城欲摧"的日子里,王向忠并未被吓倒,而是奋然前行,成为中国共产党的一员。

"四川整理党务特派员"向育仁,在四川军阀的支持下,以三军联合办事处处长、省会城防司令、四川团练副委员长的身份,一手炮制了所谓的"成都农工商学兵清党示威大会"。王向忠按照党组织的指示,以四川全省学生联合会宣传部部长的身份与之进行了针锋相对的斗争。四川全省学生联合会被反动派明令解散,王向忠被列入黑名单。他又转而组织社会科学研究社同学,以这个尚属公开合法的组织形式,利用《野火》半月刊等,揭露四川军阀镇压进步力量的罪行,并与王道文合写了本文开头那篇《新陋室铭》。中共成都市委书记刘愿庵起草的《申讨蒋介石十大罪状》,就是通过王向忠并以《四川全省学生联合会宣言》的名义发表的。

在斗争中,革命力量又有较大发展。为适应斗争需要,学校党支部也扩大为特支,王向忠被选为宣教委员、社会科学研究社宣传部部长,并兼任中共成都市委学委委员。他受党组织委托,在学校建立工会,开办平民夜校,到校外工人中去开展启蒙教育,发展党员,建立党组织。

宁汉合流后,全国革命形势更加恶化。但在成都,由于四川军阀与蒋介石之间的矛盾,加上地方党组织的正确领导,革命者在策略上将秘密工作与公开工作结合起来。1927 年冬至 1928 年春,在全国革命形势处于低潮时,成都仍掀起了以学生、工人为主力的群众性的争取教育经费独立运动和反劣币斗争。作为成都市和学校党组织的领导者,王向忠夜以继日地顽强奋战,在宣传、发动和组织群众方面,做了大量的工作。寒假期间,他坚守岗位,并把离校同志留下的工作也承担起来。1928 年 2 月 16 日凌晨，向育仁调动一个团兵力，包围了城区的各个学校，将王向忠、李正恩等30多名同学逮捕入狱。王向忠被捕时，军警还从他枕下搜出了大量革命传单，那是由于他工作太忙而来不及转移的。当日下午4时许，在既没有审讯，也没有任何证据的情况下，王向忠等14名革命者被集体枪杀。

沉浮不改一生豪

从他写给战友们的诗中，我们可以感受到他激昂、悲壮的革命情怀。

其一
君心我素知，
君容我素识。
武刀济群黎，
从戎拟投笔。
壮志待急酬，
阶梯未可躐。
才智既雄伟，
鹏飞自有日。

其二
琅玕读罢满篇诗，
秋水伊人想见之。
鸣到不平如对语，
算来孤愤最相知。
才人走卒真堪哗，
末路英难未可悲。
恨不与君同破浪，
狂澜辜负立功时。

其三
飘（漂）流身世不牢骚，
气焰熊熊百丈高。

潦倒独留孤笔健，

沉浮不改一生豪。

穷途同是悲今日，

旧雨无端感昨朝。

天末故人成远别，

秋风长忆旧绨袍。

一直到从容就义，王向忠都可以说是"潦倒独留孤笔健，沉浮不改一生豪"。烈士就义后，同志们在收殓遗体时，还看到他两眼圆睁，他带血的嘴张开着，两手紧握拳头。这些表明了他对敌人的愤怒和宁死不屈的精神。新中国成立后，成都人民为王向忠以及"二一六"死难烈士修建了一座巍峨的纪念碑，以此表达对烈士的无限崇敬和怀念。

（陈光复编写，刘乔改编）

参考资料：

1. 高县政协文史组. 高县文史资料［M］，1982.

2. 中共四川省委党史工作委员会党史人物传编辑组. 四川革命烈士传：第6辑［M］. 成都：四川省社会科学院出版社，1986.

3. 中国人民政治协商会议四川省委员会文史资料研究委员会. 四川文史资料选辑：第26辑［M］. 成都：四川人民出版社，1982.

4. 中共成都市委党史工作委员会. 甘洒热血拯中华：成都革命烈士传 第1辑［M］. 成都：成都科技大学出版社，1987.

5. 四川省高县志编纂委员会. 高县志［M］. 北京：方志出版社，1998.

6. 中华人民共和国民政部. 中华著名烈士：第4卷［M］. 北京：中央文献出版社，2000.

7. 中共成都市委党史工作委员会办公室. 二·一六烈士简介［Z］. 1985.

胡景瑗烈士——嬉笑怒骂皆文章

在"二一六"革命烈士中，有一个个性独特的人，他就是国立成都大学（四川大学前身）生物系一年级学生、共产党员胡景瑗（1905—1928）。他在当时的国立成都大学进步组织社会科学研究社担任交际部部长，也就是"对外联络部部长"或"公共关系部部长"，是一个十分活跃的人物。

他自南充来

胡景瑗，本名胡国光，1905 年生于四川省南充县一个富裕的农民家庭，16 岁考入南充县立中学进修班。当时该校的校长是著名的社会活动家、后来担任国立成都大学校长的张澜，教务主任是五四时期的全省学生运动领袖、四川大学校友张秀熟。他们思想开明，办学认真。学校富有生气，学生思想活跃。杰出的无产阶级革命家罗瑞卿也出自这所学校。1922年 5 月 1 日，该校庆祝校庆，张秀熟专门为南充县立中学写了校歌：

> 嘉陵浩荡，果山葱茏，云蒸霞蔚南充。
> 莘莘学子，桃李春浓，巍然建极天中。
> 五月一日，血染腥红，霹雳惊震劳工。
> 从今宇宙，无种国界，群祝大同大同。

南充县立中学的自由、进步氛围给了胡景瑗以极大的感染和影响。他特别喜欢在课余进图书馆，大量阅读古今中外名著和进步书刊。康有为、梁启超等变法维新的言论，李大钊、陈独秀、胡适、郭沫若、吴虞等宣传反封建、提倡新文化的著作，以及《新青年》《向导》等进步刊物，都是他涉猎的对象。他如醉如痴，尽情地吸取新鲜空气，接纳新思潮，寻找着"大同世界"的真理。

胡景瑗是个性格开朗、思想单纯的人，入学后的一段时期还相当调皮。他喜欢画画，喜欢戏剧。漫画画得惟妙惟肖，讽刺幽默，令人忍俊不禁。学校每有庆祝活动，他都要热心地上台表演一番。不管是中国的，还是外国的，几乎是演什么像什么。《孔雀东南飞》《终身大事》等反封建、提倡男女平等的话剧，常常是他演女主角。他善长即兴发挥，深受同学们的欢迎。

1924 年，南充爆发了一场群众性的反军阀的抗捐运动，南充中学师生带头参加。胡景瑗手持木棒，奋勇当先，同武装官兵激烈搏斗，虽身负重伤，仍英勇不屈。在南充县立中学学习的四年，胡景瑗受到革命的洗礼，养成了敢说敢干的独特战斗风格。

迎着白色恐怖

1925 年秋，胡景瑗考入当时的国立成都大学生物系预科，校长就是之前的南充县立中学校长张澜先生。当时正是大革命时期，中国共产党领导的国立成都大学社会科学研究社是成都地区最有影响、最有战斗力的八大赤色团体之一。校长张澜这样评价该社："社会科学研究社学生，多笃诚君子，有志之士，有为青年，予与扶持，乃为国育才。"胡景瑗入学的第一年，即由共产党员贾铨介绍，参加了该社。

胡景瑗在国立成都大学学生一览表中

胡景瑗具有蓬勃的革命热情和出色的表演才能，很快成为社会科学研究社最有朝气的宣传员之一。社会科学研究社每次组织同学开展宣传、讲演，必定有胡景瑗参加。他或演活报剧，或进行滑稽表演，或假装争座，以吸引群众围观。待群众越来越多，看兴正浓时，研究社突然打出"国立成都大学"或"成大社会科学研究社"的旗帜，由一人登上讲台，正式开始宣传、讲演。为了吸引听众，增加效果，胡景瑗经常进行精彩的即兴自编双簧表演，暗讽反动派，引起群众的强烈共鸣。

在与反动派的激烈斗争中，胡景瑗尤喜以幽默辛辣的滑稽表演为武器。许多老同志至今记忆犹新。仿佛他还在台上，以轻蔑的眼光、嘲笑的神态和辛辣的语调射向反动派："又去找你们的向爸爸（即军阀向育仁）了么?"真是嬉笑怒骂，皆成文章。

由于胡景瑗在学生运动中表现突出，1927年秋天，他在升入生物系本科一年级时，立即被同学们推选为社会科学研究社的交际部长，负责对外联络工作。

这一年，大革命形势发生逆转。胡景瑗没有退缩，他怀着更大的革命义愤，更加坚定地投入了斗争。1927年冬到1928年春，成都爆发了矛头直指封建军阀的教育经费独立运动和反劣币斗争。当时正值寒假，他也不回家，坚持战斗在第一线。由于胡景瑗在斗争中表现突出，1928年2月初，经苏友农、杨国文介绍，他被接纳为中国共产党党员，找到了他的政治归宿。

走到哪里都可以

他入党才十余天，形势便急转直下，成都发生了军阀残杀共产党人和革命群众的"二一六"惨案。

1928年2月16日凌晨，大批全副武装的军警包围了国立成都大学。面对如虎似狼的军警，胡景瑗从容不迫地用特有的幽默口吻，学着有些口吃的张澜校长的声调说："这个叫、叫……没道理! 走，走……走就走! 走到、到……到哪里都可以!"没有豪言壮语，没有高呼口号，胡景瑗就这样永远地走了。

面对反动派，他始终抱有轻蔑、愤怒、仇恨的心情。他视死如归的精神、坦荡无畏的胸怀，全部都体现在这些独特的话语里了。当年的一些老同志每当忆及，仍感到震撼心灵的力量!

（陈光复编写，刘乔改编）

参考资料：

1. 中共四川省委党史工作委员会党史人物传编辑组. 四川革命烈士传：第 6 辑 [M]. 成都：四川省社会科学院出版社，1986.

2. 中国人民政治协商会议四川省委员会文史资料研究委员会. 四川文史资料选辑：第 26 辑 [M]. 成都：四川人民出版社，1982.

3. 中共成都市委党史工作委员会办公室. 二·一六烈士简介 [Z]. 1985.

4. 苏鹏飞，曹辛华. 民国正声吟社考论 [J]. 山西大学学报（哲学社会科学版），2020，43（1）：32−38.

韩钟霖烈士——千秋功罪自分明

1928 年 2 月 16 日凌晨，"四川省整理党务特派员"向育仁派出全副武装的一团士兵，很快就包围了当时的国立成都大学（四川大学前身）。随即，反动军警头目按黑名单清点人数。"韩钟钦！"只见一位戴着深度近视眼镜的青年应名出列。他面对屠刀，不动声色，昂然怒视着反动军警。

真正的战士

当天下午，他未经任何审讯，即被枪杀于成都东门外下莲池。在赴刑场的路上，他毫无惧色，犹骂贼不止。他沿途高呼"打倒帝国主义的走狗"和"中国共产党万岁"，牺牲时年仅 20 岁。

其实，这位青年叫韩钟霖（1908—1928），并不是韩钟钦，而是韩钟钦的胞弟。牺牲前，他是国立成都大学理预科学生和社会科学研究社成员。

韩钟霖 1908 年 5 月生于四川省宜宾一个书香门第，父亲韩浚源为前清举人。1925 年，韩钟霖毕业于叙州联合县立中学。同年 8 月，他和其兄韩钟钦一起考入国立成都大学预科。他在校学习勤勉，每学期考试成绩都名列前茅。

当时正是大革命时期，他和其兄深受进步思想的熏陶，阅读革命书籍，认真思索人生的真谛，很快成长起来。不久。他即在校参加了党组织领导的革命群众组织社会科学研究社。在进步思想的熏陶下，他很快成长起来。特别是 1927 年重庆发生的"三三一"惨案，使他深受教育。4 月 24 日，他在成都又目睹了国民党右派一手策划的"清党示威大会"和少数在校大学生弃书不读、投靠刽子手向育仁到各县去当"党务登记委员"的丑态，感到十分愤慨。他是一个襟怀坦荡的人，从不隐讳自己的政治观点，对于看不起的人就是要骂。他痛恨国民党右派的卑鄙无耻，无论是在教室里或寝室里，他走到哪里骂到哪里，因此被列上了黑名单。

韩钟霖在国立成都大学学生一览表中

由于积极参加革命斗争，1928年寒假，父亲劝他回家暂避，韩钟霖回信掷地有声："儿已献身革命，不能以自身安危为系。"

在学校，韩钟霖是铁骨铮铮的硬汉，在家中却是和蔼可亲的兄长。每年寒暑假，他回家时都要给弟妹们讲革命故事，灌输革命道理，教唱《打倒列强除军阀》等革命歌曲。有时，他还借讲古典诗词宣传革命理想。五妹韩志群一直都记得二哥教他们背诵杜甫的《茅屋为秋风所破歌》，着重讲解了"安得广厦千万间，大庇天下寒士俱欢颜"的愿望。他说，诗人的愿望只有革命胜利后才能实现。事实证明，他的一番心血并没有白费，他的弟妹在他影响下走上了革命道路，四弟自愿参军抗日，五妹加入了中国共产党。

鲜明的对比

与韩钟霖形成鲜明对比的是，当时作为共产党员的他的哥哥韩钟钦，在"二一六"大逮捕时，碰巧不在校内，逃脱了厄运。但是，韩钟钦被吓破了胆，最后投入了反动派的怀抱，并改名为韩伯勋。在镇压革命运动方面，韩钟钦罪行累累。最终，韩钟钦没有逃脱人民的惩罚，在新中国成立初期伏法。

当年曾经走在一条路上的兄弟俩，一个成了流芳百世的革命先烈，一个却被丢进了历史的垃圾箱，遗臭万年。真可谓千秋功罪，泾渭分明！

（陈光复编写，刘乔改编）

参考资料：

1. 韩钟霖 爱憎分明嫉恶如仇［EB/OL］．http：//www.zgcdds.cn/detail.asp?id＝1390.

2. 中共四川省委党史工作委员会党史人物传编辑组．四川革命烈士传：第 6 辑［M］．成都：四川省社会科学院出版社，1986.

3. 中共成都市委党史工作委员会办公室．二·一六烈士简介［Z］．1985.

第四篇　砥柱中流挽狂澜

杨达烈士——赣水悠悠记英名

杨达烈士

在大革命的洪流中

杨达（1902—1928），原名杨先达，字闻非，四川省彭县（今四川省成都市彭州市）濛阳镇人。父亲杨监于，母亲汤氏。杨达小学时就个性刚强，喜欢打抱不平。后来与他一道赴上海的陈宝麟在谈到他时，说他"为人刚毅，有抱负"。烈士何秉彝在给父亲的信中也说他"胆识过人"。1918年，杨达就读于彭县中学，与何秉彝、杨石琴等交往甚密。1923年从彭县中学毕业后，他考入华西协合大学医科预科班学习。

在华西协合大学就读期间，他接触了新文化、新思想，并从在上海的中学好友何秉彝的通信中，了解到香港海员大罢工、京汉铁路工人大罢工等轰轰烈烈的革命运动的情况。火热的革命吸引了他，1924年，他毅然冲破家庭的阻碍，离开了新婚的妻子，奔赴上海，考入了上海同济大学医科班。在孙中山先生提出三大政策、准备北伐的形势鼓舞下，他认识到国家民族已在危亡之秋，即使医术学成，也只能医人，不能医国。于是，他怀着救国救民的满腔热情，转入上海大学社会科学系，与何秉彝同班。两人相互砥砺，共同进步。在这里，他参加了时任该校总务长的邓中夏举办的沪西工人俱乐部和平民夜校的工作，向工人群众宣传谋求解放的道理。在邓中夏、瞿秋白、恽代英等共产党人的指引下，他刻苦学习马列主义，积极参加反侵略、反压迫斗争。不久，杨达光荣地加入了中国共产党。

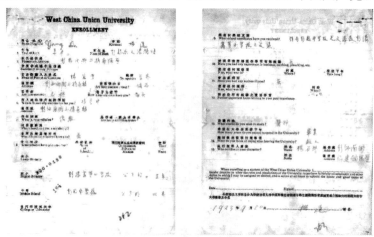

杨达的华西协合大学入学登记表

杨达在华西协合大学学习的课程表

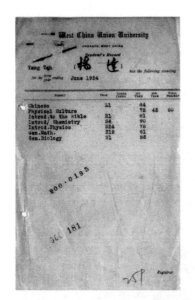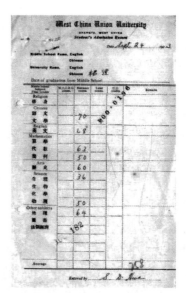

杨达在华西协合大学的成绩表

　　孙中山逝世后，在平民夜校由朱义权主持的追悼会上，杨达发表了演讲。他慷慨陈词，表示要继承孙中山先生的遗志，为国家独立、民族解放的事业奋斗终身。就在此时，他的家人数次写信劝他返乡。他在复信中一直拒绝，明确表示要留在上海学习。他说："现在的社会，是黑暗的社会，是互相残杀的社会，是污浊、臭不可闻的社会。上至总统，下至警察，哪一个不是吃人的禽兽！"他还说："天旱的年季，田里欠收，佃户向地主要求减少一点租子，地主……加以痛骂，硬要收够，如果佃户缴不起，还要二指大个帖儿把他送到知事衙门，大老爷派差人把他押起，高坐大堂上，大发雷霆之怒，将佃户打了板子，还要勒令交租。"他把上海的形势也向家乡通报，说："近来上海工人因生活程度（成本）过高，要求日本资本家经营的工厂增加工资，厂方拒绝，还说他们借故要挟。工人不服，在露天开会，中国警察仰承日本人的鼻息，唯命是听，率队解散工人，并把他们的代表抓起来坐监。这不正说明，中国官吏，是维护外国资本家利益，来摧残中国的工人和农民吗？这难道不是吃人的野兽吗？""所以我说现在的社会是万恶的社会。国家法律也是不公平的，是压迫贫民的，是替有钱人说话的。""如此不平，不均，不公道，社会上的一切罪恶，岂是一纸一笔写得完的吗！""社会如此黑暗，过去我不知道，如入鲍鱼之肆，不闻真臭，固然不说了，现在我知道了，就要去掉这些臭不可闻的东西。现在我的紧急任务，就是预备去掉这种污浊的力量。"从这些话中，我们可以看到他爱国爱民的坚定决心。

在上海《蜀评》上，他还以闻非的署名，发表了题为《民团之敌》的文章，揭露四川军阀连年混战给人民带来的深重灾难，表示要把推翻旧制度的斗争进行到底。他在文中写道："土匪与军队同时并增，人民不堪其扰，不能不思有所自卫；于是四川的民团，就一天一天地扩大起来了。""凡是有害于人民者，无论是什么党什么派的，民团应当竭力剿灭，这是民团的天职。"但是，"现在的土匪，都是从前的好人，都是军阀制造出来的。土匪的罪恶，就是军阀的罪恶。所以民团的主要仇敌，根本上说来，不是土匪而是军阀"。"军阀之害，不（单）是制造土匪，现在社会上一切罪恶，没有一样不是他们制造出来的。"他疾呼："四川的人民啊！现在的民团啊！你们要认清你们的仇敌，赶急联合你们的朋友——农人、工人……结合一个大的团体，向你们共同的仇敌进攻，建设一个真正为人民谋幸福的政府，才能够享你们所要的太平日子。""你们不必怀疑，不必畏惧，军阀的权力，是民众赐与的，我们若同心协力与他们宣战。要取消我们赐与他们的权力，他们的权力自然瓦解。只要我们认清我们的敌人，便可以用我们群众的强大力量，向他们下一个总攻击。吾川的民众啊！努力！努力！"

1925年上海暴发五卅反帝国主义大示威时，他与何秉彝等活跃在队伍中，参加了上海大学生讲演团，在租界演讲、散传单，领着游行队伍高呼口号。英国巡捕当场打死打伤数十人，何秉彝等11人壮烈牺牲，杨达亦身负重伤。该年的6月26日，他与阳翰笙、李硕勋等三人代表四川在上海大学的学生，出席了全国学联召开的第七届代表大会，以后更是全心投入了反帝爱国的洪流。

参加八一南昌起义

1926年，杨达奔赴广州参加国民革命军，年底，他被派到朱德任团长的国民革命军第三军军官教导团任参谋长兼秘书，并担任该团的党支部书记。1927年朱德兼任南昌市公安局局长时，他亦兼任秘书，处理其日常事务。4月10日，朱德去临川，由杨达代理公安局局长职务。就在该月，他与方志敏、刘九峰等负责江西打击"AB"（反布尔什维克）团的斗争，决定召开群众大会。杨达挑选了军官教导团的部分学员和公安局的少数干警，保卫大会的进行。与此同时，强悍的战斗队突袭了右派把持的省党部，抓获了程天放、曾华英等首要分子，捣毁了"AB"团，拔掉了国民党在南昌的一颗钉子。

1927 年中国共产党在南昌发动武装起义前夕，为配合起义，杨达奉命前往丰城，任杨池生师的政治部宣传科长，抑制杨部行动，开展争取和瓦解敌军的工作。武装起义枪声打响后，杨池生部被击溃，杨达随即隐蔽下来。8 月 3 日，起义军按计划撤离南昌。为保存和发展革命力量，杨达奉组织命令留下，没有随起义军一道撤走，而是坚持在丰城至南昌一带从事秘密的革命活动。国民党南昌卫戍司令王均在第三军军长朱培德授意下大肆逮捕共产党人，白色恐怖笼罩了南昌。

1928 年 2 月 1 日，杨达在南昌联络工作后，正欲乘船返回丰城，不幸在船码头遇上在此执勤的原在南昌公安局相识的熟人、曾经任南昌公安局五分署署长的燕秩。燕秩即以拐带民女为借口将杨达逮捕，并送交卫戍司令部。敌人对他实行了多方利诱和严刑逼供。但他坚贞不屈，始终未暴露其身份与党的机密。后经蓝仲和指证，他被杀害于南昌市郊，年仅 25 岁。杨达为革命献出了年轻的生命，他那刚毅不拔、坚贞不屈的革命气节和革命精神，将永远激励我们。

（金开泰、孟继兴编写，李金中改编）

参考资料：

1. 南昌铸英魂——记革命烈士杨达 [EB/OL]. http://www.pengzhou.gov.cn/pzs/c111396/2013−04/17/content _ a50392b1beb94ef98c68fe484d46cef9.shtml.

2. 中共成都市委党史工作委员会. 甘洒热血拯中华：成都革命烈士传 第 1 辑 [M]. 成都：成都科技大学出版社，1987.

3. 中华人民共和国民政部. 中华著名烈士：第 5 卷 [M]. 北京：中央文献出版社，2000.

4. 钟大儒. 杨达：西蜀人杰 南昌鬼雄 [N]. 成都日报，2011−07−01 (11).

彭明晶烈士——挺直胸膛向前行

彭明晶烈士

1924年1月至1927年7月，发生了中国近代史上的第一次国内革命战争。这是中国人民在中国共产党和中国国民党合作领导下进行的反对帝国主义、北洋军阀的战争，被称为"国民革命"或"大革命"。大革命风暴席卷全国，无数英雄志士抛头颅洒热血，其中有一位牺牲在长江之滨的战士，名叫彭明晶（1899—1927），他是四川大学的校友。在1938年的党员登记表上，无产阶级革命家、军事家罗荣桓元帅亲笔写下："彭明晶同志于1927年介绍我加入C. Y.（共青团）和共产党组织。1927年大革命失败后，他坚持斗争，不幸被捕，英勇不屈，壮烈牺牲。"

成都求学

彭明晶，1899年出生于四川省安岳县岳阳镇一个经营酒业的小商人之家。彭明晶从小就听说二叔彭元伦是同盟会会员，在一次传递情报过程中因叛徒告密被捕，在狱中经多次严刑拷打却仍坚贞不屈，后被杀害。二叔为了推翻腐败的清王朝而英勇献身的革命事迹，深深印刻在了彭明晶的心里。他决心以二叔为榜样，做一个顽强战斗的勇士。

　　彭明晶从小聪明好学，1907 年进入县立高小读书，1916 年考入安岳中学，学习了不少国文、外文、数学等新学制课程。彭明晶对新文化特别喜爱，常常埋头苦攻数学。他上课认真，记忆力强，见解独到，思想活跃，老师和同学们都很喜欢他。彭明晶不仅课堂成绩优秀，还喜欢阅读课外书籍和报刊。他从中了解了许多国家大事和社会民情，思想更为活跃。

　　1921 年，彭明晶以优异成绩考入当时的国立成都高等师范学校（四川大学前身）。在这里，彭明晶更是极受启发，因为国立成都高等师范学校是五四运动在四川的策源地，这里的青年学生因为思想敏锐更是站在革命斗争前列。国立成都高等师范学校也因此成为宣传新文化、新知识的据点。校内有推进爱国运动的四川全省学生联合会；有与成都总商会联合组织以学界为主的成都商学联合会，提倡国货，振兴实业；有四川地区早期马克思主义先驱王右木创办的马克思读书会，以研究和宣传马克思主义为主要任务。国立成都高等师范学校学生还创办进步刊物，传播新思潮，如在四川地区最有影响的进步刊物《四川学生潮》《直觉》等均由国立成都高等师范学校的学生担任主编。

　　1922 年 8 月 16 日，吴玉章被任命为国立成都高等师范学校校长。11 月，吴玉章邀请著名的共产党人、青年运动领导人恽代英到校任教。恽代英通过在学校的教学和演讲，宣传马克思主义。在吴玉章、恽代英的倡导和推动下，学校马克思主义的学习和研究活动极为活跃。彭明晶在学校明远楼礼堂聆听过恽代英有关马克思主义和无政府主义问题的讲演，深受教诲和影响。

　　1923 年夏，成都发生了"反严恭寅"事件。严恭寅是当时四川省第一中学校长，虽然后来也逐步成为一位民主人士，但当时，他对一些抨击时弊的师生横加阻拦，因而被广大师生坚决反对。学校还为此开除了几个学生，更是引发全校学生的罢课风潮。这一行动得到了国立成都高等师范学校等十多个学校的支持。彭明晶也与同学们一起走上街头示威游行，提出"停止军阀混战""保障人权"等口号。当局派军警包围国立成都高等师范学校，妄图肆意抓人。彭明晶午夜翻墙离开学校，回到安岳县。

青岛求索

1924 年秋，彭明晶考入新办的私立青岛大学商科。当时的私立青岛大学只有工商两科，各招收 40 名学生。入学不久，彭明晶就结识了学工科的罗荣桓，罗荣桓欣赏彭明晶的学识和才华。他们经常谈论时势，彼此有很多共识，因此，他们成了志同道合的亲密朋友。

当时有一种实业救国的思潮，认为只有兴办实业才能增强国力，才能使国防强大。在这种"实业救国"思想的影响下，彭明晶和同学张沈川、罗荣桓等发起组织了"三民实业社"。他们动员同学投资，每股银圆 5 个，将来按股分红。彭明晶、张沈川、罗荣桓等各认一股，共筹集资金 300 多元，聘请了一位姓陈的安徽人当技师，负责筹办实业社，不久就生产出了纱布、药棉、墨水、肥皂、蜡烛等产品。但是，在日货充斥市场的青岛，这个手工作坊无竞争力，不到一年就关门大吉了。"实业救国"的破产，使彭明晶认识到：中国人民只有摆脱帝国主义的政治侵略、经济剥削，才能建立起独立自主的强国。

1925 年 5 月，日本资本家勾结军阀政府对青岛罢工的工人进行武力镇压，打死 6 人、重伤 17 人、逮捕 75 人、押回原籍 3000 人，制造了"青岛惨案"。惨案发生后，青岛大学同学的反日怒火被点燃并迅速蔓延。青岛大学学生会负责人彭明晶、罗荣桓、张沈川等，不顾学校的阻挠，组织学生自治会，揭露日本资本家勾结军阀屠杀工人的滔天罪行，号召同学们团结起来，支援罢工工人。学生自治会成立后，建立了总务、财务、写作、讲演、募捐、演剧等组，分头行动。青岛大学学生成立话剧团，演出《茶花女》《可怜闺中月》等剧目，彭明晶、罗荣桓等分别向银行、商店、机关职工劝销戏票，将收入用于支援工人的罢工斗争。上海五卅惨案发生后，为了揭露日本帝国主义与军阀勾结残酷镇压纱厂工人的罪行，彭明晶等人除了在市内宣传，还沿着胶济铁路线在高密、潍县、张店、周村等市镇进行宣传，激发了广大群众的爱国反帝热情。

为了扩大宣传活动，"青岛学联"派罗荣桓、孙桂亭等到上海学联联系。同时，彭明晶与胶济铁路总工会代表伦克忠、韩文玉，一起被派往北京，加强与全国学联联系。为了防备军警检查，彭明晶与"青岛学联"主席张沈川约定，以作家张恨水的《春明外史》为通信联络的密码本，信中只注明某页某行某些字，即可互通消息。

7月初，青岛当局捕杀了青岛工人运动领导人王伦和胡信之。此时，彭明晶等3人正在北京与全国学联等团体联系。8月初，彭明晶等3人在全国学联的支持下，在中山公园的"来今雨轩"举行招待会，到会的有30多个团体的代表。彭明晶在会上痛陈了青岛纱厂惨案真相，以及王伦、胡信之在青岛被惨杀的经过。他还将张沈川秘密寄给他的胡信之尸体的照片在会上展示出来，人们看后气愤万分。大家一致通过了五项决议，强烈要求"严惩青岛军阀头子，恢复胶济铁路总工会及其他爱国群众团体，抚恤死难烈士家属，释放被捕工人和赔偿工会损失"。在彭明晶等人的促成下，到会的各团体代表还决定，次日在北京长街教育会举行王伦、胡信之同志的追悼会。不料，从山东派到北京的便衣军警捕走了伦克忠，彭明晶也受到敌人的追捕。

彭明晶等人回到青岛后，形势已经大变。全市抗日爱国运动已被武力镇压下去，青岛大学也处于半瘫痪状态，政治空气令人窒息。彭明晶、罗荣桓、张沈川决定分头离开青岛，去寻找能进一步实现伟大抱负的更广阔的天地。

血洒江城

1926年8月，彭明晶离开青岛去广州。在广州，彭明晶经常去在黄埔军官学校任教的恽代英处，请教革命中的问题，畅谈革命形势。这时，恽代英共产党员的身份已经公开，彭明晶向他提出了加入中国共产党的请求。这年秋天，恽代英介绍彭明晶加入C.Y.（共青团），不久后彭明晶就转为中共党员。

1927年2月，彭明晶按照党的安排，去武汉工作。到武汉不久，他就写信给已经回到湖南老家的挚友罗荣桓。他告诉罗荣桓，革命军已经攻克了武汉，革命大业需人，盼其速来武汉会聚。罗荣桓接信后即刻上路。在武汉，罗荣桓经彭明晶介绍加入C.Y.（共青团），后又经彭明晶介绍，转为中共党员。

1927年7月15日，汪精卫在武汉背叛革命，对共产党员和革命群众实行大屠杀。担任中共武昌市一区区委书记的彭明晶，遵照中共湖北省委的指示转入地下，秘密到辖区内的一些工厂、码头、学校去进行革命活动，发动工人罢工、学生罢课等。

1927 年 7 月底，汉口人力车工人罢工。8 月 2 日，武汉三镇工人总同盟宣布总罢工。震寰纱厂一些剪掉长发的女工被资方开除，引起了纱厂工人的不满。彭明晶与武汉大学（当时名为国立武昌中山大学）的党组织研究，决定发动学生支援纱厂工人的斗争。首先，他们组织了一批女学生进厂宣传，支持剪发女工的正义斗争。接着，他们又组成男女学生混合宣传队。震寰纱厂女工打出"尊重女权""还我自由""男女平等"等标语，将纱厂工人的斗争浪潮越掀越高。

随着斗争的深入，形势也越来越险恶。为了保存革命力量，罗荣桓按党组织安排撤离。握手话别时，彭明晶对罗荣桓说："许多同志被敌人杀害，我们要豁出来干，坚持下去，不能让同志的血白流。"虽然彭明晶处境也十分危险，有的同志劝他尽快撤离武汉，但他依然坚守岗位。他说："越是紧急关头，共产党人越应挺起胸膛带领群众斗争，个人生死要置之度外。"

1927 年 9 月的一天，彭明晶正在法租界一个秘密点召开紧急会议，布置斗争任务，驻武汉的反动军阀胡宗铎派军警包围了集会地点。危急时刻，彭明晶指挥到会同志从侧门转入邻居家设法脱身，他本人则在关闭二堂门时，被冲进来的军警逮捕。武汉党组织得知彭明晶被捕后，很快采取行动，想方设法营救。但是，盘踞在武汉的反动驻军实行"宁肯错杀一千，决不放过一个"的反革命方针。他们抓捕到彭明晶后，对他百般利诱，严刑拷打，都未从彭明晶口中挖出任何情报。1927 年深秋，年仅 28 岁的四川大学校友彭明晶，被杀害于长江之滨。罗荣桓得知彭明晶被害的噩耗后，十分悲痛地说："这位才华横溢的忠诚战士壮烈牺牲了。怎么能料到，武昌分手就是永别！"

彭明晶以短暂的一生，谱写了一曲壮丽的战歌。1985 年 7 月 3 日，四川省人民政府追认彭明晶为革命烈士。

（刘乔编写）

参考资料：

1. 中共内江市委党史工委办公室，中共内江市委组织部. 内江英烈：第 2 辑

［M］.成都：四川教育出版社，1989.

3.罗东进.我的父亲罗荣桓［M］.沈阳：辽宁人民出版社，2003.

4.尹家民.暗夜里寻找光明：十大元帅传奇入党历程［J］.湘潮，2014（2）：37
—41.

5.卫惠筊.我以我血荐轩辕：共和国元帅入党的故事（三）［J］.支部建设，
1999（9）：26—29.

6.中共青岛市委党史资料征委会办公室，青岛市总工会工运史办公室.青岛党史
资料：第2辑［Z］.1985.

7.中华人民共和国民政部.中华著名烈士：第3卷［M］.北京：中央文献出版
社，2000.

8.李庚辰.共和国元帅：罗荣桓［M］.北京：长征出版社，2000.

9.《革命烈士传》编辑委员会.革命烈士传：第10集［M］.北京：中共党史资
料出版社，1991.

田雨晴烈士——广阔天地四时晴

田雨晴（1900—1928），字宇崎，四川省自贡富顺县城关镇人，中国共产党党员。1918年，他就读于富顺县立中学校，也就是今天的富顺二中。富顺地处四川盆地南部，虽然有着悠久的历史和文化，但毕竟与大城市不同，还没有受到太多的革命的洗礼。田雨晴是一个爱学习的进步青年，他渴望走出狭小的县城，到更加广阔的天地里去，走出一条新路，干出一番事业来。

在成都

1922年，他来到成都，考入了当时的四川公立工业专门学校（四川大学前身）。在校期间，他深受同时在四川公立工业专门学校学习的内江人、共产党员廖恩波的影响。廖恩波是四川公立工业专门学校学生会主席、四川全省学生联合会执行部主任，是当时成都学生运动的主要领导人。

田雨晴在新文化和新思想的浪潮中，如似渴地学习。他经常到华阳书报流通处等地方购买和阅读大量的进步书刊，《新青年》《湘江评论》《每周评论》《新中国杂志》等都是他必读刊物。大多数时间，他无钱购买，就站在书馆中阅读。他吸取了大量的社会主义和马克思主义的观点，大大地开阔了自己的眼界。此时的成都，尤其是大中学校中，可以说是到处都洋溢着新鲜的气息。在耳濡目染中，他被身边像廖恩波这样的优秀青年所感动，和他们一样积极追求上进。

1926年，他光荣地加入中国共产党，协助组织和积极参加了声援上海人民反对英日惨杀华人案的万人大会等活动。在毕业后一段时间，他与廖恩波等人一起参与编辑《成城周刊》《向导周报》等进步报刊，运用各种各样的形式，面向社会尤其是青年学子，积极宣传革命的道理。

在南昌

1927年，田雨晴受中共党组织的派遣回到家乡富顺，不幸被反动派张志方等追捕。脱险后，党组织决定派他离开四川，转移到江西等地从事党的工作。在江西南昌，周恩来、贺龙、叶挺、朱德、刘伯承等共产党人领导了南昌起义，打响了武装反抗国民党反动派的第一枪。根据目前的考证，南昌起义中的四川大学校友主要有朱德（四川省城高等学堂学生）、恽代英（国立成都高等师范学校教师）、吴玉章（尊经书院学生，国立成都高等师范学校校长）、郭沫若（四川省城高等学堂学生）、陈文贵（华西协合大学学生）、杨达（华西协合大学学生）、罗髻渔（国立四川大学教授）、江子能（四川省城高等学堂学生）、刘公潜（四川省城高等学堂学生）、李嘉仲（国立成都高等师范学校学生）、康明惠（四川公立农业专门学校学生）等。等田雨晴赶到南昌时，起义军已经南下。他与同为富顺人的许祖熊一起，留在南昌从事革命工作。许祖熊曾经赴法勤工俭学，因组织爱国活动被法方驱逐，被迫离开法国，取道莫斯科回国。回国以后，许祖熊于 1926 年被派到黄埔军校政治部，在周恩来领导下工作。国民革命军北伐时，他担任国民革命军第三军第八师政治部政治科科长兼总务科长。在南昌起义部队撤走后，许祖熊和田雨晴等留在南昌，转入地下工作。他们计划于 10 月 10 日，乘国民党庆功之际，再次举行暴动。不料机密泄露，田雨晴与七名同志被捕。田雨晴等人虽然备受酷刑，但始终坚贞不屈。时任国民党中央监察委员的谢持以同乡关系出面保释，田雨晴得以出狱，但是许祖熊惨遭杀害。田雨晴在南昌委托商务印书馆一位经理代为办理许祖熊的后事后，再一次回到了家乡。

在宜宾

回到家乡后，在各方面的安排下，田雨晴担任了富顺县实业局长的职务。他以此身份作为掩护，长期驻在宜宾城内。他一边从事经商活动，一边主编进步刊物和筹集地下活动经费，从事秘密的地下革命活动。当时，军阀刘文彩驻防宜宾，田雨晴的身份暴露被逮捕入狱，反动派又一次对他施以酷刑，终究还是一无所获。1928 年 3 月，反动派将田雨晴枪杀于宜宾合江门外。年仅 28 岁的田雨晴就这样牺牲于他乡，为党和人民献出了年轻而宝贵的生命。

1950 年，川南行署追认田雨晴为革命烈士。富顺县革命烈士事迹陈列馆中陈列着他的革命事迹。

（党跃武编写）

参考资料：

1. 范宝俊，朱建华. 中华英烈大辞典 ［M］. 哈尔滨：黑龙江人民出版社，1993.

2. 富顺县地方志编纂委员会，富顺县志：1988－2005 ［M］. 北京：古志出版社，2011.

李司克烈士——世界开遍灿烂花

李司克烈士

其一
我去了，我去了，
今后浪迹天涯！
家庭的诘责，
乡党的舆论，
朋友的鄙视，
这都是不值留恋和顾虑哟！
我愿站在
　那大炮口前！
我愿睡在
　那白刀尖上！
寻找自由无羁的天乡。

其二
我去了，我去了，

今后浪迹天涯！

山风呀怒号！

海水呀滔滔！

旅客呀心摇！

这大概是火山爆发的预兆！

赶紧烘热

　　自己的胸膛！

赶紧握着

　　残红的戈矛！

快快把地球逆去火烧。

这是 50 多年前，四川大学校友李司克（1911—1930）写的一首脍炙人口的战斗诗篇，名为《Vector——给我念念不忘的测苇》。"Vector"是物理学名词定向量，在这里比喻为定向的力量，指的是确定革命的方向和投奔革命。这首诗载于 1930 年 1 月 6 日成都《白日》新闻副刊。

是啊，李司克正是以这种为真理而战的大无畏的革命精神，参加 1930 年 10 月震惊全国的广汉起义而壮烈牺牲的。他在短短的革命一生中，洒尽了一个年轻的共产党员的鲜血，为革命的后来者树立了光辉的榜样。

我思卜式，我爱卜式

李司克，原名李孝本，化名索禺，四川省江安县忠义乡（现南井乡）人。1911 年 2 月，李司克出生在一个自耕农民家里。他六岁发蒙，自幼聪慧，勤奋好学。初高小读书时，他成绩优异，名列前茅。1925 年 8 月，他考入江安县省立第三中学读书。不久，因家境困难和社会动乱，父亲曾要他辍学，他却偷跑回学校，坚持读了下去。李司克思维敏锐，性格爽朗，不读死书。每当假期，他就参加农业劳动，接触贫苦乡邻。在其中学期间，他的兄长李剑彬当时是北大学生，1926 年参加共产党，常常寄《向导》《新青年》等进步书刊给李司克阅读。学校进步教师张介屏等对学生积极引导，也使李司克深受启发。加之目击列强侵略、军阀横行、租税繁重、盗匪猖獗、民不聊生等惨淡情景，他逐步感到时代青年的肩上负有救国救民的重任，注意力开始转移到社会活动上。1927 年秋，郑国猷、梁宗诚等几名共产党员来到江安省立第三中学，建立了党的支部。在学校党组织的培养教育下，李司克进步很快。他积极参加学生自治会、读书会，投入办壁报和择师运动。

在声讨蒋介石策动四一二反革命政变的罪行时，他公开喊出"打倒蒋介石""打倒军阀""打倒列强"的革命口号。这一年10月，为了抨斥江安女师灌输《女儿经》《烈女传》等陈腐教育思想，省三中编演了话剧《我们的学校》。在20多名男扮女装的学生中，李司克扮演校工，在台上高举"斥退牌"大呼："蒲二小姐反对教《女儿经》被斥退了，真是岂有此理！"这场演出引起全校轰动，学生们开始罢课，逼着校方废除了《女儿经》《烈女传》等课程，改教新文化课。李司克表演的这一幕现实针对性很强，尤其对江安女师师生的震动很大。

在一系列革命活动中，李司克逐步接受了"只有马列主义和共产党才能救中国"的真理。1927年冬，他在严重的白色恐怖下，毅然参加了中国共产党。寒假中，他和同乡校友刘受宣互相谈及自己光荣入党的情景时，都表示下一学期回校携手前进，共同战斗。

李司克入党以后，对封建迷信活动非常反感。1927年春天，他和同乡校友曹正中去南井普门寺游玩时，见到烧香拜佛的人络绎不绝，深有感慨地说："不破除迷信，我们国家就发达不起来。"他主张要大力发展科学，铲除封建糟粕。李司克更怀有深厚的爱国主义热情。他在1928年写的一篇《卜式论》的作文里，在文末写下了"我思卜式，我爱卜式"的含蓄而感情炽热的字句，赢得了老师和同学们的好评而争相传观。

欢迎我们的新社会

1928年秋，李司克考入当时的公立四川大学（四川大学前身）外文学院。他一面读书，一面在党的领导下，积极参与社会革命活动。他借自己住宿校外商业街公寓的机会，广泛接触同志和战友，讨论革命形势与任务。他还利用与哥哥李剑彬等创办的一个进步书店——星星书店，阅读大量马列主义的革命书刊。这些都使李司克在政治上更加成熟起来。他早已抑制不住向旧世界猛烈开火的战斗激情，常常奋笔疾书，以犀利的笔锋，鞭挞邪恶，宣扬反抗精神，唤醒民众，指点革命道路。他在1928年10月写的《青年应有的觉悟》一文中，批驳了那些"过时的人"，说那些人对革命青年的种种责难和诬蔑，是"无价值的胡说"。他明确指出：今天中国的青年"要明白我们所处的地位的重大，肩头上的担子是不能推诿别人的"，"社会是如何的希望我们，我们的工农同胞，现在正处于水深火热之中，我们应当如何赶快的站到我们的行列里来共同奋斗！"从中可见，李司克已经认识到工农大众"自己救自己"的巨大力量，选择了"知识分子同工农群众相结合"的正确道路。他在文章中还说："既然负了这样大的责任、这样大的使命，我们还能执迷不悟、昏昏沉沉地度日子吗？应当要做个时代的青年，去做我们做的事，尤其要紧的，就是要知道：今天的世界是什么样的世界？今天的社会是什么样的社会？整个中国是什么样的国家？"最后，他更明确地指出："所以要奋斗前进，以大无畏的精神来拥护我们的真理，认清我们的敌人，努力向它进攻"，"快快地团结起来，打倒社会的恶势力，澄清政治，建设自由平等的新社会、新世界"。李司克在这里所讲的要拥护的真理，正是马克思主义；要建设的新社会、新世界，正是人类社会最美好的社会主义和共产主义。

为了扫除社会上妨碍革命的种种错误思想倾向，李司克在1930年1月写的《洪水横流》一剧中，通过三个革命者"疯人A、B、C"的口，对那些在这"残忍、刻薄、冷酷的现实社会"和"这般险恶的国度里"，热衷于醉生梦死的消极颓废情绪，迷信"死生有命，富贵在天"，安分守己、贪生怕死的情绪，以及盼望反动统治阶级"转念"、施"恻隐之心"的人性观点等，进行了揭露和鞭挞。他强调要睁开眼睛，"瞧瞧这个人类社会，遍地都是腥血！遍地都是睁眼露齿、张牙舞爪、凶神恶煞的魔鬼！"同时，他通过"疯人A、B、C"的口，高声呼喊："兄弟，起来拼命！拼命！拼命！别自暴自弃哟！"他认定在这"人吃人的时代，除了自己起来救自己，用自己的热血杀条生路而外，没有再好的办法了！"，坚信"人的一生，就是奋斗，奋斗才有出路，奋斗才有人生的意义和价值"，"天地间没有永久不变的东西，只要奋斗，什么都能做到"。同时，他认为："我们要走进新的世界，光明灿烂的宇宙，绝对要经过血迹殷红的屠场，火焰冲天的境地，枪刀飞舞的战线，不然，简直是愚人做痴梦了。"他还认为，把希望寄托在反动派的"回心转意"上，"没有丝毫可能性。……譬如老虎是最猛烈残酷的野兽，你要求它饶恕，或许讲亲善，以免损伤于你，事实是绝对做不到的。"李司克正是这样勇敢地旗帜鲜明地坚持和捍卫了马克思主义的阶级斗争学说和无产阶级革命理论的纯洁性。

为了深刻揭露吃人的半封建半殖民地的社会制度，李司克在1929年11月创作的《悲愤》一剧中，通过"农夫"的口，喊出了中国工农大众反抗帝国主义、军阀官僚、土豪劣绅和一切反动派的最强音："一年劳累不得了，挣得钱来得不到，遭强盗抢劫去了。洋人就是大强盗，军阀就是第二号。贪官污吏剥削了，更有滥绅与土豪"，认定"这些东西不打倒，咱们子孙难伸腰"，"若是一齐打倒了，衣食住行样样好，庄稼汉快乐逍遥！"该剧还通过"洋人"唆使"洋狗"咬伤农夫的孩子和气倒农夫全家的悲惨结局，激起人民群众对帝国主义及其走狗的愤恨和反抗。

李司克在1929年11月写的《人类的罪恶》一剧中，刻画了穷寡妇"王嫂"卖儿子"阿毛"的惨痛遭遇，揭露了财主"宜平"劝王嫂卖淫、逼王嫂卖子的歹毒用心。他在剧中呐喊："将人作买卖，又是不是人类的罪恶，人间的羞耻事？"这对当年那些高唱"礼、义、廉、耻"的新老权贵们，无疑是一个辛辣的讽刺。

李司克对那些口头革命派也是深恶痛绝的。他在1928年10月写的《革谁的命》一文里，对那些高喊革命、行为反动的反革命两面派，给予了无情的鞭挞和批判。他写道："听说他是非常革命的，当孙中山先生逝世三周年纪念的那天，我还听过他一段很有革命精神的演说，虽说不上如何的正确，对于革命总算还有点认识，万不料他的革命精神是把演说当作一回事，要款子、迫人民又当作另一回事。"

李司克在许多著作中，都充分流露了他对革命的坚定信念和革命乐观主义精神。他在1930年1月写的《飘流曲》等诗歌中，就有："我去了，我去了，今后浪迹大涯！家庭的诘责，乡党的舆论，朋友的鄙视，这都是不值留恋和顾虑哟！""飘流生涯中的波纹，却是人生的音节弹奏。""墓前三杯酒浆，向我在微笑、招手！""快跑！那才是宿地：火山口、刀锋上！"

李司克深深懂得：只有打碎旧社会，才能建设新世界。他多么期望旧世界的覆灭和新社会的诞生呀！他在《洪水横流》剧的末场中，描绘出一幅翻天覆地、惊心动魄、令人神往的革命胜利场景，借群众的声音直抒胸臆：

　　　强者、暴者、魔鬼、怪物、象牙宫殿、牢狱。

……毁灭得干干净净，脚迹不留……

——泪花骚动，血花应和，汗花洪浪，火花击撞！

嗳嗳，这弥迷的宇宙，随即响着破天的洪雷！

——旧社会坍台了！坍台了！坍台了！

——痛快！痛快！痛快！

——欢迎！欢迎！欢迎我们的新社会！新世界！

——新世界开遍了灿烂的花儿！射透了万丈的阳光！

——快乐！快乐！快乐！

——光荣！光荣！光荣！

——火星的光芒，永远射映人家了！

万岁！万岁！万岁！

1929 年秋，李司克进大学刚一年。为了革命需要，他毅然辍学，接受中共党组织的派遣，前往彭县开展工作。他深入升平乡农吟寺等地区，聚徒设馆，团结周围农民和青年，宣传革命思想。他常以一些进步诗歌，如"莫去赏花玩月，去看那穷人世界斑斑血；莫去伤春悲秋，去看那魔鬼刀下累累骨！""用残汤剩饭喂不做事的猪，却不给辛勤耕田的牛……牛儿看见了，心里十分恼，提高了喉咙，骂人不公道""大中华，在东亚，人口多，土地大，谁要说我是睡狮，请来告一下"等，印发给学生做教材，激发青年的阶级觉悟和爱国主义热情，从而把斗争矛头指向帝国主义、军阀官僚、土豪劣绅和不公平的社会制度。这期间，他和当地的地下党员简宅安、简宁、朱沛然等一起成立了地下党支部，准备以九尺乡为据点，发展组织，开展斗争。

在火山口和刀锋上

1930 年，李司克又被派往广汉县工作，以广汉女中英语教员的公开身份，编入地下党支部，积极开展活动。该校校长雷志烈是地下党员，便有意识地安排他组织和指导学生阅读课外书籍，主要是革命进步书刊，这对提高学生思想觉悟起了很大的作用。他还利用课堂，一面宣传马列主义，一面联系实际揭露反动派的罪行，启发学生对敌仇恨和提高对敌斗争的积极性。1930 年 8 月，中共川西特委军委作出了积极准备广汉起义的决议，同时改组了广汉县委，指派张剑横（蓝静明）任书记，李索禺（李司克）负责组织，钱曼陶（文华）负责宣传。李司克经常出席县委所属各地支部会议，健全基层组织，积蓄革命力量。同时，他遵照上级党组织指示，密切与广汉军队支部配合，加紧进行武装起义的准备。这时，中共川西特委早已派出一批党团骨干打入广汉驻军陈离旅，在官兵中广泛发展进步势力，直至在该旅最高层中也建立了党的秘密外围组织，起义条件越来越好。

9月，按中共川西行动委员会决定，由曹荻秋、李司克、易心谷、刘连波、罗世文领导广汉起义，将广汉军队支部和党团县委合并为中共广汉行动委员会，并派出刘连波等组成前委到广汉县具体负责组织起义。经过一段时间的紧张筹划，起义时间定于10月25日午夜。具体分工是：原县委所属地方支部，负责起义的宣传工作，发动工农群众支援起义并参加红军。起义前夕，李司克积极参加撰写起义标语、传单，写了"打倒军阀割据的非法统治！""建立人民民主的苏维埃政权！""打倒帝国主义！""打倒军阀！""打倒土豪劣绅！""中国共产党万岁！"等口号标语。

起义当天晚上，李司克领导一个行动小组，负责控制县城电灯公司，在确定的起义时刻开、关电灯。同时，参与广汉县中学钟楼鸣钟和县政府门前放火，这是起义信号，全城内外统一行动。就这样，在党的领导下，以广汉驻军两个团为骨干，打响了起义的枪声，轰轰烈烈的广汉起义爆发了！起义军举起工农红军第二十六路军第一路军的旗帜，初步整编了队伍，组织了广汉苏维埃政府，并镇压了一批反抗起义的反动军官。

26日傍晚，起义军出广汉北门，经什邡向绵竹方面的大山区进发，准备进行武装游击。这时，四川军阀慌忙纠集了七个团的兵力前堵后截，进行围剿。起义军经过四昼夜浴血奋战，终以革命武装来不及整顿巩固，部分人动摇退缩，个别混入起义部队的将领率部投降变节而败北，起义遂告失败。这就是历史上有名的"广汉事件"（即汉州兵变）。

广汉起义纪念园

人民一定胜利！

起义军失败后，李司克同共产党员王少修一起转赴金堂，继续进行地下活动。11月初，他们不幸被金堂县政府缉捕，很快被押回广汉驻军二混成旅旅部。李司克虽经毒刑和利诱，在法庭上仍坚贞不屈，侃侃而谈：一面大讲我们党策动军队起义、开展人民革命战争的正义性；一面历数蒋介石背叛革命、投靠帝国主义、祸国殃民的罪行。正气豪情，溢于言表，审讯者为之语塞。他还痛斥审讯者说："你们配审讯我们吗？终有一天我们要审讯你们的！"

有曾在二混成旅任职的某某，自以为与李司克有同乡关系，想讨好上司，不知趣地跑来劝降。李司克当即痛斥说："我们是为国为民，你竟说成是误入歧途，你真糊涂，亏你还是一个大学生！"审讯者要李司克交出组织，他横眉冷对地说："你要枪毙就枪毙，没有什么说的。"

11月8日，李司克和王少修被二混成旅旅部判处死刑，布告枪决。敌人命令行刑人员使用"快中快"枪，即弹头着体进口小、出口大，以期更残酷地毁坏烈士的尸体。为了实现共产主义的崇高理想，李司克一身是胆，毫无畏惧，慷慨从容，视死如归。在赴刑场时，他沿途高呼"中国共产党万岁！""中国人民革命一定胜利！"等口号。行刑时，他仍骂不绝口。行刑后，凶残的敌人将其暴尸示众三日，不准家属收殓。李司克牺牲时年仅 19 岁。他不幸遇难的消息传来，他的同志、战友、学生、亲属和未婚妻，无不为之悲痛。他的高尚气节和不屈精神，永远为人民所传颂。

（邹加胜、易佑康编写，党跃武改编）

参考资料：

1. 四川省广汉市《广汉县志》编纂委员会. 广汉县志 [M]. 成都：四川人民出版社，1992.

2. 江安县志编纂委员会. 江安县志 [M]. 北京：方志出版社，1998.

3. 中共宜宾地委党史工委. 宜宾地区党史人物传：第 2 卷 [Z]. 1985.

4. 朱杰人. 用生命告诉明天：为新中国牺牲的烈士诗歌选 [M]. 上海：华东师范大学出版社，1999.

5. 刘吉. 永远的丰碑：党的英烈代表人物诗文选粹（上）[M]. 北京：光明日报出版社，2006.

6. 四川省德阳军分区. 德阳市军事志 [M]. 成都：四川辞书出版社，1999.

7. 萧三. 革命烈士诗抄 [M]. 北京：中国青年出版社，2015.

8. 古文，晨鹤. 革命烈士诗选 [M]. 长春：吉林人民出版社，1999.

9. 陈闯. 穿过岁月的声音：革命烈士诗吟赏 [M]. 武汉：长江文艺出版社，1993.

帅昌时烈士——向着光明前途去

帅昌时烈士

帅昌时（1895—1931），又名帅慧先、帅晦仙、帅伯岑，1895年出生于四川省青神县城厢镇（今青城镇），1931年牺牲于重庆巴县监狱，时年36岁。

在成都接受革命的熏陶

在20世纪初年，以恽代英、吴玉章、王右木、杨闇公等为代表，以当时的国立成都高等师范学校和五大专门学校（均为四川大学前身）为重阵，马克思主义在四川广泛传播，促进了一大批革命人士的觉醒，为四川共产主义党团组织的建立做好了思想和组织上的准备。1919年，帅昌时考入当时的五大专门学校之一的四川公立法政专门学校政治经济科学习。在学校读书期间，他和刘仲宣烈士同班，共同接受马克思主义和革命思想的熏陶，尤其深受俄国十月革命的影响，立志革新教育，铲除军阀、官僚等反动势力。在五四运动的影响下，他积极投入以白话文取代文言文、以革命文学取代封建主义旧文学的文学革命活动中。在1919年12月成都爆发的学商冲突中，他曾经与傅职教代表爱国学生起草给四川省督署的诉状。

1921 年，帅昌时毕业回到青神县，担任青神县乙种农业学校的教员，后又到眉山县立中学担任国文教员。

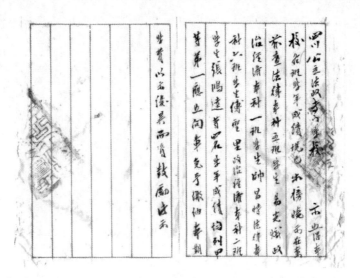

帅昌时在四川公立法政专门学校政治经济本科一班毕业给凭姓名籍贯清册中

帅昌时在四川公立法政专门学校牌示各班学年成绩第一免除本期学费的文中

帅昌时在四川公立法政专门学校本校造报政经一班第三学年毕业成绩分数表中

帅昌时在四川公立法政专门学校函省级各厅局请奖章录用 1922 年毕业生的函中

帅昌时在四川公立法政专门学校榜示新招预科录取出榜名册中

从精进学会到精进学校

1922 年冬，帅昌时、曾聿修、杨月辉、曾佐廷、涂函引、吴崇农等人先后从成都各个高等专门学校毕业回青神。为了在宣传新文学的同时秘密研究和传播马克思主义，他们建立"精进学会"，计划办成一个宣传新文化、新思想的骨干基地。帅昌时认为，无论办学会还是办学校，首先都要确定一个活动的主旨。精进学会的宗旨就是以学习、研究、宣传和实践五四新文化运动所倡导的科学和民主精神以及俄国十月革命送来的马列主义，团结众多的民主力量和敢于献身革命的志士仁人，推动青神县直至中国社会不断向前发展。凡具有进步思想、革命精神者，经两名会员介绍即可取得会员资格。精进学会的创立，为新文化及马列主义在青神县的传播奠定了坚实的组织基础，为青神县内思想进步的人士提供了用武场所和阵地，是此后青神县发生的一系列革命斗争的领导团队的基地。差不多同时，当地的胡竞嘉等人纠结了一伙地主豪绅和保守分子也要成立一个学会，名叫"崇本会"。他们说，要守住老祖宗留下的根本，就是要与精进学会对着干。

1923 年春，在开明人士陈凌江、帅正邦、李向阳、彭甫春、韦岫云、段玉章等人的支持下，帅昌时等以精进学会的名义，在小南门外关帝庙（今青神县城区粮库）创办"青神县私立精进小学校"（以下简称精进学校），校长由帅昌时亲自担任。帅昌时提议，学校应确立以"四化"为主旨的教学方针，即"平民化、知识化、科学化、劳动化"。要精益求精、奋进不已，办成名符其实的"精进"学校。曾聿修同意帅昌时的提议，进一步建议将"四化"教学方针具体化。所谓平民化，就是要"吃得苦中苦，不做人上人，与大众保持一致"。所谓知识化，就是要同愚昧作斗争，掌握更多的知识，正确认识世界和改造世界。所谓科学化，就是要相信科学，反对迷信，以真理衡量一切。所谓劳动化，就是要热爱劳动，通过劳动取得报酬，反对不劳而获的寄生虫。

精进学校首批招收初小一至三年级各一个班，学生共60余人。由于教室不足，有的班就在关帝庙内的神龛牌位下上课。第一学期，除学会会员唐绍禹因担任专职教师，每月能领取薪俸10元外，其余的如帅昌时、曾聿修、吴崇农、曾佐廷等均为义务教员，不取报酬。他们采用五四运动后新编的新学制小学课本，以白话文教学；提倡男女平等，实行男女合校同班；倡导良好学风，提倡为老百姓做好事、做大事而学习；反对迷信，反对封建礼教，禁止女生缠足；反对帝国主义，反对军阀，宣扬爱国主义。

当年七八月份，县里组织观察会考，全县公、私立学校全部参加。精进学校派10多名学生参加会考，无一落榜；考试成绩前十名中，精进学校占8名并获总成绩第一名。1924年春，精进学校一年级新班招生，学校规模扩大，在校生达100余人。学校再函请县教育局转呈立案。四川省署以第9370号准令，准予立案。同年下期，帅昌时接青神县教育局通知，调任县立小学校长。精进学会会员依照本校组织大纲，于9月2日开会，选举吴崇农为校长，同时成立了学校董事会，负责筹集经费，监督经费开支和处理学校一些重大事务，韦岫云任董事长。随后，经学校报请省教育厅批准，由地方政府每年拨给640元作为办校补助费，当时学校全年开支为4000元左右。同时，学校规定了征收学费的标准：高小每期不得超过5元，初小每期不得超过3元，不足部分由董事会负责筹募。对于特别贫困学生，学校酌情减免学费，对品学兼优的学生酌情奖励。1925年春，精进学校发展到5个年级5个班，在校学生人数增至近200人。开学不久，帅昌时回到家乡，到学校给高年级学生上时事课，讲解国民党第一次全国代表大会宣言、新三民主义的主要内容。他给大家介绍俄国十月革命，让师生吸取外界进步思想，给学校注入时代气息。他在校内开展了一系列有意义的活动，组织学生巡察团，利用课余站岗放哨、维持校内纪律，培养学生的组织能力和工作能力；还经常开展文娱活动，排演了取材于《水浒传》的《闹江州》等文明戏，组织学生上街游行，聚众演讲，揭露五卅惨案真相，宣传打倒帝国主义和抵制日货。

1926年春，精进学校增设了六年级，成为完全小学，其影响力和声誉已扩展到县外，学生人数达250多人。一些学生开始阅读新文化书刊，学唱《国际歌》，流露出向往苏联的思想。为配合北伐战争，学校组织学生上街游行演讲，宣传北伐战争的伟大意义和实现平均地权、节制资本、打倒帝国主义、打倒土豪劣绅的目标。1926年冬，精进学校为第一届高小毕业生王诺夫、吴德让等19人举行毕业典礼，演出了《广寒宫》《棠棣之花》等歌舞剧。由于学校办得颇有生气，而且教学质量又高，青神县教育局也不得不承认精进学校的成就。他们在同年7月10日给四川省教育厅的呈文中称："查该校确于民国十三年由职局呈请准立案。常年经费以征收费为大宗，每次招收新生，一般求学之子因该校征收学费不重而竞相入学……自开办以来，经费虽不堪充裕，开支亦能敷用。况教职员薪俸殊甘淡泊，且有纯尽义务者，均能热心教育，奋勉图功，声誉日隆，成效显著。迭经省视学考查，成绩优良，请奖在案。"

1927年，精进学校毕业的学生中有相当一部分考入了当时的国立成都师范大学附中，继续接受进步教育。暑假期间，在国立成都师范大学附中读书的王诺夫等人回到青神县。他们发现，豪绅杨少翔、胡竞嘉一伙纠集崇本学校毕业的一些学生，在街上张贴标语，攻击革命者，咒骂宣传革命者是"卢布虫"。帅昌时召集精进学校师生进行反击，老师们写标语，王诺夫画漫画，其他同学准备糨糊、刷子，趁深夜上街张贴。随后，精进学校与崇本学校用"撕与盖"的方法展开了张贴标语的拉锯战，一直持续到假期结束。

1928年春，精进学校董事会决定增办初中一年级一班，并将校名改为"青神县私立精进公学"，规定中学生每人每期交学费10元。自1923年春开办，到1929年结束，先后到校任教的专职、义务教师达50余人，其中有秘密共产党员19人。先后共办各级别班级18个，共培育学生745人，其中不少学生和教员还成了后来西山起义的主力与骨干。精进学校实际成了岷江河畔的小延安。青年学子们在这里受到进步思想的教育与熏陶，不少成为社会进步的先进分子，陆续踏上了革命的征途。

为革命奋斗到最后一瞬

1926 年，帅昌时加入国民党左派，被重庆莲花池国民党左派省党部委任为青神县党部筹建人。他积极组织开展革命活动，宣传国民党全国第一次代表大会所制定的"联俄、联共、扶助农工"三大政策。帅昌时与同县的人张卓新在城区东街创办"启文书店"，作为进步师生聚会地点。书店门面陈列教科书和一般图书，门面后有进步书刊，供进步青年秘密传阅。帅昌时被党组织调外工作后，书店停业。1927 年 2 月，由于组建国民党左派青神县党部工作出色，政治信念坚定，他在成都经时任四川省委常委的刘愿庵、刘亚雄等人介绍加入中国共产党。

帅昌时入党后，返回青神开展革命斗争。他和另一位共产党员曾聿修以青神精进学校为基础，更加积极地宣传马克思主义，发展党员，开展革命活动。他们经常组织师生上街张贴标语、漫画，反击地方反动保守势力的进攻，在斗争中发现培养革命的积极分子，并吸收其入党。首批吸收入党的有精进学校教师吴崇农、张云鹏和县立小学教师李康民、陈子清、张国安等五人。

1927 年 4 月，青神县的党员增加到七人，经中共成都特别支部批准，建立了眉山境内第一个中共支部——青神支部，由帅昌时任书记，曾聿修任候补书记。为加快组织发展，帅昌时辞去精进学校校长一职，集中时间和精力组织发展党员。为了方便群众，他们选择了城厢二村的宋锦成茶馆的小房间作为聚集地。地下党组织的纪律是极为严密的。各党小组只知道本小组的成员及工作任务，其他不许打听和知道。如果有党的事务需要联络处理，要有关系介绍才能联系。要调动小组成员的工作也得遵照上级的指示，下级成员不能随意选择。党支部成立后，组织党员开展活动，兴办平民夜校，传播马列主义，宣传革命道理，领导民众开展反帝反封建斗争，沉重打击了反动势力。1927 年冬，中共青神县党支部扩建为特别支部，帅昌时任书记。

不久，他根据省委决定，打入驻广汉的国民革命军第二混成旅，并担任了军事特支书记，领导军运工作。1928 年 12 月，他被调到中共四川省委任秘书长。1929 年 2 月 3 日至 6 日，他随同四川临时省委书记穆青到眉山县思蒙召开"上川南联席会议"，听取各县工作汇报，研究深入发动群众、坚持武装斗争等问题。会议期间，他整理了学习材料《暴动政策》，为党的武装斗争做出了积极的贡献。同年 2 月下旬，他在成都参加四川省党代表大会，听取了党的六大会议精神的传达报告。同年秋，他被调往川东做军运工作，在驻潼南双江镇的国民革命军二十军一旅任秘书。

1930 年 3 月，帅昌时被党组织派往重庆做军运工作，任国民革命军二十一军参事。不久，由于青神恶霸、重庆地方法院推事邵飞翱和重庆江北典狱邵尧生的出卖，他被逮捕入狱。中共重庆党组织闻讯后，曾多次设法营救，但未成功。他在狱中虽病魔缠身，却以顽强的意志与敌人作坚决的斗争。任凭反动派威胁利诱、刑讯逼供，他都没有泄露党的任何秘密。1930 年 12 月 15 日，他预感将不久于人世，在给他的夫人周文琳的遗书中写道："我之尸体，我已嘱咐亲信朋友，送入渝中大医院以作解剖与实验，作为我最后对人类之贡献。你如拘于礼教旧俗，还想将我尸体运回，而作那丑陋的悼场堪舆之举。那你就不是我的'知心'。无百岁不散之宴席，人之死生聚散本极寻常，希你应存达观向着光明的前途走去，言有尽而意无穷。"

在狱中，他还写了许多抒发胸臆的昂扬诗篇，《模糊血泪集》《雕笼中的小鸟》和《故园梦》等遗诗表现了他作为共产党人和革命文学家宁死不屈的高贵品德，其爱国爱乡之情和对共产主义的坚定信念跃然字里行间。

在《雕笼中的小鸟》中，他表达了为正义而"抗争""奋斗""贡献"的革命精神。

> 天色不过是刚刚破晓，
> 屋角的黑影还未全消。
> 是什么不怕早的东西
> 提起嗓子在耳边狂叫。
> 我探头在窗口瞧瞧
> 啊，原来是一只笼鸟。
> 她扑剌剌地狂钻乱跳，

她似乎想脱笼而逃。

她住的是美丽的雕笼，

她吃的是甘香的食品。

她不怕暴雨狂风，

她不怕敌人欺凌。

她应该安己守分；

她应该感谢主恩！

"喁啾凄咽"

她宛（婉）转不住地悲鸣。

鸣声中呀，

充满着许多不平。

时而幽悠的好象（像）哀吟，

时而扬励的好象（像）怒嗔。

是泣诉命运的不幸？

是诅咒生活的矛盾？

是揭穿人类的隐私？

是提出正义的抗争？

啊，自由是她的第二生命，

不自由毋宁不生。

"凄咽喁啾"

雀儿呀！且罢休！

"喁喁啾啾"

"凄凄咽咽"

莫要啼破了歌喉。

歌喉纵啼破，

知音何处求？

雀儿呀！且罢休！

悲鸣复悲鸣，

我要悲鸣到声嘶力竭，

我要奋斗到最后一瞬，

我不哀求谁人可怜！

我不妄想意外侥幸！
我只有贡献我所有的努力，
在宇宙呀！
留些儿啼痕！

1930 年 8 月 1 日，他在囚室写下《一片残了的荷叶》。在某种意义上，这首诗可以说是他以"荷叶"自喻，对自己人生的总结。

小憧送来了一包馒头，
馒头外裹着残荷一片，
我品味着残荷的清香，
引起心头的忧思无限！
你原来池中的产品，
特具有"纯洁"的性根，
出污泥而不染，
你和花是君子的化身！
你当着熏风时节，
你张张浮在水面。
是鱼儿的小伞，
是花儿的良伴！
常覆着鸳鸯露宿；
常抱着好花长眠。
那临风舞姿的蹁跹；
那当月芳魂的招展。
你值得游人的流连！
你值得诗人美赞！
我相信你有生命。
我相信你有灵魂；
更相信你的一切，
都是美满的象征！
可是呀！如今——

你为何也踏进了监门？
你是被人们的踩蹿？
你是表囚徒的同情？
这儿如黑暗的地狱，
无池中皓月的光明；
这儿如污秽的厕所，
无池中花气的清芬。
满目疮痍的惨景，
充耳是病者的呻吟！
日间呀！
未睹过青白的天日！
夜来呀！
有无数鬼脸的狰狞！
你也来尝尝这铁窗的风味，
你也才了解现代的人生！
你的精神呀——
如何我一般的萎顿！
你的容颜呀——
如何似我一样的瘦损！
你只残余一缕清香，
也给了我无上的安慰——
温存！
我深深地谢你多情，
你和我是同病相怜的知心！
你横顺约六寸几分，
我把你当着一幅手巾。
将我这滴滴的血泪，
染成那斑斑的泪痕。
这是我心头的创伤，
要借你代为表征，
我将你摺（折）成数叠，

权寄与呀——

那青江的伊人！

1931 年春，四川大学校友帅昌时在重庆巴县监狱被敌人迫害致死。他实践了自己的人生理想，为党和人民献出了宝贵而年轻的生命。1981 年 12 月，经四川省人民政府批准，帅昌时被追认为革命烈士。

（中共青神县党史县志办公室编写，党跃武改编）

参考资料：

1. 革命烈士（帅昌时）［EB/OL］. http://www. scqs. gov. cn/info/12425/127095. htm.

2. 眉山市地方志办公室. 眉山市人物志［M］. 北京：方志出版社，2013.

3. 乐山市地方志办公室. 乐山历代人物传略［M］. 成都：巴蜀书社，1990.

4. 眉山市政协. 眉山名人［M］. 成都：巴蜀书社，2004.

5. 青神县县志编纂委员会. 青神县志［M］. 成都：成都科技大学出版社，1994.

张涤痴烈士——共产党员精神在

张涤痴烈士

张涤痴（1885—1930），四川省威远县人，广州农民运动讲习所第六期学员。1927年，他回到威远建立地下党组织，是中共威远县委第一任书记，领导农民开展了轰轰烈烈的农民运动。1930年10月，他被国民党枪杀于荣县，时年45岁。

寻求救国真理

张涤痴又名张渺，1885年8月31日出生于四川省威远县永民乡清水塘。父亲张孝源是个勤劳老实的农民，他们家靠祖辈挣下的一点田产度日，生活比较拮据。张涤痴弟兄三人，他排行居长。父亲为使儿子成为能写会算、不受人欺负的人，全家节衣缩食，千方百计送他到私塾读书。在张涤痴14岁时，父亲因病去世。从此，家庭重担过早地落到了他身上，使年幼的张涤痴明白了许多事理。他白天刻苦学习，放学回家就帮助母亲料理家务，晚上还在油灯下发奋读书。由于他学习成绩优异，又孝敬老人，因此很得老师喜爱和乡邻称赞。后来张涤痴被推荐做了塾师，他除教书之外，还自学医书，常给人看病治病。

　　1904 年，威远县创办了第一所新学堂——县立高等小学堂。年近 20
岁的张涤痴，闻讯立即辞去塾师职务，考入新学堂求学。在那里，他学习
国文、数学、自然和地理，受到新思想的启蒙教育。小学结业后，他回到
家里，因在家里待不住，曾提着药箱，当过走乡郎中。

张涤痴在川军赖心辉部担任地形教官

　　1910 年，张涤痴离家来到成都，考入当时的四川公立法政专门学校
（四川大学前身）学习。这时，民主革命思想在四川广泛传播，反清斗争
如火如荼，他受到了一定的影响。特别是在推翻清政府建立了中华民国
后，他曾为之振奋，抱着极大希望，离开四川公立法政专门学校，转而考
入四川陆军测绘学校，希望能干一番更大的事业。毕业后，他被分到陈洪
范任师长的四川陆军暂编第八师测绘班任班长，负责川南地区的地形测绘
工作。这项"高技术"的工种，酬劳很高，让他挣下了人生第一桶金。没
多久，他就在家乡铺子湾、献家坝、丁家庙等处购置了 150 石租的田产，

在威远已是很有名气的"张班长"了。

1921年，恽代英到川南师范学校担任教务主任，在寒假期间组织师生演讲团到川南几个县考察社会状况，向民众进行爱国宣传，传播革命思想。当时在川南从事测绘工作的张涤痴深受影响。他从恽代英的宣传中得到了启示，懂得了一些革命道理，充满了对革命的向往。

1923年，张涤痴离开了测绘班。7月，他受聘到内江，任四川边防军陆军第一军官讲习所地形教官。此时，他也更加关心时局，订阅了《东方杂志》《新青年》等杂志，阅读了大量进步书籍。

投身革命洪流

1925年农历四月，张涤痴回到家乡，用30块银圆为一个因家境贫寒被沦为童养媳的女子刘素琴赎身，并与她结为夫妻，日子过得和睦美满。然而，张涤痴却过不惯这种平静无为的富绅生活。恽代英的演讲时时萦绕在他耳边，激励着他去探索新的生活之路。这年底，他得知广州农民运动讲习所在全国招生的消息，毅然卖尽租谷，带上行李，告别家人，第二次只身外出，寻求革命真理。

1926年春，张涤痴经历千辛万苦，找到了正在广州的恽代英，进入了广州农民运动讲习所学习，后又经恽代英介绍加入了中国共产党。在广州农民运动讲习所里，他接触到了许多革命者，系统地学习了革命理论，思想觉悟提高很快。他曾写信告诉妻子，要自食其力，特别嘱咐她要管好山林。若缺柴烧，也只能剔树丫、捞树叶，树子是要留给农民兄弟的。学习期间，他还经常同学员们一道深入农村做调查，海丰、陆丰等地翻天覆地的农民运动给他以极大的鼓舞和启示。广州农民运动讲习所结业后，张涤痴被留在国民革命军总政治部后方留守处，在孙炳文领导下工作。

1927年四一二反革命政变后，张涤痴被迫离开广州。7月，他受党组织派遣，回到了家乡威远。

创立农民协会组织

张涤痴回到威远后，一面积极与荣县城区党小组组长陈家钰取得联系，一面在内江以表弟周绍基染房（今城北大坝口）为联络点，以白鹤坝、白塔山、铺子湾等地为主要活动地区，开展工作。尽管他在城内东街租赁有房屋，可他很少待在家里，经常是身着粗布衣裳，戴着草帽下乡，深入到农民中了解情况，做细致的工作。他深夜在山坡、荒岭、岩洞等地召集农民弟兄开会，向他们宣讲种粮食的人为什么没有饭吃，讲贪官污吏和地主豪绅不管天年好孬，照旧收满租，还加租加押的不仁与残忍。他讲军阀盘剥人民、预征军粮、搜刮地皮时，竟连杂粮、稻草、鸡鸭都要提尽，整得穷人年三十晚上还要"香火坐箩篼"（搬家）的罪行。他讲庄稼汉一样的是人不是牛马，一样的要养儿育女，讲农民要改变自己的生活，只有团结起来，与那帮吸血鬼作斗争才是唯一出路的道理。他也针对胆小农民怕要求地主减押，反而没得田种的顾虑说："俗话说得好，'一根筷子容易折，一把筷子就难折'，只要大家抱成团，建立起我们自己的组织来，同那些土豪们斗争，就是天干水涝的，我们也可照田纳租，不让他们加租加押。等我们力量强了，还要打土豪，分田地，当家作主人呢。"张涤痴的一席话，深深打动了穷苦农民的心，大家都感到新鲜和振奋。一些积极分子就开始在亲朋好友中活动起来，秘密农民协会相继在白鹤坝、两河口、铺子湾等地建立起来了。

张涤痴从广州回来后，还常常鼓励年轻的妻子同自己一道革命，并告诉她要多参加会议，多联系群众，多了解群众的疾苦。刘素琴在丈夫的带动下，思想觉悟提高很快。她走街串巷，联系了一些妇女积极分子，和她们一起趁天黑时到大街小巷贴标语、发传单，为张涤痴他们开会望风放哨。张涤痴也常东奔西跑，领导农民协会骨干制订计划，商量办法。为了避开敌人的注意，他带着妻子经常夜宿岩洞和草棚。刘素琴害怕时，他就给她讲故事和笑话，鼓励安慰妻子。妻子见他瘦了，胡子又黑又长，十分心痛，张涤痴却拍着胸脯说："我这付（副）身子，一年半载是累不垮的，只要能多团结几个农民兄弟，多让他们懂得一点寻求解放的道理，累一点，瘦一点，又有啥子关系呢？"在张涤痴的努力下，1928年初威远的几个区乡都建立了农民协会组织。

为了进一步发动群众，扩大影响，张涤痴还教农民兄弟们唱《庄稼佬之歌》："我们起来，打土豪，杀劣绅，田土拿来大家分，……没收土地归于工农兵。"通俗易懂的歌词，深深打动了农民兄弟的心，张涤痴得了群众的拥护和爱戴。同时，他利用绅士身份，广泛活动在城内政界、知识界，对一些同情革命的进步知识分子和开明士绅晓之以理、动之以情，使他们由同情革命到走向革命。张涤痴还应县立高等小学（今威远师范学校附小）的邀请，给学生做报告，讲他在外地的所见所闻，传播民主爱国思想，提倡男女平等。他讲得生动活泼，吸引了不少好学上进的学生。为了宣传革命，他曾到衙门内二堂里，站在高凳上向县衙内的公务人员，宣传党的十大纲领等内容，揭露社会的不合理现象。许多人都称赞说："张班长真是个有胆有识的硬汉子。"

勇斗贪官污吏

董竞存是威远一霸，人称"董太师"，大家把他比作东汉时把持朝纲、无恶不作的董卓。他从民国初年当上县议会议长后，就网罗党羽，培植亲信，操纵机关法团，为非作歹达十余年之久。张涤痴看清董竞存是开展革命活动的大障碍，决心扳倒他。

1927 年 9 月 16 日，张涤痴联合各界人士 24 人，具名向县知事公署和省军部控告董竞存"凭借议长，挟官虐民，握款不算，盘踞学署"，"借官势鱼肉人民，多多筹款，不念人民之苦，图谋军阀之欢心，博咨议之头衔……又复混乱是非，颠倒黑白，诚为县人代表中之蟊贼也"。他们要求将董竞存的账目交由民众监算。董竞存十分恐慌，一面狂妄声称"法律无过问敝会权限之辈，殊无召集查算理由，恕不遵办"，一面又指使爪牙散布公民代表是受共产党指使的，企图吓倒其他代表，孤立张涤痴。张涤痴毫无畏惧，又具状揭露董竞存的险恶用心，指出："凡县人能指出其奸恶之状，主张正义者，无不想尽办法，嗾使其党羽……借图中伤，期保旧势"，请求县衙立即剥夺董竞存议长名义，示令从速交账，不然"激怒县人公愤，县人等非将该竞存扭办惩究"。张涤痴从 16 日到 22 日连续控呈，七天六状，致使 24 军军长刘文辉不得不训令威远县知事，说张涤痴等人呈文"所指各节，均有事实可证"，"分别依法认真究办，毋得瞻徇"。在上司和社会舆论的压力下，县知事不得不批准以张涤痴为首的公民代表 26 人参加对滥支浮账的公开清算，致使为恶十多年的县议长董竞存在众怒声中被迫"卸任"。

1927 年，上北区甲首李成林趁省军部征收烟苗税、印花税之机，对农民进行敲诈勒索，从中渔利，逼得农民怨声载道。张涤痴挺身而出，公开支持佃户刘福兴拒交勒派枪款，并轰走李成林。为此，甲首、团正和团总气急败坏，串通一气，捏词指控张涤痴"抗捐殴辱征收人员"。面对猖狂至极的李成林一伙，张涤痴非常巧妙地借用了省军部的明文布告"凡办团人员不准于呈准有案之旧额外，新筹团款，加重人民负担"，"更不准勒派枪款，企图其中渔利，欺压小民"之规定，反控甲首一伙徇私枉法的行为，呈请县府究办李成林一伙私法的行为，并严正指出："人民之被团、甲串同祖陷，欺压剥削，非法论杀，如不予究办，军部及钧署以后之布告，何以昭信于人民？"

张涤痴有理有节的斗争，得到县中各界人士的同情和支持，农会也趁势发动群众再三要求公开摊派事实，县知事碍于众怒难犯，又理屈词穷，对张涤痴不敢究办，此案便草草收场。

建立党团组织

张涤痴领导的一系列斗争，团结了群众，教育了人民，培养了骨干。他因势利导，建立了农民协会、青年益民社、妇女联合会和船员工会等组织，使革命力量得以壮大。1928年，上级党组织先后派来地下党员孔方兴、刘执中、张学成、蓝明忠等配合张涤痴的工作。这年春，经中共川南特委批准，威远建立了共产党的第一个组织——中共威远县特别支部，张涤痴任特支书记。8月，张涤痴代表威远地下党组织参加川南特委在泸州召开的扩大会议，会后积极贯彻党的八七会议精神。1928年底，经中共四川省委批准，在特别支委的基础上，建立了中国共产党威远县委员会，隶属川南特委领导。张涤痴任县委书记，下设县城中区区委、镇西区委、新场区委。县委机关先设在特别支委旧址，次年夏先后迁至城郊白鹤坝、镇西石嘴山。

地下斗争的环境是险恶的，工作也紧张繁忙。即使在这种情况下，张涤痴也不放松学习。他从广东回来没有给妻子买一件首饰，却冒着生命危险带回来两大皮箱的书籍。他酷爱读书，就是吃饭都把书和要写的东西摆在桌上，边吃边看，边想边写。有时想起一件事，马上放下碗就写，写好了才又端起碗吃饭。农民协会散发的传单、歌谣以及其他文件、标语的起草都是在这种情况下完成的。张涤痴有一个外甥聪明伶俐，爱好学习，但由于家境贫寒，失学在家。张涤痴得知后，就把外甥叫到跟前，询问他读了哪些书后，还翻看他的习字本，语重心长地对他说："只要你好好读书，舅舅就是借钱卖米也要盘（四川方言，即抚养的意思）你，今后一定会派上大用场的。"

虽说张涤痴家境较富，但他一家的生活却一向很俭朴。张涤痴的母亲70岁高龄还下地干活，一家人都很勤劳。张涤痴除了买书花些钱外，很少把钱花在生活上。衣服穿烂了，妻子多次劝他做件新的，他总是笑着说："还是帮忙补上几个巴巴（补丁），巴巴补厚点，穿在里头还热和些呢。"平时炒菜连油都舍不得多放，他边炒边说："只要炒得嫩，还是照样好吃。"亲戚朋友都说："张涤痴这样吝啬，把钱都拿到哪里去了？"母亲看到家中的粮食日渐减少，也怀疑儿子用来干见不得人的事，就追问他。张涤痴避而不答，母亲十分生气，就哭着拉他到族长那里评理。族长是个老学究，素来对他不满，骂他说："你在外头上蹿下跳，如你张涤痴都能跳出个名堂来，我手板心煎鱼给你吃？"张涤痴望着族长却自信地说："我就是要跳出个大名堂来……"事后，张涤痴对母亲说："娘，你相信我不会做坏事，那些东西都用之于劳苦大众去了。"是啊，县委机关设在城郊周绍基染房内，开会和研究工作的同志们吃的用的几乎都由张涤痴筹集。没有米就叫人从家里挑来。腊月间做的80多斤腊肉，还未过正月十五就吃完了。张涤痴还根据党组织关于"剥夺剥夺者"的指示，组织人在自贡拉有钱人家的"肥猪"，多方为党筹集资金，抓住有利时机开展打击国民党反动派的斗争。

1928年底，国民党为了继续"清党"反共，在全国各地设立了党务指导委员会，实行党员登记。张涤痴利用当时威远国民党员中存在的矛盾，派地下党员打入其中，进行分化工作，激化国民党内部矛盾，致使党员登记工作无法进行，并在第五区党部成立之日，亲自带人冲击会场。其后又组织一批精壮农民协会会员，在一夜之间捣毁了国民党县党部，打烂门窗，砸烂招牌，打伤党部执委，使工作人员一时星散，党务工作从此一蹶不振。

张涤痴的公开活动，早已引起了国民党威远县政府的密切注意。县中贪官污吏们更是对他恨之入骨，欲将他逮捕法办。1929年正月，国民党反动派以"抗交军款"为名逮捕了张涤痴，激起了广大群众的愤怒，引起社会各界的不满。为营救张涤痴，中共威远县委召开扩大会议，决定利用军阀杨森同刘文辉打仗，调走荣县、威远驻军的有利时机，调集为我党所掌握的各区民团武装包围县城，组织农民协会、工会等上千人举行游行示威。同时，又活动县中开明人士、省参议员胡素民先生出面调停。县知事眼见四面受困，十分恐慌，被迫答应释放张涤痴。张涤痴借助民众力量和各方面的支持，向县知事公署提出：取消预征粮和牛头税，否则拒不出狱。县知事在民威武力的胁迫下，只好答应条件。3 月 15 日，人们兴高采烈，敲锣打鼓涌到县衙迎接张涤痴，并给他披红花，大放鞭炮，庆祝抗捐斗争的胜利。

曾经的中共威远县委机关所在地白鹤坝

掀起农民运动高潮

张涤痴出狱后，将中共威远县委机关从大坝口染房转移到白鹤坝，继续从事地下活动。在以他为首的县委领导下，1929 年威远的革命斗争达到高潮。这年春，被撤职的下东区团总林绍先，行贿上级窃取县团练局长职位，县人无不气愤。张涤痴领导上千群众，手持各色小旗，进城示威游行，高呼"打倒土豪劣绅""坚决不要林绍先接任团练局长"。口号声此起彼伏，声震城空，把正得意而来的林绍先吓得仓皇逃回山寨。其后张涤痴又领导农民打行罢市，反对奸商盘剥，争取农民自由贸易。在镇西双青铺打死差人营救被捕农民协会骨干，在梧桐乡金竹滩杀死恶霸地主范志澄，在镇西一把伞截打知事魏宗晋等一列斗争，打乱了国民党县政府的统治秩序，县知事在给刘文辉的呈文中，惊呼"一旦堤防溃决，危险万状"，认为"共产党首要未除，随时随地，皆有复起之虑"。1929 年 9 月 3 日的《商务日报》报道："荣威农民协会，因共产党从中利用煽惑，致势焰嚣张已极，于是焚烧抢杀，无所不至，使地方情势陷于赤色恐怖。"这时，敌人也从重庆党组织遭破坏中得知"张涤痴为荣威两县著名共产党的首领"，对他恨之入骨，先以"共产"之名，没其田产 90 石"充公"，接着又出赏银 1000 元四处捉拿。

为镇压轰轰烈烈的农民运动，1929 年 7 月刘文辉又增派一个旅驻扎荣县和威远两县。同年秋，镇西区委负责人刘执中、傅品三先后被捕，我地下党员、农民协会和妇女会骨干几十人被抓，革命力量受到严重削弱。险恶的环境使张涤痴工作十分困难。为了保存革命力量，组织安排他转移去成都，派凌朝宗回威远代理县委书记。

1930 年 7 月，中共四川省军委在江津召开会议，贯彻"立三路线"，组织各地农民暴动。会后，张涤痴被派回威远领导"荣威暴动"。动身时，一位知心的同乡劝他不要回去，说威远到处贴有缉拿他的告示。张涤痴却风趣地说："生而何欢，死而何惧？我的儿子都跑得赢道士了，还怕什么？"张涤痴回威远后，隐蔽在镇西永新乡石塔嘴地下党员官三阳家，和县委的同志一起研究组织农民暴动事宜。在筹备农民暴动经费的过程中，他找来佃户王竹丰，讨要租子。他并不知道，早在前一年，他家有 90 石租田产已被没收充公，租谷由政府征收局收了。王竹丰不愿再交，到城里向恶霸刘均如诉苦，无意间暴露了他的行踪。刘均如为得赏银，随即向县府密报。

革命一定会成功

1930 年 10 月 1 日，中共威远县委代书记凌朝宗在自贡参加军事会议，回威远即到官三阳家与张涤痴商量暴动工作，至夜深才睡。第二天天刚蒙蒙亮，刘均如带着团练兵几十人突然包围了官家，张涤痴不幸被捕。敌人怕他逃脱，残忍地用铁丝穿过他的锁骨，将他绑在筏竿上。张涤痴忍着钻心的疼痛把妻子叫到跟前，对她说："我夫妇俩就这样了，我不晓得今天死还是明天死，你要把娃儿盘大……以后革命成了功，你们会过好日子的。"为了掩护一同被捕的凌朝宗同志，张涤痴独揽责任于一身，对敌人说："你们拿我去领偿（赏）好了，他是官家来的客人，你们不要拖命债。"敌人不认识凌朝宗，更不知其身份，便将他放了。

抓住了张涤痴，县长焦尹孚如获至宝，亲自审问。他要张涤痴说出哪些是共产党的人。张涤痴自豪地说："威远除反动分子焦尹孚外，都是干共产党的人，你抓不完。"焦尹孚心里气恼，嘴上还是皮笑肉不笑地说道："张班长，你是有钱有身份的人，何必要同那帮穷庄稼汉闹事呢？"张涤痴用锋利的目光瞪着焦尹孚，狠狠地说："哼，就是要打倒你们这些只知刮民膏、喝民血的贪官污吏！"接着，他又蹬足大骂焦尹孚一伙的所作所为。焦尹孚气得脸色铁青，恼羞成怒，下令将张涤痴的脚筋割断，用"烧长烟杆""背红背篼"等酷刑折磨他，妄图使他屈服。张涤痴的妹妹探望他时，他已被折磨得脸色蜡黄，额上嘴角都流着血，衣服、裤脚血迹斑斑。妹妹看到哥哥被整得这样惨，忍不住放声痛哭："哥哥，我叫你不要去管闲事，你就是不听我一句啊！"由于妹夫家姓蒋，张涤痴安慰妹妹说："蒋大姐不要哭，我是会出来的，我死了也会有许多人起来的。"敌人从张涤痴嘴里捞不到半句党的秘密。10 月 8 日，敌人用铁链将他捆在筏竿上，准备押往荣县余中英旅部。一出监狱，张涤痴忍着钻心的疼痛，高呼"革命不怕死，共产党员不死精神在"。他沿途向群众宣传："受奴役受压迫的人站起来，团结起来革命，打倒国民党"，"你们不要看把我整成这样就不干了，不要怕，要继续干到底，革命一定会成功的！"群众看到张涤痴这样英勇坚强，无不流泪赞叹。

10 月 4 日，荣县地下党组织领导了闻名全川的"八一三"农民暴动，暴动的农民协会会员缴获了团防武装的枪支，处决了一些土豪劣绅。农民暴动使荣县知事钟干和驻军旅长余中英惶恐万分，原想将共产党要人张涤痴押往成都报功领赏，但这时又怕途中有误，于是改变了计划，决定提前将张涤痴杀害。

10 月 5 日中午，敌人把已经被折磨得不成人样的张涤痴拖往刑场，并用布条勒住了张涤痴的嘴，但宁死不屈的张涤痴仍然竭尽全力高呼："打倒国民党，共产党万岁！"在荣县席草田，临行刑时，地下党员戴沚介拼命挤拢去，听到了张涤痴最后的微弱呼声："共产党人是杀不完的……"

党的好儿子、四川大学校友张涤痴同志虽然牺牲了，但他无私无畏的革命精神却永远铭记在人们心中。他领导威远人民向反动派进行的可歌可泣的斗争事迹永远为人民传颂。张涤痴烈士墓位于威远县新店镇永红村，坐北朝南，冢为椭圆形，高1.3米，墓台用三层条石砌成弧形，前立石碑，上刻"永垂不朽"和墓主生平事迹。

（中共威远县委党史办公室编写，党跃武改编）

参考资料：

1. 内江新闻网. 张涤痴："工农劳苦大众要团结起来！革命一定会成功！"〔EB/OL〕. http://www.scnjnews.com/special/2021-03/05/content_6097368.htm.

2. 澎湃新闻. 内江党史故事｜风雨如磐播火种，初心不改励斗志——张涤痴烈士事迹〔EB/OL〕. https://www.thepaper.cn/newsDetail_forward_11787669.

3. 中共内江市委党史工委办公室，中共内江市委组织部. 内江英烈：第1辑〔Z〕. 1986.

4. 中共威远县委党史工作委员会. 中共威远县地方党史资料汇编：1920年—1949年 第1辑〔Z〕. 1987：116—119.

5. 中共威远县委党史工作委员会. "共产党员人死精神在"：张涤痴烈士传略〔J〕. 四川党史月刊，1988（2）：21—26.

何秉彝烈士——鲜血抛洒大上海

何秉彝烈士

牛市口迎灵悲悼校友

昔日上海的南京路是十里洋场上最热闹之处，是冒险家的乐园，也是帝国主义者横行霸道的地方。1925 年 5 月，在那里发生了震惊世界的五卅惨案。许多中华英烈倒在敌人的枪口下，躺在血泊里。其中一位是当时的四川公立工业专门学校（四川大学前身）应用化学科校友、五卅运动的组织者之一，时任共青团上海地方委员会组织主任的川籍热血青年何秉彝（1902—1925）烈士。

一年之后的 1926 年 5 月 28 日，从四川公立工业专门学校皇城校舍经东御街、东大街直到牛市口，十里长街，万人空巷，全校师生都自发停课去迎接从上海运回成都的何秉彝烈士灵柩，灵柩停放于皇城至公堂，由全市学生代表轮流守灵。随后，由四川全省学生联合会出面，在少城公园隆重召开了追悼会，声讨帝国主义和反动当局的暴行，气氛凝重悲壮。

学府求索，忧国忧民

何秉彝，号念兹，笔名冰夷，1902 年生于四川省新繁县（今成都市新都区）清流乡黄水泉村。

1914 年，其家迁居四川省彭县城关联生巷，何秉彝也从清流场转入彭县闽省小学学习。1918 年，他考入彭县中学，勤学善思，成绩优异，为人刚正，好打抱不平。一次，学校的食堂经理舞弊，他发动同学齐起反对，使其不敢妄为。

1921 年春，何秉彝中学毕业后考入四川公立工业专门学校（即公立四川大学工科学院前身）应用化学科就读，企望实现"科学救国"的抱负。他在校学习勤奋，好学善思，刻苦探寻，成绩甚佳。当时，四川公立工业专门学校是成都市学生思想活跃、学生运动勃兴的地方之一。四川早期的革命家、后任中共四川省委书记的廖恩波，就曾在这所学校求学，担任学生会主席、四川全省学生联合会主席。当时，王右木已在成都建立了马克思读书会和社会主义青年团组织，在学生中宣传马克思主义，并积极发展团员。何秉彝在学习课程的同时，参加了恽代英、萧楚女在四川组织领导的进步青年团体"学生励进会"，并如饥似渴地阅读进步书刊，如《新青年》《星期日》《四川学生潮》等，受到新思潮的极大影响。特别是从王右木的《人声》报，他接触和接受了马克思主义的思想和观点。他与同学廖恩波、余泽鸿等人在学校中组织"青虹社"，学习马克思列宁主义。同时，他积极参加成都地区学生反帝爱国抵制日货，反对军阀摧残教育，要求教育经费独立运动的斗争，接受了斗争的洗礼。在耳闻目睹四川军阀混战连年后，社会凋敝、政治腐败、经济落后、兵匪横行和文教闭塞的黑暗现实后，忧国忧民的何秉彝深感"科学救国""工业救国"的路是艰难的。他认为，挽救四川，挽救中华责任重大，要探寻救国救民的真理，必须走出去。

怀着这样的愿望，1923 年秋天，他离开学校，乘船东出三峡，来到十里洋场的上海，于年底插班转学到同济大学数理科。在作为中国共产党的诞生地的上海，他进一步接触共产主义新思想、新文化。他在给父母的信中说："赴沪求学和组织彭县旅沪学会之最大目的，要对故乡有所贡献。"他多次写信鼓励弟妹、亲友冲破束缚，出外求学，追求真理。

转战上海，寻求真理

何秉彝到沪不久，经过多方了解，对有党、团中央负责人邓中夏、瞿秋白、蔡和森等任教的上海大学发生了极大的兴趣。有时，他特意去上海大学听邓中夏、瞿秋白、恽代英等人的讲演，思想开始转变。他认识到，中国必须推翻帝国主义和封建主义。于是，他写道："现在的中国，正是豺狼当道，军阀用事，彼争此夺，四分五裂的时候，无论什么官府，什么特权，没有不是他们——军阀掌握的，受他们的支配与宰割。"他决心改变过去的志向，由学理工改为学文，并准备转学上海大学。对此事，其父母亲友虽一再来信阻拦，但何秉彝均矢志不移。他回信给父母亲友说："目前我国外遭帝国主义之侵略，内受军阀之蹂躏，吾人陷此水深火热之境地，欲求救国救民，舍行国民革命外，其道无由。致力自然科学，虽有相当价值，然非此时所需也。"

1924 年 8 月，何秉彝转到上海大学社会系学习。从此，他与邓中夏、瞿秋白、恽代英等共产党人开始直接接触。他一面刻苦学习马克思主义，一面积极参加反侵略、反压迫的斗争。

同年 10 月 10 日，上海各界在河南路天后宫举行辛亥革命 13 周年纪念大会，何秉彝与同学黄仁、郭伯和等前往参加。国民党右派破坏会场，雇打手殴打革命群众。黄仁被推下七八尺高的讲台，脑颅破裂，当场昏迷，次日死亡。何秉彝极其悲愤，在 10 月 27 日上海大学举行的追悼会上，声泪俱下地讲述黄仁同学事迹，愤怒声讨帝国主义和国民党反动派的罪行。事后，他在《国民日报》副刊《觉悟》上，发表了《哭黄仁烈士》的诗：

> 我的爱友——黄仁呀！
> 怎么连半句话也不向我道及，
> 便慨然长逝？
> 究竟是无话可说，还是不能说呢？
> 方你被一班民贼毒打的时候，
> 怎么你全无抵抗地、由他们尽量摧残？
> ——呀，你无力抵抗！

难怪你死也不肯瞑目！
你死了，做革命之先锋，
为青年的模范而死了！可是那，
军阀走狗的儿女们；
反丧尽心肝，
蒙蔽着狗腹，
讥笑你是无谓的牺牲；
你知道否？
假若你的魂灵有知，
请你将他活捉去罢！

你死了
做革命之先锋，
为青年的模范而死了！可是，
你的老母娇妻，弱女幼妹
还在祝你成名，
盼你早日归来；
我委实不敢通知他们，
说你死了！

我的爱友黄仁呀！
你死了，
我只有将泪珠儿尽洒，眼帘儿揉烂！
"不，尽我这残生，
继你的素志！为革命而战！"

12月9日，英帝国主义为了扑灭反帝怒火，借口上海大学出售《向导》《中国青年》等刊物，公然派人闯进上海大学图书馆查抄进步书刊，激起学生公愤，何秉彝勇敢地出面与暴徒进行说理斗争，高呼："帝国主义滚出中国去！"两周后，何秉彝在《向导》第96期上发表《帝国主义蹂躏上海大学的追记》，揭露帝国主义的野蛮暴行，指出："帝国主义者所说的那些书，皆是被压迫民族谋解放必须看的……《向导》……以水晶似的亮眼，锋锐的舌尖，看透帝国主义的阴谋，揭穿帝国主义的危凶。"在文章中，他大声呼唤："全世界被压迫民族，醒悟起来，组成联合战线，向帝国主义对抗！"

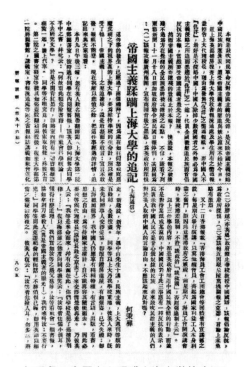

何秉彝《帝国主义蹂躏上海大学的追记》

随着斗争的开展，何秉彝成了上海学生中的活跃人物。他经常到平民夜校讲课，帮助工人学文化，宣传革命思想。他与刘华、郭伯和等发起成立四川同学会和反川战大同盟，揭露军阀混战给四川人民带来的灾难。他对人诚恳，办事果断，很受同学敬佩，被选为上海大学学生会执行委员会书记、上海市学联秘书、共青团上海地方委员会组织主任。

1925 年 2 月，上海沪西日商内外棉纱厂，因工头打骂女工和无理开除 40 名男工引起罢工。何秉彝等在邓中夏率领下前往援助，有力地支持了工人斗争。为纪念"二七"大罢工和列宁逝世一周年，何秉彝在《觉悟》副刊上发表了《被压迫的劳动者起来啊》一文，分析无产阶级被压迫的根源，指出民族解放的出路在联合全世界被压迫人民起来革命。2 月 17 日，他又以"何水夷"的笔名在《觉悟》副刊上，发表《官厅与工人罢工》，揭露日本纱厂罢工真相，声讨反动政府勾结帝国主义镇压工人的罪行。一系列的斗争和锻炼，促进何秉彝政治上日趋成熟。在上海二月罢工的胜利声中，他加入了中国共产党。

甘洒热血拯中华

入党后的何秉彝革命激情倍增。他整日为募捐活动、筹备孙中山追悼大会和为《国民日报》撰稿等工作而奔忙。3 月 28 日，上海大学举行孙中山先生追悼大会。会上，何秉彝宣读自己写的悼词，沉痛宣告："我们追悼孙中山先生，不但以泪，更要以血；不但在目前，必须坚持永久。要振作精神，加倍努力，向一切反动势力进攻，使革命早日成功。"两月之后，何秉彝用自己的鲜血，实践了自己的誓言。

1925 年 5 月 15 日，日本帝国主义者枪杀工人、共产党员顾正红，点燃了上海各界民众的反帝怒火。28 日，中共中央在上海召开紧急会议，决定 5 月 30 日组织全市反帝示威大游行。29 日，各校学生组成 2000 多人的讲演团，准备 30 日到租界进行反帝宣传。

5 月 30 日下午，各校学生讲演团，头顶烈日，手举小旗，一路高呼反帝口号，散发革命传单，浩浩荡荡涌向租界。讲演队总指挥部联络员何秉彝，站在南京路上新世界至抛球场一段队伍的前头，发表慷慨激昂的演说，激起广大群众一阵阵的高呼："帝国主义滚出中国去！滚出上海去！"

在群众怒潮面前，帝国主义者露出了狰狞面目，派出洋巡捕到处捉拿演讲队员。何秉彝见此情形，不顾个人安危，匆匆到各处通知演讲队，让他们马上汇集南京路，营救被捕同学。他来到四马路，高声通知演讲队："巡捕房已全面出动，在南京路上见演讲队员就捉。总队部通知所有演讲队员，都到南京路集中，决不后退！"

此时，各校演讲队不断汇集的南京路已是人山人海。声势浩大的反帝浪潮使帝国主义者又怕又恨。一队洋巡捕挥舞藤条向人群冲来，被鞭打激怒的群众同声怒吼："不许打人！不许打人！"可恶的洋巡捕并不住手。为了不让手无寸铁的群众再遭到鞭打，何秉彝与二区二分部演讲队负责人沈资田商量后宣布："新衙门还关着许多被捕的人，大家到新衙门去营救他们。"

五卅惨案

群众队伍掉头向浙江路涌去。行至贵州路时，又有三四个洋巡捕从背后追来，野蛮地鞭打人群。潮水般的人流回过头来与洋巡捕搏斗，可洋巡捕仍不停地抽打群众。夹在人群中的何秉彝和几个会英语的演讲队员，这时挺身而出，对洋巡捕提出抗议，呵斥他们住手，以便让群众向新衙门进发。

当队伍继续前进时，突然有人惊呼："枪！"就在这时，一个洋捕头率领一排持枪的印度巡捕，站在老闸捕房西边，正持枪对准前进的人群。万恶的洋捕头首先开了一枪，紧接着印度巡捕们劈劈啪啪地一齐向人群开枪扫射。在一阵罪恶的枪声中，许多热血青年倒下了。鲜红的热血染红了南京路。

何秉彝身中数弹，倒在血泊中挣扎。他强忍剧痛，还在高呼："打倒帝国主义！""中华民族解放万岁！"当即，他被送进上海仁济医院抢救。因伤势太重而流血过多，何秉彝，这位年仅23岁的英勇的反帝志士，优秀的中共党员壮烈牺牲了。他那忠诚勇敢、坚毅卓绝为民族解放事业奋斗不息的精神，将永垂史册。

（胡玉晋编写，李金中改编）

参考资料：

1. 胡玉晋. 何秉彝：血溅上海滩 [N]. 成都日报，2011-07-01（10）.

2. 红色记忆：品读革命烈士何秉彝的家书，不忘共产党人初心 [EB/OL]. https://www.sohu.com/a/238555768_348901.

3. 李志明. 民族骄子，青年楷模："五卅"烈士何秉彝 [J]. 成都师专学报（文科版），1990（2）：31-35.

4. 黄美真，石源华，张云. 上海大学史料 [M]. 上海：复旦大学出版社，1984.

5. 周桂发. 上海高校英烈谱 [M]. 上海：复旦大学出版社，2011.

6. 丁启清，等. 革命英烈传 [M]. 苏州：苏州大学出版社，2010.

7. 任武雄，等. 血洒龙华花更艳：上海革命烈士故事 [M]. 上海：少年儿童出版社，1981.

8. 中国青年出版社. 革命烈士书信：汇编本 [M]. 北京：中国青年出版社，2015.

9. 中国青年出版社. 革命烈士书信 [M]. 北京：中国青年出版社，1979.

10. 凌岳. 最打动人心的革命烈士书信 [M]. 桂林：漓江出版社，2012.

11. 高占祥. 革命先烈家书选 [M]. 天津：百花文艺出版社，2009.

12. 杨太辛，关亘. 先行者的心声：书信选 [M]. 杭州：浙江教育出版社，1991.

13. 吴青岩. 品读红色家书 [M]. 北京：中央文献出版社，2006.

14. 上海市烈士陵园史料室. 上海烈士书简 [M]. 上海：上海人民出版社，1987.

15. 上海市委党史征集委员会. 上海大学：一九二二～一九二七 [M]. 上海：上海社会科学院出版社，1986.

16. 中国人民政治协商会议上海市静安区委员会文史资料委员会，中国共产党上海市静安区委员会党史资料研究室，上海市静安地方志编纂委员会办公室. 静安文史：第9辑 庆祝中华人民共和国成立四十五周年 [Z]. 1994.

17. 中国人民政治协商会议四川省彭县委员会文史资料研究委员会. 彭县文史资料选辑：第1辑 [Z]. 1985.

19. 北京图书馆社会科学参考组，《革命烈士传》编委会资料组. 革命烈士传记资料目录：第1辑 一九二二年一月至一九三七年六月 [M]. 北京：解放军出版社，1986.

20. 李忠诚，等. 中国共产党英烈传 [M]. 北京：经济日报出版社，1991.

21．本书编委会．20 世纪 20 年代的上海大学（上下卷）［M］．上海：上海大学出版社，2014.

22．中央文献研究室，中央档案馆，《党的文献》杂志社．红色书信：革命英烈卷［M］．贵阳：贵州人民出版社，2012.

23．中华人民共和国民政部．中华著名烈士：第 1 卷［M］．北京：中央文献出版社，2000.

24．《革命烈士传》编辑委员会．革命烈士传：第 1 集［M］．北京：人民出版社，1985.

杨国杰烈士——热血横流春熙路

繁华的春熙路有成都的"南京路"和"王府井"之称。路中段的孙中山铜像庄严肃穆,是人们瞻仰革命先行者的最佳去处。可是,曾几何时,反动派却把春熙路变成了屠杀爱国者的地方。1930年的8月15日,当时的国立成都师范大学(四川大学前身)附中学生会主席、成都市"反帝大同盟"主席、共产党员杨国杰(1909—1930),在"反筑墙"斗争中,被反动派杀害在孙中山铜像下。殷红的血花开在镌刻着"大道之行"的基座上,是唤起群众的旗帜,是烧毁黑暗的烈火。

寻求救国真理

杨国杰,又名杨申甫。1909年4月8日,他出生于四川省梓潼县双龙乡池塘湾的一个农民家庭。他的祖上曾有少量薄田瘠土,尚属小康之家。但到了他父亲这一代,家道日渐寒微,家庭生活逐趋贫困。杨国杰的父亲杨齐敬,是一个精通医理、乐善好施的乡村医生,在方圆数十里都享有盛名。特别是双龙、双板一带的农民,对他非常崇敬。他寄希望于自己的子女,盼能有个精明能干的儿子承袭他的医学事业,为农民群众解脱病痛,达到"济世救民"的目的。在杨国杰开始知事之时,杨齐敬发现儿子资质聪慧,勤学好问,是一个理想的接班人。于是,他一方面送儿子到附近的陶淑堂、冯氏祠等私塾,读《四书》《五经》之类的古书;一方面又利用朝晨月夕的大好时光,亲自教他攻读医书,举凡《黄帝内经》《本草纲目》《脉诀归正》《辨症奇闻》和《八十一难经》等中医基础书籍皆包括在内。到16岁的时候,杨国杰的医理和医术已达到了一定水平,对一般的常见病、多发病都能对症处方。

这时,杨国杰开始跟随父亲一道四处为人治病,父亲经常教育他一定要学好医术,将来"济世救民"。随父行医使他得以体验民间疾苦和世上疮痍。他思考着一个问题:医术好,能为群众解除病痛,但却不能从根本上使群众摆脱贫困。这能谈得上"济世"和"救民"吗?尤其是1924年夏天,他的家乡遭到百年不遇的大旱,田龟地裂,颗粒无收,瘟疫流行,万户萧条。乡邻有的四处逃荒，更多的则是挣扎在死亡线上。四川军阀忙于争权夺利，互相混战。当地统治者不顾人民死活，变本加厉地敲骨吸髓，滥收田赋和捐税，大量的群众家破人亡、流离失所，其景况惨不忍睹。杨国杰面对现实，深深认识到国民党反动派统治的腐朽残暴。他进一步认识到，要能"济世救民"，单凭行医治病是无法实现的。于是，他决心不再跟着父亲行医，提出要到县城去读书深造的要求。

初次崭露头角

1926 年春天，杨国杰考入了县城内的高等小学堂——通儒小学读书。学校开设的新课程使他开始接触一些新思想和新知识。他如饥似渴地勤学苦钻，成绩名列全校第一，还提前自修了中学的一些课程。正值国共合作和大革命轰轰烈烈开展期间，由于县城的条件比起山村好了很多，加之又有各种报刊，杨国杰不仅从课堂上学到了很多书本知识，而且还懂得了很多革命道理，开始由一个循规蹈矩的农家子弟逐渐成为一个敢闯敢干的革命青年。

那时候，四川的大小军阀实行封建割据，在各自的防区内大征田赋，滥征税捐，广大人民生活极端困苦。梓潼是四川军阀田颂尧的防区，田赋荷重，寅吃卯粮，人民苦不堪言。有一次，驻扎在通儒小学的部队没柴煮饭，擅自将学校的桌椅板凳砸烂当柴烧。学校当局根本不敢过问。当杨国杰听到这件事后，非常气愤，一马当先，高呼道："有胆量的随我来！"说着，他带领同学去质问驻军，弄得驻军非常尴尬。他们的长官只好马上下令不准再砸烂桌凳煮饭。此后，就再也没有发生过类似事情了。

为了揭露地方军阀的横征暴敛，传播北伐军的胜利消息和大好的革命形势，唤起农民群众参加革命斗争，杨国杰利用学校放寒暑假的空隙，邀约本地在外面读书的中小学同学，组织了一个宣传队，经常到双板、双龙等场镇上搞街头宣传，不仅登台讲演，还演文艺节目。他被大家推选为宣传队的领导人。他不仅带领宣传队积极开展活动，还参加家里的生产劳动，常常忙得不可开交，有时连饭都顾不上吃。杨国杰善于采用灵活多样的宣传形式，发动群众和反动派进行斗争。1927 年夏天，梓潼城郊一带，旱灾十分严重。但地方政府的官老爷们，根本不组织群众进行生产自救。这时候，东坝的农民群众自筹资金在青龙寺庙内唱祈雨戏，现场人山人海。杨国杰突然来到青龙寺，假扮一道士，登上戏台布道。他说："明天一早，大家背上干玉米秆到县政府的大堂上去，要县大老爷立刻设法救济灾民，如果他们要阻拦或伤害你们，自有观音菩萨显灵保佑你们，决不会有什么问题……"第二天，东坝的老百姓果真这样做了，县政府的大堂上玉米秆堆得像山一样，弄得县长周望希没法下台，只好安抚大家，答应发放救济，群众才纷纷散去。

在县城读书的两年时间里，杨国杰开始有名了。他父亲见他经常在外面参与社会活动，生怕他闹出问题来连累全家，便暗中给他订了一门亲事，并趁他毕业回家的时候匆匆给他完了婚。殊不知这个办法，在杨国杰身上却一点也不起作用。他的志向是要革命，要干出一番轰轰烈烈的事业，何曾考虑过婚姻、家庭等。刚结婚不久，杨国杰便向父亲提出要到成都去读书。他父亲最终勉强同意了这项要求。

在革命激流中

1928年春天，杨国杰终于以同等学力资格考入国立成都师范大学附属中学高中班学习了。从川西北的边远小县，来到全省政治、经济和文化中心，杨国杰真是喜出望外，如鱼得水。眼界的开阔、进步思想的熏陶和政治斗争的锻炼，使他在政治上和思想上很快成熟起来。当年，杨国杰加入了社会主义青年团。1930年，他转为中共党员，并担任了党支部书记。当时的成都，主宰大权的三军（刘文辉的二十军、邓锡侯的二十八军和田颂尧的二十九军）联合办事处，在刽子手向传义担任处长后，疯狂破坏中共地下党组织，不遗余力地对革命群众进行血腥镇压，整个政治形势急转直下。1927年底，向传义一夜之间纠合一批流氓，将成都市所有进步团体和赤色工会，予以捣毁和封闭。他们在抓捕工运领袖孟本斋后，极其残酷地用石灰包把他闷死在三军联合办事处内。1928年2月16日，他们以学生失手打死省一中校长杨廷铨为借口，出动大批军警，在各大中学校抓捕了进步师生百余人，当天下午就不加审理，杀害了四川大学校友袁诗荛等革命志士14人，制造了震惊全川的"二一六"大血案。整个成都血雨腥风，笼罩在白色恐怖里。血的事实给杨国杰以极大的教育，使他看清了四川军阀的狰狞面目，决心继承烈士遗志奋然前进。

在当时，学校内的政治斗争也相当复杂尖锐。但杨国杰很少想到个人安危，总是站在斗争的最前列。有个与他相好的同学，私下劝他说："你这样干，太暴露也太危险了！还是应该注意点好！"他却说："既要革命，就不能光考虑危险；如果前怕狼后怕虎，就会一事无成。"杨国杰以自己的进步思想和行动，影响、教育和团结了更多的同学，赢得了全校进步同学的信任。在学校选举学生会主席时，他竟以一个低年级学生的身份当选。担任学生会主席后，他感到压在自己肩头上的担子更重了。为此，他加强革命理论的学习和革命实践的锻炼。杨国杰千方百计地通过各种渠道，弄到一些进步书刊来阅读。有个在当时的四川公立法政专门学校读书的梓潼同乡肖毅安，曾和他在一起搞过宣传队。肖毅安托人在昌福馆华阳书报流通处，买到几期《向导》和《中国青年》等杂志，上面刊有邓中夏、恽代英等革命前辈的文章。杨国杰爱不释手，反复阅读钻研，从中受到了很大启迪和教益。

此时的杨国杰已成为成都市学生运动工作的重要骨干之一，在中共成都特支的领导下，工作搞得有声有色。他们采取秘密联络的办法，规定每天傍晚"灯亮为号"。当电灯亮，他们就赶到事前约定的茶馆开"碰头会"，巧妙运用茶馆，来得快，散得早。他们经常轮流聚会的茶馆有祠堂街的春风一醉楼、西御街的西园和中山公园等处。参加的人有蔡明钊、杨尚志、刘披云、宋育萍、池化鹏、韦仲达等人以及六个地下党组织的支部书记李叔敬、杨泽民、李宗林、施久能、杨长久、杨国杰等。他们搞讲演、贴标语、散传单等工作，动作也非常敏捷。有一次他的一位同乡陈继武在春熙路漱泉茶楼看见他散发传单，刚要与他说话，眼睛一花就找不到人影了。

在革命斗争中，杨国杰十分注意联系工农劳苦大众。他经常深入到工人群众中去，特别是人力车工人，为他们义务治病、义务写信、谈心交友。在工人夜校中，他担任义务教员，耐心地教育他们学习科学文化知识，给他们宣讲革命道理，发动他们积极投入反帝爱国斗争。1930年春天，成都地下党组织开始筹划广汉武装起义。杨国杰为了配合这次重要行动，在4月份以学生会名义组织了一批进步同学，徒步到峨眉山旅行。他们不是为了游山玩水，而是在旅途中开展宣传活动，传播革命真理，为广汉起义做好思想和组织准备。

1930年8月，成都各界人民在地下党组织的领导下，掀起了声势浩大的"反筑墙"斗争。这次斗争是由党直接领导下的进步团体"反帝大同盟"公开出面领导的。反帝大同盟成立于1928年"二一六"大血案以后，组织是秘密的，活动是半公开的。杨国杰担任委员并兼管军费开支等工作。华西协合大学在原有校地千亩的基础上扩充到3000亩之多，并将从南台寺至望江楼一带的大片土地四周自筑坚厚的城墙和门禁，严禁中国人出入，这理所当然受到人民的反对。围墙筑起后，南门外数以万计的贫苦市民，不能自由通过；三瓦窑一带数万砖瓦工人，推运砖瓦入城也受到阻碍；每天由中和场一带进城出售蔬菜、粮食和家禽的农民，也不能像过去那样自由来去。凡经过该处的，一律必须绕道20余里，弄得民怨沸腾，群情激愤。当时的政府怕得罪洋人，不敢过问。直到1928年，在中共川西特委领导下，"万县惨案成都国民雪耻会"成立，发动所有外国人雇用的华工实行罢工，华西协合大学学生退学，才迫使洋人拆毁了围墙。

《北洋画报》上有关万县惨案的报道

1930年5月，学校当局借口外籍教授苏道璞在校内被人劫杀，以防匪为名，把原先被迫拆毁了的围墙恢复起来，重新断绝四周通道。这种行径再次激起公众义愤。群众纷纷向四川省政府和成都市政府要求下令取缔。政府不但不采纳人民的正义要求，反而以"静候核办，勿任自由行动，滋生事端"相威胁。在中共川西特委领导下，各进步团体联合成立了"成都各界民众反对南台寺筑城大会"，团结全市广大人民群众，理直气壮地开展"反筑墙"斗争。7月6日，四川省报界联合会首先发出抗议，接着四川省各地反帝大同盟发表《反对华西协合大学筑墙宣言》。7月24日，成都反帝大同盟组织各学校、各工会、各妇女协会等群众团体的代表，在盐道街省立成都第一师范学校内开会，讨论"反筑墙"的行动问题。杨国杰被推选为主持这次会议的主席。参加这次会议的代表有工人12人，妇女9人，男学生25人，共计46人。会议在杨国杰主持下，着重讨论了"反筑墙"斗争的具体行动，并对反帝大同盟进一步开展反帝爱国斗争的工作，作出了十项决议案。当时的《国民公报》曾披露说："查得内议决案十条，除第一条系对反对华西筑城事及第三条系八月一日游行示威与募集经费外，余皆反动词语。"会议的十项决议案的内容是：通电全国；"八一"示威；援助殖民地革命；武装拥护苏联；拥护全国苏维埃代表大会；援助全国工农斗争；援助全国米荒斗争；援助成华青年失学斗争——反对军阀查封学校；救济被捕革命青年；参加自由同盟，反对白色恐怖等。

会议进行中途，被反动的青年党徒告密，引来了三军联合办事处军警团的便衣二人。他们准备闯进会场，但被守门的学生阻住。二人便当即返回军警团报告，说共产党在省一师校内召开反动会议。军警团马上派出全副武装的军警一个连，前往省一师包围了会场，不准继续开会。主持会议的杨国杰挺身而出，理直气壮地质问对方："我们是反帝大同盟的合法集会，讨论的是'反帝''爱国'的问题，这有什么罪过？为什么不能开会？"军警团的一伙特务顿时无言答对，借口要会议主持人到军警团问明情况，蛮不讲理地将杨国杰当场逮捕，押往军警团。

从容就义浩气存

杨国杰被捕后，省一师校内的会议并未立即停止，由古长林担任临时主席，继续讨论问题。就在这时，军警团突然打来电话，命令将开会人员全部抓捕。参加会议的全体人员全部被逮捕，押回军警团。交三军联合办事处临时执法处初审后，他们被转送成都县政府收禁。

在狱中，有个青年认为自己无非出于爱国热情，反遭此屈辱，说了几句气愤的话，就被看守中一个军官当众用军棍毒打。敌人对女监里的难友也不放过，采用恶毒的办法，把干辣椒点燃，用烟子熏她们。在阴森森的监狱中，在严刑审讯的法庭上，杨国杰从无半点屈服之意，多次质问："反帝何罪？爱国何罪？"他指着审讯者的鼻子呵斥道："尔俸尔禄，民膏民脂，平民易虐，真理难欺！总有一天，你们会被推上历史的审判台，受到无情的判决。"

经过三军联合办事处的三次会审，敌人无计可施，由三军联合办事处的临时执法处，以"共产主席杨国杰……公然集会提倡共产主义，组织武装暴动，意图颠覆政府，破坏秩序"等罪名，决定立即将杨国杰杀害。

杨国杰态度从容，立即责令看守他的军警，拿来笔墨纸砚，为亲人写下了一封《绝命书》。其原文如下：

父亲：

不孝的你儿已为大革命前驱，被万恶的K党军阀屠杀牺牲了。

我之牺牲，是为着全世界人民谋幸福，求解放而死的。他们要杀是杀不绝的，还有全世界的普罗同志在继续着我的精神。

我抱歉的是没有与你们留个孙孙，我死之后，请你老人家不要过分悲伤，因为你的儿子是很多的。燕氏不必尽陷在家里，可以另找别人。

这次事件共逮捕了十二个工人，九个学生（女两人），经三军联合办事处三次会审，俱无结果，判断不下来，现在决定将我枪决，因为我是主席。

父亲、母亲、幺叔父母、国栋、国锐、国钰，尤其是我妻燕氏，这是我最后一次和你们谈话了，是绝命书吧？

哎哟，写到这里，我的手软了，血液沸腾了，再也写不下去了！

祝你们一家和好，五世同堂！

逆子　杨国杰　跪禀

一九三〇年八月十五日

一队全副武装的军警立即将杨国杰押赴春熙路。杨国杰身穿红色背心，"学生头"式的前发吊上了鼻梁。他的双手被反缚着，胸部前挺，显示出昂然的英雄气概。他沿途不断高呼口号："打倒帝国主义！""打倒帝国主义的走狗——国民党军阀！""共产党万岁！""全世界无产者联合起来！"他挣开架着他的军警的手，微笑着坚毅地走上台阶。两个刽子手冲到台阶前，要杨国杰跪下。他愤然怒斥："我杨国杰是顶天立地的男子汉，生要站着生，死要站着死。"枪声响了，杨国杰英勇地献出了自己年轻的生命。

杨国杰就义后，他的遗体卧在血泊中。鲜血把孙中山铜像石座上的"大道之行"几个字涂染得非常耀眼，仿佛是对背叛孙中山三大政策的国民党反动派的强烈谴责。当天夜里，许多群众不顾白色恐怖的威胁，带上祭品，到烈士遇难处奠祭。就在杨国杰英勇牺牲的当天深夜，目睹烈士慷慨就义情景、与他共事过的李亚群同志，怀着对烈士的无限崇敬和对反动派无比愤怒的心情，几乎是用血和泪写下了充满革命激情的悼念烈士的诗篇《春熙路上的血痕》。李亚群说："这不是诗，而是当时一些激怒的语言的记录。"

> 你，无产阶级的战士，我们的朋友！
> 我眼见你的热血在春熙路上横流。
> 从你左额喷出的那团鲜红的脑浆，
> 它将永远凝结在我的心头。
>
> 听说五人遭受了枪决，
> 当时我还在渝州。
> 我匆忙赶转成都，
> 急于知道这消息确否。
>
> 在农村我看见劳苦的兄弟在挨饥饿，
> 入都门又见坐食的恶魔们胖如肥牛。
> 我恨未带千万颗炸弹转来，
> 请他们一一的享受！
>
> 且喜消息本是谣传，
> 但已经满狱都是我的朋友。
> 我冒充一个"哥哥"去看一个女囚，
> 借此去看我亲爱的战友。

呵，我们的战士，我们的朋友
他们虽是被锁在黑暗的牢房，
却一点儿也没有哀愁。
他们说：
"已经判决了两个，
一个终身监禁，
一个明天八点钟便要杀头。
你不妨去看看，
地点大致在春熙路口。"

听说反动统治者内部有了矛盾
大家都不愿当这刽子手，
我们的战士呀，
或许还可以挽救。

时间迟缓地挨过三天
来到一个充满血腥的日子？
——大家都记着呀！
这是一九三〇年的"八一五"。

是一个阴云乱飞的下午，
我因事走过春熙路。
突然响起一阵惊人的喇叭，
接着便是两列刀光闪耀的队伍，
队伍当中挟着一个死囚
——呔，这死囚，这死囚
便是我们的战士，我们的朋友！

呔，这死囚
我们曾一同"飞行讲演"，
在火热的街头；

我们曾在荷花池畔密会，
在过去的不久。

吠，这死囚
他还是平日那样的纯朴忠厚，
一点儿也没有恐惧，战抖；
他高呼着我们的口号，
昂扬地向着刑场上走：
"打倒国民党军阀！
打倒帝国主义的走狗！
……
联合起来血战呀！
全世界无产阶级的朋友！"
在孙中山的铜像面前：
——砰！……一颗罪恶的子弹，
残暴地毁灭了
我们的战士，
我们的朋友！

愤怒的火焰烧遍我全身，
我恨不得一脚踢翻这万恶的地球！
沸腾的热血要把我冲上虚空，
我恨不得一手抓开自己的胸口！

我几欲痛哭，狂呼，
我几欲扑去同他一起热血奔流！
记着呀，你国民党军阀！
记着呀，你帝国主义的走狗！
记着呀，大家都记着呀，
是一九三〇年"八一五"的午后，
在春熙路上，孙中山的铜像面前，

屠杀无产阶级的战士，我们的朋友！

安息吧，你，无产阶级的战士！
我眼见你的热血在春熙路上横流，
从你左额喷出的那团鲜红的脑浆
它将永远凝结在我的心头。

虽然杨国杰牺牲了，但在党的领导下，在成都各界群众的顽强战斗下，8月4日，万余名民众兵分五路，向华西协合大学进发，华西坝所筑的围墙全部被推翻，有关当局只得作罢。"反筑墙"的斗争取得了最后胜利。

（陈光复编写，党跃武、李金中改编）

参考资料：

1. 政协四川省绵阳市委员会学习文史委员会. 绵阳文史资料：第22辑 [Z]. 2004.

2. 中共绵阳市委宣传部，中共绵阳市委党史研究室，绵阳市教育委员会. 涪江壮歌：绵阳革命故事选 [M]. 成都：四川大学出版社，1995.

3. 彭泽平. 民国前期四川高等教育的变迁与定型 [J]. 西南大学学报（社会科学版），2013，39（2）：65－70.

4. 四川省文学艺术界联合会. 难以忘却的怀念：李亚群百年诞辰纪念文集 [M]. 成都：四川人民出版社，2007.

5. 陈日朋. 中华英烈辞典 [M]. 长春：北方妇女儿童出版社，1991.

郑佑之烈士——好系蛟龙不畏濡

郑佑之烈士

四川通省农业学堂在辛亥革命后更名为四川高等农业学校（1914 年为四川公立农业专门学校）。时值民国初立，西方列强对中国藏族聚居区虎视眈眈，国内分裂势力更是心怀不轨，时时企图脱离民国而独立。在这种忧患局势中，四川高等农业学校与四川省政府商议，于 1912 年创办农业"殖边科"，培养开发川边、西藏的农垦人才。该科专门由四川省财政厅划拨经费，每年招生 40 名，由川边镇抚府每年补给学费 35 元，毕业生由省民政厅统一分拨录用以经略西南边关。在"殖边科"招收的第一批学生中，有一名四川省宜宾籍学生，他就是后来我党早期农民运动中著名的"川南农王"，也是四川最早的马克思主义思想传播者之一，亦被称为"第二马克思"的郑佑之。

郑佑之（1891—1931），字自申，化名张裕如、张荣山、余善辉等，笔名尤痴，四川早期的无产阶级革命家、马克思主义传播者、川南党组织的建立者及农民运动的开拓者，四川党内卓越的领导人。说起"第二马克思"的称谓，其实源于 1928 年中共四川省委临时扩大会议在巴县召开，郑佑之因路途遥远而迟到，由于长着长长的络腮胡子，颇像马克思画像上的样子，于是有代表为他作了一幅速写并书"马克思来临"。从此，他便有了"第二马克思"的外号。

求学于四川高等农业学校殖边科

1891 年 3 月 13 日，郑佑之出生于四川省宜宾县古罗场。他 5 岁进入私塾读书。他天资聪颖，勤奋好学，11 岁就读完了家里所藏线装古典文学书籍近百册，13 岁时就能写出很好的文章，因此被当地人称为"秀才"，闻名乡里。15 岁时，郑佑之考入宜宾县立高级小学，由于成绩优异，提前升入宜宾叙州联合县立中学。在这所学校里，有一些同盟会会员在学生中宣传反帝反清，鼓动革命，并且常有进步刊物传阅，郑佑之受到了很好的民主主义思想的熏陶与启蒙。

保路运动爆发后，郑佑之积极奔走宣传，鼓舞群众参加同志军，投身革命推翻清政府。民国初年百废待兴，郑佑之又满怀期冀地投入到国家建设之中。因为看到当时列强对中国藏族聚居区贼心不死，川西农牧地区更是贫瘠不堪，郑佑之于是暗暗下定决心要为国家开发边疆多做贡献。时值四川省政府与四川高等农业学校为开发边疆联合设立农业殖边科，郑佑之便欣然前往报考，终以优异成绩被录取为首届农业殖边科学生。

在学校求学时期，郑佑之在这种全面系统的课程体系培养下，不仅集中精力学习专业课程知识，还学会了蒙藏语言文字，并对藏族聚居区地理文化都有了深入了解。郑佑之胞弟郑瑞符在回忆郑佑之求学经历时谈道："在 21 岁的时候，他去成都在四川高等农业学校殖边科读书，学会了蒙藏语言文字，立志为开发边疆的农业生产而奋斗。"据宜宾党史办编撰出版的《郑佑之文稿》记载，郑佑之求学四川高等农业学校时期勤奋刻苦，学业成绩突出，依据所学很快便写出了《养蚕新论》。

郑家家道中落，在四川高等农业学校就读期间，每月一元大洋的学费外加食宿费给他的家庭带来了极大的压力，因此，郑佑之在 1914 年，即求学近两年后，未能完成三年修学期限就辍学回家了。在回家乡之前，他曾经参加反对袁世凯的起义斗争。返乡回家后的郑佑之并未放弃学习，而是积极学习新文化和吸收新思想，阅读进步报刊，留心时局政治，继续秉持了他在四川高等农业学校所养成的胸怀天下的求知精神。

郑佑之与赵一曼

郑佑之在自己走上革命道路的同时，也引导身边的亲人提高思想觉悟。1914 年 2 月，他的妻子李坤俞走出封建家庭，赴宜宾读书。他赋诗一首，以示纪念。

惜钱自把绣针抯，
笑尔腰宽着不恬。
莫怪衣衫难合褶，
温袍百结几人嫌。
自惜原称女丈夫，
却来脂粉一同徒。
休嫌袖短难遮手，
好系蛟龙不畏濡。

1919 年，妻子李坤俞因病去世，他作诗一首悼念。

有生谁不死，
死去究何如？
太息光阴速，
居何岁已除。
当时情宛在，
视我异前无。
致祭无他物，
题诗当束刍。
更誊前旧稿，
包面不令余。
岂为眷无子，
亲封当赤符。
土中人觉否，
不尽数行书。

1923 年和 1924 年前后，他曾经将妻妹李坤杰、李坤能、李坤泰、妹夫肖简青和妻弟李绍唐等发展为共青团员。1926 年，郑佑之介绍李坤泰、李坤杰、肖简青等加入了中国共产党。其中的李坤泰就是后来成为著名抗日民族英雄的赵一曼。

从赵一曼的文化启蒙开始，他手把手教她学文化。封建家庭的女孩子是不能出门读书的，郑佑之便想尽一切办法让她在家自学。他供给她教科书、字典、作业本等学习资料，甚至把每天学习的课程表都给安排好。他要她按时把做好的作业、写的文章、日记以及列出来的不明白的词句，托人带给他。每次郑佑之都要详详细细进行批改，有时为了解释一个词句，要写满二三页信纸。除此之外，他还暗自掏钱替她在上海的函授学社报了名，让她得到系统的学习和提高。郑佑之告诉她："要改造社会，就得练好本领。"

郑佑之对赵一曼要求十分严格。有一次，赵一曼正在书房做功课，忽然听见后山传来山羊叫声。她想到自己喂的羊要生小羊了，赶忙溜了出去。郑佑之立即赶去，在竹林里拦住了她，对她进行严肃的批评教育。他说她已不是小孩子了，应该知道不专心读书的后果，要她思考并回答"今后究竟做一个什么样的人？"赵一曼挨了批评，一夜都睡不好。她翻来覆去地想了很多，也想得很远。第二天，她很早起床，把自己喂的羊送给了在厨房做工的"三婆"，主动向郑佑之承认了错误。她坚定地表示，今后一定下决心读书，将来要自己走出一条崭新的路，像大姐夫那样去抗争、去生活，做一个自己安排自己命运的新女人。

赵一曼（李坤泰）

在提高赵一曼文化程度的同时，郑佑之开始注重提高她的政治觉悟。他不断将自己阅读的《新春》《觉悟》《妇女周刊》《国民日报》等报刊和一些宣传男女平等、社会改革的小册子寄给赵一曼学习。每本书上都有郑佑之写下的笔记和批语。在《两个工人的谈话》这本书的第一页，他写道："请你留心，这本书是鼓吹无政府主义的，但它讲到资本家的剥削，则是对的，你可着重看这些地方。"

在几次给赵一曼的信中，郑佑之说："近来大家都说我是共产党了，这也不要紧，他既说我是共产党，我就自认是共产党。但是，共产党是正大光明的，是不怕人的……他说我要邀这一般青年男女入共产党，我硬是要邀这一般青年男女入共产党。""凡是做一件事情，既不可把他看容易了，也不可把他看难了；看容易了便会粗心，太看难了，也会害怕。""但是各人的自信心，却不可不坚固。在俄国，列宁便是第一个自信心很强的人；在中国，孙文也是一个自信甚坚的人。""各人的事业各人去做，怕甚么艰，怕甚么迫，尽管向万恶的旧势力冲锋！——但要有方法，有实力，不是得一味乱闯。"

在郑佑之的帮助和启迪下，赵一曼的思想得到了明显的飞跃。不久，她针对哥哥因受封建思想束缚而不让她出门读书并逼她缠脚，写了一篇文章《被兄嫂剥夺求学权利的我》。郑佑之看后十分惊喜，认为这篇文章不但文字流畅，而且论据充分，稍加润色后便把它寄给了上海的《妇女周刊》和天津的《女星》杂志。文章刊登后，赵一曼得到了社会的广泛同情和支持。

1923 年，郑佑之介绍赵一曼加入了社会主义青年团，帮助她成立"白花场妇女解放同盟会"和"伯阳嘴团支部"，使她的才华得到了很好的发挥。郑佑之认为，还应该让赵一曼外出读书，走进更广阔的社会。于是，他通过信函到成都、重庆、宜宾联系学校，还为她筹备路费。赵一曼终于在 1925 年腊月下旬的一天清晨，避开了哥哥和族人的监视，偷偷逃出了家门，到了宜宾城里。在郑佑之的安排下，她考进了宜宾女子中学。从此，她正式投入到革命洪流中。

领导四川早期农民运动的"第二马克思"

1915 年，停学在家自修的郑佑之目睹初立的民国一片乱象，地方军阀割据，土匪群起，农民逃难十室九空，常感悲愤异常。面对自己身边的社会黑暗力量时，郑佑之并没有沉默屈服，而是勇敢地选择站出来与之斗争。有一次，他查实了本乡团正李少白贪污的账目，便积极发动群众，对其予以斗争和打击。面对时局的整体混乱不堪，郑佑之对军阀和民国感到极其失望，他开始沉入苦思之中，寻找救国救民之法。

1920年，郑佑之在宜宾北路柳加乡创办了一所小学。由于他向学生灌输革命思想，深为乡绅所痛恨。当地土豪刘绍成、团防恶霸蔡京华等互相勾结起来，以不划拨学校经费和教学屋舍的方式向郑佑之施加压力。但郑佑之并没有屈服于他们的淫威，而是坚决与之做斗争，后经教育局调查，终于揭穿了恶霸们的阴谋。但1922年，在地方恶霸势力的暗中迫害与步步紧逼之下，郑佑之最终还是无奈地离开了柳加乡，前往宣化小学任国文及历史教员，并继续宣传马克思主义思想。在该校任职期间，他提出了"停团办学"，开设国民班、工读班等进行平民教育的思想主张。县知事罗正冠为此对他大加挞伐指责，郑佑之据理力争，撰写批判文章和《裁兵论》寄送报社，得到了革命群体的响应和支持。

四川早期共产党员何耜辉在好友张兴钰处得知郑佑之的革命决心后，曾专门去信，向他介绍了马克思主义革命的目的，以及中国共产党的由来，并询问郑佑之是否有意愿加入中国共产党。郑佑之在宣化小学任教期间，经张兴钰介绍，与中国共产党早期青年运动领袖、无产阶级革命家、时任川南师范学校校长的恽代英结识。二人多次书信来往，相知日深。在恽代英的帮助下，郑佑之坚信中国社会的破败局面只有靠马克思主义来拯救，从此，他树立了坚定的马克思主义人生信仰。之后，郑佑之到泸州会见恽代英，并经恽代英介绍于1922年加入了中国共产党。从此，郑佑之在党的领导下，经常与王右木、何耜辉、张兴钰等联系，积极从事党的革命工作。

1924年，郑佑之根据上级指示，回到宜宾县古罗乡，创办了普岗寺平民学校，开展平民教育，宣传马列主义，启发农民觉悟，组织农民运动，培育革命力量，因此触怒了当地土豪劣绅。1925年，宜宾县团雷士奇派人将学校捣毁。同年，郑佑之任宜宾县教育局视学。在担任该职期间，郑佑之经常不辞辛劳，无论晴雨天都脚穿草鞋，手拿油纸伞到各校去视察。五卅惨案发生后，他号召宜宾爱国志士，组织了声援上海五卅运动的后援会，将《平民周刊》改为《平民三日刊》，用以传播上海工人运动消息及发表支持上海工人运动的言论。郑佑之还利用视学的职位，将大批党团员安排在教育战线上，创办了《教育旬刊》《工农周刊》《宜宾国民》，强有力地领导了宜宾的青年学生运动。

在郑佑之的组织领导下，宜宾的反帝爱国运动浪潮同步推动了学生、青年、妇女、工人等群众组织蓬勃发展。郑佑之把握该时机，向中央请求建立宜宾中国共产主义青年团。在郑佑之的积极推动下，宜宾地方团组织得以建立，由尹敦哲任书记，但重大问题仍由郑佑之负责指导。

1926 年 1 月 30 日，遵照中央 121 号通告精神，由 Y 校（指共青团组织）书记曾润百主持召开宜宾党团员同志会议，当即决定成立 P 校（指中共组织）支部，选举郑佑之为书记。至此，中国共产党在宜宾的首个地方组织——中共宜宾特支即告成立，特支直属中共中央领导。这是四川宜宾历史上值得永留纪念的重大事件，从此宜宾革命斗争在中国共产党的领导下翻开新的一页。1926 年 2 月 4 日，首任中共宜宾特支书记郑佑之在写给恽代英同志的信中，向恽代英汇报了中共宜宾特支建立情况，并表示"请你随时指导"。特支成立后，在郑佑之的组织领导下，宜宾各级党组织发动农民群众和进步青年，掀起了轰轰烈烈的革命热潮。

1926 年，国共合作期间，郑佑之在宜宾县党部工作的同时还创办了中山中学，积极组织领导学生进行革命运动，开展街头宣传，举行游行，散发传单，把群众发动起来打倒军阀和土豪劣绅。当时，军阀张志方驻防荣县，苛捐杂税层出不穷，不仅大肆搜刮群众财产，更是派兵拘押群众，逼收捐款。郑佑之听到该消息后，马上派人到荣县组织群众抗捐抗税，更是亲自组织川南农民自卫军，与张志方相抗衡。郑佑之派李坤杰（赵一曼的二姐）率领宜宾妇女群众，到军阀驻地宣传军阀恶行。声势浩大的抗捐运动震动全川，迫使反动军阀将县长邓邦植撤销，并将张志方调走。此外，郑佑之还指派李竹君、郑宏度、石兆祥等三名中共党员前往广州参加毛泽东同志主办的农民运动讲习所，为全川农民运动培养骨干。此三人返川后，都迅速成为四川地区发动农民运动的领导者。

1927 年，蒋介石背叛革命，白色恐怖笼罩中国，重庆爆发"三三一"惨案，中共重庆地委书记杨闇公、重庆地委组织委员冉钧等被捕杀害，国民党左派组织、革命活动的主要阵地及党的各级组织遭到严重破坏，重庆的革命斗争暂时转入低潮。在宜宾，军阀覃筱楼也大肆捣毁和破坏革命组织，镇压革命。郑佑之在军阀的联合绞杀下并没有退却，而是迎难而上，创立农民协会，坚决与军阀作斗争。为了发展农民协会，提升农民阶级意识，郑佑之创办了《夜光新闻》。在《发刊词》中，郑佑之疾呼：中国已被黑暗笼罩，巴蜀大地道路崎岖，急需革命青年奋起，为了黎明和可爱的人间而革命。

> 黑夜昏沉，笼罩着山河大地；赤潮怒吼，惊醒了革命健儿。夔门闭锁的巴蜀，涌来了巨浪洪涛；险要崎岖的戎城，找不出平坦大道。夜深，人们静悄悄睡着不醒，可恼啊！真使我们革命青年烦闷、烦闷！天畔飞鸿，长征不断，梦中人们赶快醒转。你看，黑夜沉沉的夜里，现出了锦绣河山；宇宙人间，变成了新的世界。可爱！可爱！灿烂的星辰，天空中不住的闪耀；皎白的云裳，东方上透出了光明。真美丽呀！真美丽呀！照得那黑夜通红，催促人们革命前进！有了你，能找寻乐园，有了你，能接受那洗礼。星辰啊！你是我们的良伴；月亮啊！你是我们的好友。你，为了我们消除黑暗，你，为了我们发出光明。我祝你诞生，精神不灭。我祝你诞生，浩气长存。

在宜宾县农民协会成立时，郑佑之亲手撰写《宜宾县农民协会宣言》。在宣言中，他号召农民团结起来，共同反对土豪的剥削和军阀的苛捐。同时，他把农民运动放到了帝国主义统治下的世界视野中，认为中国半殖民地是帝国主义侵略造成的，只有反对帝国主义的压迫，才能实现彻底的革命。

郑佑之在大塔、仙马、兴隆一带组织农民运动，并于 1929 年在大塔举行农民暴动，与土豪做斗争，开仓分粮，并枪决了土豪舒少林，使反动派大为惊恐，派兵联合绞杀。但郑佑之相当谨慎，加上群众极力掩护，终使反动军阀不能得逞。此后，郑佑之经组织委派担任川南特委书记，领导过自贡井矿工人运动和荣县富顺碳厂工人运动，还参与组织过荣威农民暴动。

1929 年 3 月，郑佑之通过宜宾女中学生陈全林、刘德纯等联络女中同学，并由牟家河联络叙州联合县立中学同学，组织了"浪花社"。浪花社由郑佑之命名，取意是掀起革命浪潮，开出灿烂之花；目的是要青年不要屈服在强暴的势力之下，要在党的领导下继续起来搞革命。浪花社公开性质是文艺团体，但实质上是进步青年的革命团体。在白色恐怖的氛围下，浪花社给革命青年带来了希望与信念。后浪花社因活动频繁，被反动当局所注意，最终遭到查封。

之后，郑佑之被调往川东，担任合川县委书记，领导了有名的"马房斗争"和"反饥饿斗争"。他组织马房街一带贫苦群众，抗议驻军强行拆除民房，拒不迁移，取得了胜利。他组织贫民进行游行，抗议强行摊税，迫使县府向贫民发放粮食。

1929 年至 1930 年，郑佑之当选为中共四川省委委员，直接领导江巴中心县委工作。他在重庆工作期间，勤俭节约，把钱全部用在了开展党的活动当中。为响应红军入川，郑佑之用节省下来的钱和弟弟寄来的钱在二十一军管库员那里购买枪支弹药，后因管库员分赃不均，导致事情泄露，军阀全城搜捕共产党员。

在重庆工作期间，根据自己多年发动农民进行斗争的经验，郑佑之认为：革命若要成功，只依靠城市的工作是不行的，必须发动农民进行武装斗争。因此，他向党组织提出了建设农村游击队的建议。由于当时党内"左"倾冒险主义占据上风，该意见未能得到认可和支持。

此后，中共在重庆的多处组织被暴露，多人叛变投敌。当敌人大逮捕开始后，中共江巴中心县委已经得到了消息，也适时做出了让郑佑之转移离开重庆的决定。1931 年 12 月，郑佑之在离开重庆前，因不知袁世勋已经叛变投敌，前去周家祠堂袁家取拿重要文件，不幸被特务当场逮捕。在敌人的威逼利诱下，郑佑之威武不屈，视死如归。郑佑之在狱中，还给弟弟们写下了遗书。在遗书中，郑佑之不仅坚信马克思主义在中国会取得胜利，更是安慰弟弟们不要因为他的死而伤心，也勉励弟弟们要积极走出去。

1931 年 12 月 30 日，四川大学校友郑佑之被敌人枪杀于重庆南通门外罗家湾。

郑佑之革命烈士证明书

（潘坤、王继红编写）

参考资料：

1. 宜宾新闻网. 郑佑之 [EB/OL]. http://www.ybxww.com/news/html/201609/245207.shtml.

2. 腾讯网. 党史学习教育｜"川南农王"郑佑之与马克思主义在宜宾的传播 [EB/OL]. https://new.qq.com/rain/a/20210330A0B96T00.

3. 肖金虎. 长征路线（四川段）文化资源研究：宜宾卷 [M]. 成都：四川人民出版社，2018.

4. 宜宾市地方志办公室. 宜宾市志 [M]. 北京：新华出版社，1992.

5. 中国人民政治协商会议四川省委员会文史资料研究委员会. 四川文史资料选辑：第31辑 [M]. 成都：四川人民出版社，1984.

6. 中共重庆市委党史工作委员会. 重庆党史人物：第1集 1925—1927 [M]. 重庆：重庆出版社，1987.

7. 四川省宜宾县"三史"资料编辑室. 三史资料：第2期 [Z]. 1982.

8. 中共宜宾市叙州区委党史研究室. 郑佑之文稿 [M]. 重庆：重庆出版社，2019.

9. 四川省宜宾县志编纂委员会. 宜宾县志 [M]. 成都：巴蜀书社，1991.

10. 杨自田. 巾帼热血沃中华：赵一曼纪念馆 [M]. 北京：中国大百科全书出版

社，1998.

11. 《宜宾县志》编纂委员会. 宜宾县志：1986－2005［M］. 北京：方志出版社，2013.

12. 沈乃煜. 百名英烈遗照遗书诗文选［M］. 北京：中国文联出版社，2000.

13. 中共重庆市委党史研究室. 临刑寄语：巴渝革命烈士书信选［M］. 成都：成都科技大学出版社，1991.

14. 中国人民政治协商会议四川省宜宾县委员会文史资料研究委员会. 宜宾县文史资料选辑：第4辑［Z］. 1985.

15. 中共宜宾地委党史工委. 宜宾地区党史人物传：第2卷［Z］. 1985.

16. 李忠诚，等. 中国共产党英烈传［M］. 北京：经济日报出版社，1991.

17. 中国人民政治协商会议四川省宜宾县委员会文史资料研究委员会. 宜宾县文史资料选辑：第1辑［Z］. 1984.

18. 中国人民政治协商会议四川省宜宾县委员会文史资料研究委员会. 宜宾县文史资料：总第22辑［Z］. 1993.

19. 中华人民共和国民政部. 中华著名烈士：第8卷［M］. 北京：中央文献出版社，2001.

20. 《革命烈士传》编辑委员会. 革命烈士传：第3集［M］. 北京：人民出版社，1988.

21. 任一民. 四川近现代人物传：第5辑［M］. 成都：四川大学出版社，1988.

刘伯坚烈士——荆卿豪气渐离情

刘伯坚烈士

在五四时期，曾在国立成都高等师范学校英语部求学的刘伯坚（1895—1935）是中国共产党的优秀党员，无产阶级的坚强战士，优秀的红军指挥员之一。他早年直接从学校与赵世炎、聂荣臻等一起赴比利时、法国勤工俭学，是中共"旅欧支部"的组建者和领导者之一。在第一、第二次国内革命战争时期，他为党和人民作出了卓越的贡献。他曾任中共中央军委秘书长等职，1935 年 3 月 21 日牺牲于江西大余县。毛泽东同志称赞他是"我党我军政治工作第一人"。1962 年八一建军节，叶剑英元帅曾赋诗怀念烈士：

> 红军抗日事长征，
> 夜渡于都溅溅鸣。
> 梁上伯坚来击筑，
> 荆卿豪气渐离情。

全诗寄托着对这位无产阶级革命家的怀念，再现了烈士的光辉形象和崇高的革命情操。邓小平同志曾亲笔为烈士纪念碑题写"刘伯坚烈士纪念碑"八个镏金大字，表达了党和人民对他的永志不忘的感情。

大巴山的儿子

刘伯坚是四川省平昌县龙岗寺人，生于1895年1月9日，谱名刘永福，后改名刘永锢，号刘铁侠、刘铸，中学时更名刘伯坚、刘毅伯，在国外时曾用名刘大冶、刘毅伯等。

在清朝乾隆年间，刘伯坚的远祖由江西灌州郡青华山迁入四川，数代清贫。其父刘贵显得亲友资助，始置田产20余亩，居家龙岗小镇，开栈房兼营杂货。

刘伯坚的父母都有一定的文化，为人善良正直，忠厚朴实，对欺压百姓的官绅兵匪非常憎恨。他们经常给孩子们讲"车胤囊萤""精忠报国"的故事，希望孩子刻苦学习，报国报民，光宗耀祖。刘伯坚未满5岁，就在父母的督促下认字，背童诗。7岁入学，他常常读书到半夜，喜欢练毛笔字，深得家人和师友的喜爱。12岁时，父母送他到乡下，在都是清末秀才的外公和大舅父执教的"专修馆"攻读经书。刘伯坚很不满意，曾几次逃学回家。后来，清末武生、二舅父苟秉衡早晚教他学拳术，练气功，骑马射箭，演唱川戏。外公和大舅父也增加新的教学内容，改变旧的教学方法，他才安下心来。一年多后，他身体健壮，成绩优良，成为专修馆多才多艺的优等生。

刘伯坚的外公和舅父虽是旧式知识分子，但都具有强烈的爱国主义思想，又特别注重气节。他们除教刘伯坚攻读"四书""五经"等传统典籍外，还给他选了一些富于爱国思想和奋发精神的古典名篇，其中，他特别喜爱背诵文天祥的《正气歌》、司马迁的《陈涉世家》和《刺客列传》等气势磅礴的诗文。尔后，刘伯坚入龙岗"义学堂"。教师易子仪又给他讲了屈原的《离骚》和岳飞的《满江红》，更激起他对爱国诗人和爱国将领的敬慕。

辛亥革命前夕，刘伯坚在庙上得罪了和尚和官绅。父亲怕儿子再惹是生非，就带他外出做生意。他跟父亲跑遍了附近几座县城。目睹国事日非、官绅肆虐、民不聊生、饿殍遍野的景象，他对清王朝的颠顶残暴深为愤慨。每次碰到有人背地里宣传同盟会纲领，他都要刨根求源问个明白，把"驱除鞑虏，恢复中华，建立民国，平均地权"铭记在心。一次去府城，他见到称为"同志军"的青年人在街头人群中宣传，高呼："严惩赵尔丰，收回铁路权！"这给他留下了深刻的印象。回到家中，他便将同盟会的十六字纲领写成条幅，粘贴在自己寝室内。

1911年爆发的辛亥革命，废除了2000多年来的封建君主专制政体，开创了共和大业，举国志士欢欣若狂。刘伯坚同父亲从外地回家不久，武昌起义胜利的消息传到龙岗。他高兴极了，立即带头剪掉发辫，身着短装，高举写着同盟会纲领的四方灯笼，邀集一群好友，在街上大唱大跳，以示庆贺。

1912年春，刘伯坚进入离家50里的岳家寺金斗寨高等小学堂学习。校长是一位姓余的翰林，据说在辛亥革命前夕辞去陕西省提学使，隐退回乡办学。担任史地和数学的教师都是一些青年先进人物。这些人对他的思想颇有影响。一次学堂以"士先器识而后文艺"命题作文，他结合时事，旁征博引，指出古往今来一些文人，"文不符质，虚饰华美，六朝陋习，殷鉴不远，贻害无穷也……"那位翰林校长阅后批道："笔势纵横流畅，历数'文人无行'之害，矢志上进，大器固不待晚成也。"但是，刘伯坚并不满足于此，他决心冲破旧的牢笼，追求新的生活。

沐浴新思潮

1913年春，刘伯坚高小尚未毕业，便考取了省立巴州中学。他异常勤奋，刻苦地研读当时从国外传进来的新学书籍。据他那时的同学回忆，刘伯坚为学好英语和数学，有时上床睡觉还伸出手在被面上默写生字和公式，甚至梦中还念出一串外语。由于他辛勤好学、日益精进，成绩总是名列前茅。一年半以后，刘伯坚认为这所学校是"新学不新""死水一潭"，于是转学到达县的绥定联合县立中学去了。

刘伯坚在绥定联合县立中学读书时，经常阅览报刊，留心时事，觉得辛亥革命并没有给社会带来安宁，也未减轻人民的疾苦，只是倒了个皇帝而已。这时，他已经成为一个喜欢思考并有独特见解的年轻人了。他担任学校主办墙报的选稿人，常以刘铁侠、刘毅伯、刘伯坚等署名发表文章。他的文章才气横溢，富于鼓动性。在一篇以《国难当头，匹夫有责》为题的文章中，他号召维护"共和"，反对军阀割据，反对帝国主义战争，曾遭到保守派师生的攻击。1915 年秋，刘伯坚离开联中，满怀热望，步行 580 里山路，来到四川东面的门户万县，就读于万县省立第四师范学校。

刘伯坚在万县省立第四师范学校读书期间，是他政治思想迅速升华的时期，也是他以爱国主义思想观察社会的时期。目睹插着外国国旗的轮船在长江横冲直闯，洋人到处开商埠、设关卡、办教堂，践踏祖国的肌体，他感到痛心疾首，忧心忡忡。他写道："堂堂炎黄子孙，岂容洋奴欺辱，凡有血气之伦，莫不枕戈饮血。"面对复辟倒退的势力，他呐喊道："再穿上黄马褂，是对民族的侮辱，时代的背叛。"他常对亲友说："你们喊我读'书'，可是，我这蛀书虫，要从书本里面跑出书外，去四方寻找救国之道，探索治国之术。"抱定这个目的，他于 1917 年秋初到了成都。当他得知青年学生可自筹经费去北京找吴玉章、蔡元培协助赴欧勤工俭学时，心中非常高兴。但由于经费无着，当时他未能如愿。1918 年春，他经友人介绍到嘉陵道驻保宁府道尹陈炳塾处做秘书。他办事精干，才思敏捷，文章出众，颇得陈炳塾器重。除给他月薪 120 元外，陈炳塾准备荐举他任苍溪县县长，他婉言谢绝说："我不谋高官厚禄，只图求知救国。"不久，他便毅然辞官，呈书禀告父母："父辈家非殷实，儿欲奋发深造，不得不恒游远方求知。"

1918 年秋天，刘伯坚再赴成都，考入国立成都高等师范学校英语部。差不多一年后，1919 年 8 月，他离校准备去欧洲勤工俭学。在学校中，他学习勤奋，成绩优良。当时正值五四运动前后，学校是五四爱国运动在四川的策源地，吴虞就是这所学校的教员，四川全省学生联合会正副理事长张秀熟、袁诗荛都是这所学校国文部的学生。刘伯坚在校用名刘永锢。在五四运动的时代巨浪中，刘伯坚和同学们积极参与各项活动。他如饥似渴地阅读进步刊物如《新青年》《四川学生潮》等，思考社会现实问题。他的新民主主义革命的理论启蒙，就是在这个学校里开始的。他在思想上更强烈追求真理，坚定了救国救民的决心和信心。

谈到这段求学经历，张秀熟曾称赞他是个"奋不顾身的志士"。刘伯坚的好友、后来也成为共产党员的秦德君回忆道：1919 年五四运动中，经川东道尹署教育科长秦树枫介绍，秦德君与刘伯坚相识，他给秦德君的印象特别深刻。他性格沉静而诙谐，作风显得老练持重，做事一丝不苟，遇问题自有见解，但不轻易开口。他爱劝人独立思考，留心时事。刘伯坚多次来学校，邀约秦德君一起旅欧勤工俭学。

第一次世界大战后的欧洲，在十月革命的影响下，无产阶级革命风暴此起彼伏。当时法国是靠近革命高潮的地区，刘伯坚决定去法国寻求革命真理，1919 年 8 月他离开学校，9 月抵达北京，由"四川留京学会"分配到吴玉章办的高等法文专修馆学习，先居"寓食膳"，而后食住在以南充学生为中心组成的"食劳轩"。他与赵世炎等创办了《工读》半月刊，研究工读的价值，讨论工读的方法。

赴法勤工俭学

1920 年 5 月，刘伯坚在同乡学友中借贷 500 银圆，办好出国手续后离开北京来到上海。6 月 25 日凌晨，他乘法国波尔多斯号邮轮，驶向远洋。"航行 40 日抵法境马赛"，第二天来到巴黎。此行来法同学共 244 人，除由沪落船的 97 人外，其余由香港落船，均系广东官费生。刘伯坚到巴黎后，被分配到比利时工业城市霞洛瓦劳动大学半工半读。他很快地脱下学生装，穿上工作服，置身到工人阶级的行列中。他当搬运工，推小车、洗擦机器，干活不分粗细。就这样，他开始了在欧洲边劳动边求学的艰苦生活和革命活动。据当年同他在一起的伍桂馨后来说：刘伯坚身强力壮，干活儿一个人顶两个人，背、挑都行。别人一次扛一件东西，他一次扛两三件，还一阵小跑。挣来的钱除维持自己生活外，他都支援了困难的同学或作革命活动的经费。1921 年初，刘伯坚从比利时来到法国巴黎，进一步研读了《共产党宣言》《法兰西内战》《资本论》《国家与革命》等马克思主义著作，积极学习苏俄革命的经验。他加入了由赵世炎、李立三组织的劳动学会，积极从事勤工俭学学生和华工的组织工作，与中法反动派以及各种各样的困难进行了不屈不挠的斗争。1921 年 2 月以争取"三权"（吃饭权、工作权、求学权）为主要内容的"二二八"运动，同年 6 月至 8 月的"抗拒中法大借款"运动，以及这年 9 月的"进驻里昂中法大学"等斗争，刘伯坚都是积极的组织者和参加者。在占领里昂中法大学的敢死队中，他和赵世炎、李立三等冲在最前面。这时的刘伯坚已由一个满腔热血的爱国主义者开始转变为共产主义者。他坚信，巴黎公社和列宁领导的十月革命道路是唯一正确的道路，共产主义是中国光辉的未来。他从巴黎寄回龙岗的信中写道："欲使祖国富强，当从世界改革史中求之。"同时，他对资本主义世界也有了直接的感触、清醒的认识。他认为，发达的资本主义国家虽比封建落后的中国先进，但是本质上一样黑暗腐败。他在另一封家信中说："考察欧洲各国的政治、经济、文化、风俗习惯后，不是原有所思的美妙。"

刘伯坚在法国

　　1921 年底和 1922 年初，由赵世炎、周恩来发起，邀请部分团体代表在巴黎共同商讨组织旅欧中国少年共产党的事宜。刘伯坚积极响应并参加了这一活动。会后，他回到比利时建立和发展了基础组织，并先后介绍聂荣臻等加入"少年共产党"。在此期间，刘伯坚与赵世炎、周恩来等保持最密切的联系，互相通信，交流情况，并赠诗互勉。

　　1922 年 6 月下旬，刘伯坚、聂荣臻代表旅比支部，出席了中国少年共产党在巴黎西郊布伦森林中召开的第一次代表大会。会后，刘伯坚回比利时，贯彻大会的各项决议，大力开展工人运动，发展壮大党的组织。同年8 月，根据中共中央的决定，中国共产党旅欧支部成立，旅欧中国少年共产党中够党员条件的转为中共正式党员。刘伯坚任比利时党支部书记。

1923 年 2 月刘伯坚（中排左起第三）出席旅欧中国少年共产党临时代表大会

1923 年 2 月 17 日至 20 日，旅欧中国少年共产党又在巴黎西郊一个小镇上召开临时代表大会。按中共中央和团中央指示，将旅欧中国少年共产党改名为"旅欧共产主义青年团"，通过了周恩来起草的新团章，选举了新的领导机构，周恩来为书记，刘伯坚、肖朴生等为委员。"旅欧共产主义青年团"下分三个支部，分别为旅法支部、旅德支部和旅比支部。

1923 年秋，刘伯坚被选为中共旅欧总支部第三届书记。他由比利时霞洛瓦迁居巴黎哥德伏化街，专门从事总支部的领导工作。为进一步开展党、团的革命活动和宣传马克思主义，他继续努力办好油印的《少年》月刊（后改名为《赤光》）。邓小平还参加刻写油印。他和赵世炎、周恩来、傅钟等经常为刊物撰写有关宣传马列主义和时事评论方面的文章，和国家主义派的《先声周报》、受无政府主义影响的《工会杂志》等，展开了激烈的论战。他们驳斥各种反动的和错误的言论，提高了勤工俭学学生及华侨的思想觉悟。

刘伯坚在负责旅欧总支工作期间，还经常到学生和华工中间去了解情况，掌握思想动态，积极发展党的组织。从中央到地方有不少党员如蔡畅等，就是当时由他亲自介绍入党的。刘伯坚在旅欧党团组织中做了大量工作，积累了丰富的斗争经验，对党的建设做出了重要贡献。

《少年》月刊（后改名《赤光》）

在苏联

1923 年 11 月，党选派刘伯坚、李合林等十余人，作为第二批人员赴苏联莫斯科东方劳动者共产主义大学学习。刘伯坚到了列宁的故乡后，得以实地考察十月革命后的苏联发生的翻天覆地的变化。他亲眼看到苏联人民和世界人民对中国革命的巨大支持，更加增强了对共产主义和中国革命胜利坚定不移的信心。他在给父亲的信中说："到了没有剥削、没有压迫劳工的国度，一切焕然一新……街头无乞丐，路途无盗贼，真是道不拾遗，夜不闭户。男为此目的而奋斗，望堂上勿念！"

刘伯坚在东方劳动者共产主义大学学习期间，正值苏联战后经济恢复时期，生活比较艰苦。他非常珍视这一学习机会，倾注全力，系统地、有计划地研究马克思列宁主义理论和十月革命的经验，深受中国学员的爱戴和尊敬，被公推连任旅莫支部书记达三年之久。

旅莫期间，刘伯坚不仅要负责在东方劳动者共产主义大学和中山大学学习的 200 多名党员的政治思想工作，而且还承担旅莫华侨的事务。他从不叫苦，任劳任怨。由于他工作积极负责，待人宽厚热情，人们由衷地赞称："刘伯坚是中共党内的驻苏大使。"

1925 年 5 月，国内爆发了五卅运动，掀起了反帝斗争新高潮。旅莫支部根据党中央的决定，安排全部中国留学生分期分批回国，投身到实际的革命运动中去。刘伯坚和干事会的同志日夜奔波，为回国的学生办理手续。正当刘伯坚准备回国的时候，旅欧勤工俭学的邓小平、李大章等30多人，因抗议帝国主义残杀中国人民的暴行，举行游行示威，被法国政府驱逐出境，转到苏联学习。党又决定让他留下做接待和安排的工作。

这年秋末冬初，冯玉祥因军事失败转而倾向苏联，派鹿钟麟等一批西北军将领赴苏参观学习，向苏联求援。刘伯坚遵照党中央的指示，组织东方劳动者共产主义大学的一批积极分子负责接待和安排，同他们一道去各地参观，向他们宣传革命思想。不久，冯玉祥又派一批由失业、失学知识青年组成的"学兵团"赴苏学习步兵、炮兵、空军等。刘伯坚将这批学兵分别介绍到苏联各军事院校，同时派东方劳动者共产主义大学的李一特、曾涌泉等人分赴各地军校，做他们的政治思想工作。这为尔后西北军转向革命，奠定了一定的基础。

为了进一步团结教育在苏联各地学习的留学生和华侨，宣传革命思想，交流学习经验，1926年初，刘伯坚与旅莫支部负责共青团工作的曾涌泉等人自筹经费，创办了《前进报》。他用多种笔名，撰写政论、时评、学习心得以及中国革命问题研究和国内新闻报道。他的文章生动活泼，短小精悍，有的放矢，切中要害。这份报纸流传在苏联各地以及德、法、比等国的华侨学生和工人中，颇受旅外华侨和各地留学生的欢迎，影响相当广泛。

1925年10月，王明到莫斯科中山大学学习。他一来就反对旅莫支部向留学生进行的"无产阶级化、纪律化"的教育。刘伯坚坚持党的原则，组织留学生对王明的错误观点进行了斗争，得到大多数党员的支持和拥护。

在职冯玉祥部

西北军在冯玉祥的领导下发动北京政变后，改称国民军。由于倾向革命，西北军遭到反动军阀的仇视。1926年春，冯玉祥军事上完全失利，处于孤立无援、分崩离析的境地，不得不通电下野。共产国际和中国共产党向他伸出了友谊之手，先后派李大钊、苏联顾问鲍罗廷等通过各种渠道与之进行联系。在这样的情况下，冯玉祥决定赴苏学习、考察，探求出路。

这是冯玉祥政治生活中的一件大事，也是他思想发生转变的重要转折。趁冯玉祥赴苏联考察的机会，党组织和共产国际委派刘伯坚参加帮助冯玉祥转化的具体工作。

1926年5月9日正午，刘伯坚组织好东方劳动者共产主义大学和中山大学的中国学生四五百人，偕同苏联各界人士到莫斯科车站欢迎冯玉祥，使冯玉祥极为感动。几天后，刘伯坚、曾涌泉等又以《前进报》记者身份到冯玉祥的驻地"欧罗马旅馆"拜访，并送他一套《前进报》。他系统地向冯玉祥介绍十月革命的成功经验、苏联红军的建军原则和方法，分析如何才能彻底解放中国的劳苦民众，实现孙中山先生的遗愿。

冯玉祥在苏考察三个月，思想发生了一定的变化。他表示欢迎刘伯坚等共产党人和苏联军事顾问乌斯曼诺夫将军等到西北军工作。1926年9月，冯玉祥、刘伯坚和苏联顾问等一行人抵国民军驻地五原。当时冯玉祥部从南口败退至察绥一带，士气低落，军心涣散，士兵衣着褴褛，给养困难。连有些随冯玉祥出访归来的人员，也深感灰心失意。刘伯坚以革命乐观主义态度，给大家鼓气，带头克服困难，稳定军心。冯玉祥这时完全接受了国共合作纲领。在"五原誓师"大会上，冯玉祥宣布改西北国民军为国民联军，自任总司令，配合南方国民革命军北伐。他任命刘伯坚为总政治部主任。

五原誓师后，刘伯坚选派大批政工人员到各军、师、旅、团，分别成立政治部、政治处等机构，担负部队党务和政治训练，整顿和发展队伍，使国民联军军威大振。

经过一段时间的艰苦工作，部队很快发展到20多万人。根据中央北方区领导人李大钊"固甘援陕，联晋图豫"的战略计划，刘伯坚提议总部迁往战略重地包头。这样，北可获得苏联的援助，南亦便于直接取得党的北方区委的领导。党组织为了加快转化西北军的工作，先后派出刘志丹、宣侠父、方仲如、安子文等，任冯玉祥部各军政治部主任，协助刘伯坚整顿和改造这支军阀部队，增强部队的战斗力。刘伯坚还先后在五原、包头、银川、西安等地创办了军政干校和各种军事训练班，招收进步青年学生、下层军官和有文化的士兵入学，培养了一大批基层骨干。其中，不少学员被刘伯坚等秘密发展为中共党员。他经常深入到士兵中去，"每天工作十八小时，整日孜孜不倦，眠食俱废；对于部属，虽一分一刻的时间，亦要查问如何度过，并填表报告之"。冯玉祥认为："刘伯坚确实有热心，有毅力，有才干，有卓著的工作表现，我们无不钦佩他。"

1926 年 10 月，广东国民革命军先后攻克武昌、南昌。国民联军于是在 11 月分兵十路，取道甘肃，进援陕西，解除了直系军阀刘振华部对西安的围困。年底，西北军总部迁往西安城，从此站稳了脚跟。

1927 年的四一二反革命政变发生后，刘伯坚十分愤慨。他迅速发动群众，掀起规模巨大的讨蒋运动。4 月 16 日，在西安市莲花池，30 余个团体、6 万多人召开了"拥护革命军肃清后方，会师中原大会"，向全国人民，向冯玉祥，向武汉政府发出五项通电。5 月 5 日，在西安红城举行了"五一"纪念大会，参加者约 10 万人。刘伯坚在大会上向全国和全世界通电宣布蒋介石的罪状。在人民群众的支持下，冯玉祥宣布率师出陕，"援鄂攻豫，会师中原"。刘伯坚率领大批共产党人和革命青年随军东下，进驻潼关。5 月 15 日攻克洛阳，30 日克复郑州，6 月 1 日占领开封，与唐生智部胜利会师，实现了"会师中原"的战略计划。此时，刘伯坚已看到冯玉祥的政治态度变化，即告党中央："冯玉祥对武汉的态度不好，倾向南京蒋介石。"果然，6 月 10 日冯玉祥参加汪精卫召开的"郑州会议"后，又应蒋介石的邀请参加徐州会议。冯玉祥终于由动摇而公开投靠了蒋介石。7 月 15 日，汪精卫公开叛变，实现了宁、汉合流。冯玉祥也在河南等地和军队中进行大规模的反共"清党"活动，下令查封各县农会，扣押和审讯部队中的共产党人。在形势非常紧张的情况下，刘伯坚镇静地布置工作，嘱咐周围同志："要随时准备应变，迅速转入地下斗争。"对公开身份的共产党员，他坚决要冯玉祥将他们安全送出境。冯玉祥慑于刘伯坚等共产党人在西北军民中的崇高威望，又深感全靠这批人帮助他才起死复生，因而没有采取"杀"的方法，一律用武装押送出境，即所谓"礼送"。

第一次国内革命战争虽然失败了，但刘伯坚等人在西北地区点燃的革命烈火并未熄灭，他们在西北军中传播的马列主义真理也没有消失。刘伯坚以自己的实际行动，为中国共产党在西北军中树立了崇高的威望。

在中央苏区

1927 年 7 月，刘伯坚来到武汉，积极投入挽救革命的斗争。在郭沫若的住处，他对一位任张发奎部宣传干事的老乡说："没有什么忧虑，革命的事业不会就此罢休。"

不久，刘伯坚同爱人王叔振一道去上海从事党的秘密工作。在白色恐怖下，他不顾个人安危，扮成学者、商人，深入基层，鼓舞群众，组织力量，顽强地进行斗争。

1928年春，党又派刘伯坚去苏联学习军事。他先后在莫斯科军政大学和伏龙芝军事学院学习。同年6月18日至7月11日，他参加了在莫斯科召开的中共第六次全国代表大会。

1930年秋，刘伯坚结束了在苏联的学习生活，回到上海，与王叔振一起取道福建，秘密前往中央苏区。刘伯坚到达苏区后，担任中共中央军委秘书长职务，同毛泽东、朱德、周恩来一起，为扩大红军，粉碎蒋介石反革命围剿，巩固和发展红色根据地而斗争。

1931年11月，在江西瑞金召开的第一次全国工农兵代表大会上，刘伯坚当选为中华苏维埃共和国中央执行委员会委员，兼任工农红军学校（后改称红军军事学院）政治部主任。当时的校长是何长工。这所学校先后为红军培训了军事干部五六千人。周恩来到校视察后，表彰该校"比黄埔军校还办得好"。

刘伯坚在中央苏区工作不久，王明从苏联回国。他借助共产国际的力量，在党的六届四中全会上，取得了党中央的领导权。他在思想上、政治上、组织上、军事上推行"左"倾冒险主义。刘伯坚对此十分不满，始终坚持党的正确原则，支持毛泽东的农村包围城市的道路，支持军事上以少胜多的游击战争。因此，他被王明视为眼中钉，遭到排斥和打击。刘伯坚以党的事业为重，忍辱负重，忠心耿耿地为党工作。对那些受王明打击和迫害的同志，他体贴入微，关怀备至。宋任穷被"左"倾机会主义者撤了师政委职务，他的警卫员也被取消了，有一次他手腕因骑马摔坏了，拿东西很困难。刘伯坚立即叫自己的警卫员照料他。宋任穷在回忆这段历史时，语调沉重地说："伯坚同志为人正直，是非分明，平易近人，是党的好同志！"

在宁都起义中

1931年12月14日，震惊中外的"宁都起义"爆发了。这次起义不是偶然的，而是刘伯坚、邓小平等一批共产党人在西北军中播下的革命种子开出的一枝报春花。宁都起义是第二次国内革命战争时期党领导的一次成功的、重大的武装起义。它给予蒋介石反动派以沉重的打击，鼓舞了全国人民抗日反蒋的革命热情，对扩大红军力量、巩固和发展中央革命根据地，起了重要作用。1937年，毛泽东在延安与部分宁都起义的同志合影，并题词："以宁都起义的精神，用于反对日本帝国主义，我们是战无不胜的。"

国民党第26路军的前身，是冯玉祥的西北军的一部。1931年春，被调往江西进攻红军，连遭挫败。九一八事变爆发，民族危机加深，中国共产党向全国人民发出了抗日救国的伟大号召。26路军的广大官兵困处内战前线，既慑于红军威力，又苦于蒋介石对"杂牌军"的歧视，深感民族危机严重，于是响应中国共产党的号召，发出了"回老家，打日本"的呼声。他们联名通电蒋介石，要求北上抗日。蒋介石不仅严加拒斥，而且派出嫡系部队堵住26路军的去路。26路军进退维谷，广大官兵深切想念老政治部主任刘伯坚，盼望把他找回来，挽救这支部队。这时，部队中与上级党组织有联系的党员只有73旅上尉参谋刘振亚。73旅旅长董振堂批准他以"回家探亲"为名到上海去找刘伯坚。刘振亚到上海，见到了中央军委负责军事运动的朱瑞和原西北军的共产党员袁血卒、王超、李肃等，方知刘伯坚已赴中央苏区工作。根据中央军委的决定，袁血卒、王超、李肃三人随刘振亚到26路军工作，成立了秘密党支部，由刘振亚任书记。他们很快发展了26路军参谋长赵博生入党，积极筹划起义。

此时，南昌地下组织一个交通站被敌人破坏，26路军党支部暴露了。部分党员名单落入敌人手中。12月5日，蒋介石的南昌行营拍来十万火急电报，严令缉捕刘振亚、袁血卒等，星夜送南昌惩处。接着，专机传来蒋介石彻底清查26路军中"反动分子"的手令。幸亏"急电"和"手令"全部落到当时主持工作的赵博生手里。形势万分紧迫，党支部研究决定，一面由赵博生发出"遵令即办"的回电以敷衍南昌行营，一面派袁血卒星夜赶往苏区找刘伯坚。

袁血卒化装越过赤白封锁线，到瑞金叶坪中央军委所在地，见到刘伯坚，报告了全部情况。刘伯坚立即向中央做了汇报。翌日晨，由朱德主持军委会议，叶剑英、左权、刘伯坚、李富春、王稼祥等参加，袁血卒也应邀列席。会议研究了26路军的暴动方案，分析了暴动成功的主客观条件，也讨论了万一暴动失败需要采取的措施。会议决定派红四军出动配合行动。毛泽东指示："行动需要坚决，要注意保密，万一不能全部暴动，局部暴动也是好的。"袁血卒即带上叶剑英给的军用地图，由刘伯坚星夜送他离开瑞金。

中央军委指示刘伯坚负责起义的具体指挥工作。刘伯坚与左权、王稼祥等携带电台，进到宁都附近的固原镇。暴动原定 13 日举行，恰巧这天蒋介石为笼络杂牌部队，运来武器弹药、军饷棉衣。刘伯坚等于是决定"礼物"照收，起义推迟一天。14 日夜，赵博生以参谋长的名义在 26 路军总部召集团以上军官大会。董振堂亲自率领特务连在总部和 74 旅之间巡逻，以应付不测事件的发生。会中一士兵因过分紧张而走火，赵博生当即宣布起义。除 25 师的一个团被敌人骗走外，26 路军总部、两个师部、6 个旅部、11 个团以及独立营和直属部队，全部参加了暴动。15 日晨，1.7 万多名官兵浩浩荡荡开赴苏区。刘伯坚率众欢迎。起义官兵大声呼喊："刘主任，您好！刘主任，您好！"刘伯坚频频点头说："昨天晚上，我一夜没睡好，真替你们担心。列宁讲过：'暴动的时机成熟了，一分钟也不能延误！'现在我们胜利了！"当晚，部队暂驻固原休息。刘伯坚起草了《在原国民党 26 路军于宁都起义后加入红军宣言》。次日晨，部队出发前，刘伯坚代表中央军委讲话，宣布起义队伍改编为中国工农红军第五军团的命令。他宣读了毛泽东和朱德签署的委任状，任命季振同为红五军团总指挥，董振堂为副总指挥兼 13 军军长，赵博生任红五军团参谋长兼 14 军军长，黄中岳任 15 军军长，刘伯坚任红五军团政治部主任。此后，刘伯坚与萧劲光、王如痴、何长工、黄火青、程子华等一起，致力于把这支队伍建成一支英勇善战的红军。

刘伯坚在对红五军团进行整顿、改造的过程中，十分重视加强部队的文艺宣传工作。他不仅创办了《猛进报》，而且还组建了"猛进剧团"。他以政治部的名义开办"文化娱乐训练班"，为连队培养宣传骨干。黄镇回忆说："刘伯坚工作再忙，也要挤时间去给大家修改剧本。那时我写了好几个剧本，都是通过他修改的。《破草鞋》经他改后，演出效果很好。后来邓小平还叫把这一段加进《万水千山》中去。"

坚持赣南游击战

1934 年 10 月，红军主力开始长征。刘伯坚在"左"倾错误领导的排斥和打击下，离开了红五军团，调往赣南省军区任政治部主任，坚持敌后斗争。主力红军撤离后，情况日益危急，斗争越来越艰苦。刘伯坚将原《火星报》《战斗报》的人员设备合并，继续坚持办《红色中华报》。

由于受"左"倾冒险主义影响，1935年初，中央分局、中央办事处和赣南省级机关、部队，被敌人围困在狭小的仁风地区，陷入非常严重的危险境地。2月中旬，部队决定分五路突围。为了中央机关和主力安全转移，刘伯坚断后掩护。3月3日午后，他率领的机关和部队，准备最后向粤赣边游击区突围，苦战一天一夜，军区司令蔡会文和少共书记陈丕显与部分队伍冲出了5倍于我的粤军包围圈。赣南省委书记阮啸仙壮烈牺牲。4日上午，刘伯坚率部冲杀到牛岭附近。为掩护政治部所属宣传部的一些小战士，他不幸左腿负重伤，昏倒在地。拂晓，枪声大震，敌人从四周围上来了。刘伯坚翻下担架，拔出手枪，一步一颠向敌阵逼近。他命令部队："快冲出去，我来掩护！"在打完最后一粒子弹后，他不幸落入敌人魔掌。

带镣长街行，志气愈轩昂

刘伯坚最初被关押在驻信丰的国民党粤军第1军第1师第1团团部。由于蒋介石对陈毅、刘伯坚等均以数万元悬赏缉拿，并将照片发至官兵手中。因此，刘伯坚立即被认出身份。敌团长出面劝降，刘伯坚义正词严地驳斥敌人。后来，这位敌团长说："刘伯坚这个人，真不愧是'特殊材料'制成的！"5天后，刘伯坚被押解至江西大庾监狱。粤军第1军军长兼驻赣第6绥靖区司令余汉谋和他的参谋长星夜从赣州赶到大庾，坐镇指挥审讯。在大庾12天的铁窗生活中，刘伯坚以共产党人钢铁般的意志，忍受着敌人的折磨和伤口的疼痛，同敌人进行了顽强的斗争，并给后人留下了气吞山河、光照日月的珍贵遗墨。

敌人多次诱降无效后，3月11日上午，刘伯坚从大庾监狱移囚粤军驻赣第六绥靖区公署。敌人故意押着他走在繁华的大街上，以显示反共的"战功"，震慑群众，妄图从精神上瓦解刘伯坚的斗志。但刘伯坚正气凛然，气宇轩昂，拖着一副十多斤重的铁镣，向含泪伫立的乡亲频频点头示意。他的英雄气概深深地铭刻在人民的心目中。

敌人开始对刘伯坚进行新的审讯。但是居于受审地位的不是刘伯坚，而是国民党反动派。

敌人的军法处长问："你为什么要加入共产党？"

刘伯坚铿锵有力地回答："我看你们国民党，毫无治国救民的办法，故加入共产党，致力于土地革命和工农的解放事业。"

敌人尴尬地追问："你们共产党人有办法，为什么现在弄得一败涂地？"

刘伯坚冷视而笑："胜败乃兵家常事，古人说'野火烧不尽，春风吹又生'。只要革命火种不熄，燎原之火必然漫天燃起。"

军法处长恼羞成怒，大声咆哮："我不是在这里跟你论古道今！我问你：你们野战军奔川黔的意图是什么？"

刘伯坚神态自若地说："此次主力红军出动川黔之意图很明确，是将苏维埃运动扩大到全国范围去，建立苏维埃更大的根据地。何况，现在日寇入侵，为保卫国家疆土，我们更需要号召和团结千百万群众实行民族革命战争。"

"不许你在这里宣传，转移目标。"敌人只好草草收场，"给你纸笔，三天之内交笔供上来。"

刘伯坚拖着沉重的脚镣回到绥署监狱。当天下午，他在狱中写下了那首气贯长虹的抒怀诗《带镣行》，真实地记录了途中的情景。

> 带镣长街行，
> 蹒跚复蹒跚。
> 市人争瞩目，
> 我心无愧怍。
>
> 带镣长街行，
> 镣声何铿锵。
> 市人皆惊讶，
> 我心自安详。
>
> 带镣长街行，
> 志气愈轩昂。
> 拼作阶下囚，
> 工农齐解放。

这些壮丽诗句，字字熠熠生辉，句句焕发光彩，充分表现出刘伯坚甘为无产阶级革命事业赴汤蹈火的英雄气概，誓为工农解放战斗不息的彻底革命精神，以及与国民党反动派血战到底的革命气节。当时同在监狱的赣南军区政治部秘书廖昔昆（廖恩波，同为四川大学校友，四川内江人）、独立第16团参谋长陆如龙（广西百色人）、中共中央办事处交通科长连得胜（上海人）、苏维埃中央政府贸易局会昌分局采办处营业部主任王志楷（江西兴国人）等四人，争先诵读，感慨不已！在刘伯坚的帮助和感染下，他们都表现得勇敢坚强。

敌人逼迫刘伯坚等辨认所有被俘的人。刘伯坚看看这些朝夕相处的同志，摇头回答说："我不认识。"因此，许多同志被当成普通战士和一般群众给释放了，出狱后又继续为党从事革命工作。

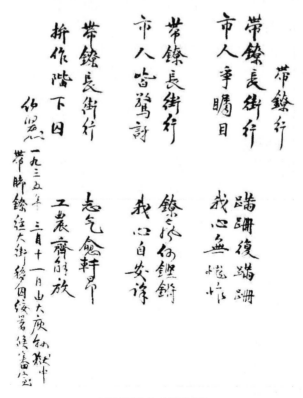

刘伯坚手书《带镣行》

刘伯坚虽然身处缧绁之中，又受尽各种酷刑，行动艰难，但是，为了揭露敌人监狱的黑暗，抒发自己渴望中国革命事业早日胜利的夙愿，寄托对战友继续努力完成革命事业的殷切希望，3月13日清晨，他以炽热的革命激情，写下了一首长诗《移狱》：

> 大庾狱中将两日，
> 移来绥署候审室。
> 室长八尺宽四尺，
> 一榻填满剩门隙。
> 五副脚镣响银铛，
> 匍匐膝行上下床。
> 狱门咫尺隔万里，
> 守者持枪长相望。
> 狱中静寂日如年，
> 囚伴等吃饭两餐。
> 都说欲睡睡不得，
> 白日睡多夜难眠。
> 檐角瓦雀鸣啁啾，
> 镇日啼跃不肯休。
> 瓦雀生意何盎然，
> 我为中国作楚囚。
> 夜来五人共小被，
> 脚镣颠倒声清脆。
> 饥鼠跳梁声啧啧，
> 门灯如豆生阴翳。
> 夜雨阵阵过瓦檐，
> 风送计可到梅关。
> 南国春事不须问，
> 万里芳信无由传。

　　大庾县附近的梅岭，即大庾岭。宋朝设置梅关，为南北交通孔道。古往今来，不少诗人过此咏诗题词。当时，这里是赣粤边的一个游击区。陈毅和刘伯坚等分路突围就是到这一带去打游击。此时，他在狱中没有考虑个人的安危和荣辱，而是担心突围战友是否胜利到达梅关，重新扛起革命的红旗；长征的同志们又是否一路顺利。3月19日夜，面对透进狱中的一抹苍白的月色，他想到自己不能再与同志们并肩战斗了，不胜遗憾，慨然写下一首七绝《狱中月夜》：

> 空负梅关团圆月，
> 囚门深锁窥不得。
> 夜半皎皎上东墙，
> 反映铁窗皆虚白。

3月20日，刘伯坚临刑的前一天，他又给"凤笙大嫂并转五六诸兄嫂"写了第三封信。信中说："弟在唐村被俘时，就决定一死以殉主义，并为中国民（族）解放流血，曾有遗嘱及绝命词寄给你们，不知收到没有？""弟为中国革命牺牲毫不遗恨。不久的将来，中国民族必能得解放，弟的热血不是空流了的。"在生命的最后时刻，他谆谆教育后代，一再嘱咐虎、豹、熊三个孩子，"最重要的，诸儿要继续我的志向，为中国民族的解放努力流血，继续我未完成的光荣事业"。

3月21日10时许，一队全副武装的敌人打开铁门。刘伯坚冷眼一看，心中明白，最后的时刻来到了。他转身艰难地整理了一下军装，然后坦然自若地迈开沉重的脚步，向外走去。敌人将他押到城隍庙大殿前，桌上早已摆好几样酒菜。敌军官颤抖地说："刘先生，请吃吧！吃了有事商量！"刘伯坚微微一笑："吃吧，吃了去死有啥商量的！"刘伯坚从容进食，然后将碗筷一推，引吭高唱《国际歌》。

敌军法处长狰狞一笑说："刘先生！多天不见了，让你考虑的问题怎样了？"

刘伯坚斩钉截铁地说："我根本没有什么可考虑的！"

"难道你就不怕死吗？"

"怕死？怕死不革命，革命不怕死。要杀便杀，要写没有，何必多废话！"

敌军法处长拍案而起："好，今天就枪毙你，看你强硬到几时！"

刘伯坚哈哈大笑："就请枪毙吧。共产党员是毙不尽杀不绝的！"

"住嘴！我问你在正法前还有什么后事？"

"后事吗？有。第一，我要写封家信，交待我的子孙后代要将革命进行到底！不许你们扣留。第二，我死之后要把我葬在梅关。"

"为什么死了还要葬在梅关？"

"葬身于梅关，站得高望得远，使我死后也能看到革命的烽火到处燃烧！""让熊熊的烈火把法西斯制度彻底烧掉！"

敌人摇头叹气道："死到临头还要这么硬。"只好令人拿给他纸笔。

刘伯坚镇定自若，挥笔疾书，谆谆叮嘱爱人王叔振：

> 你不要伤心。望你无论如何要为中国革命努力，不要脱离革命战线，并要用尽一切力量教养虎、豹、熊三幼儿成人，继续我的光荣事业。
>
> 我葬在大庾岭梅关附近。
>
> 十二时快到了，就要上杀场，不能再写了。致以最后的革命敬礼！

刘伯坚

三月二十一日

于大庾

刘伯坚将笔搁下，整整衣冠，昂首走出了敌人的法庭。他登上刑车，向沿途告别的群众纵情高呼："中国共产党万岁！打倒国民党反动派！"一名伟大的共产主义战士就这样离开了人们。

刘伯坚一生追求真理，坚持真理，为中国人民的解放和共产主义事业流尽了最后一滴血。他虽死犹生。他的精神永远激励着我们前进。

巴中刘伯坚纪念碑和纪念馆

（白明高编写，李金中改编）

参考资料：

1. 陈永久. 刘伯坚将军传 [M]. 北京：解放军出版社，1987.

2. 赵红. 刘伯坚 [M]. 长春：吉林文史出版社，2011.

3. 刘豹. 刘伯坚 [M]. 北京：人民出版社，2014.

4. 军事科学院解放军党史军史研究中心. 刘伯坚 [M]. 北京：学习出版社，2020.

5. 中共四川省委党史研究室. 四川党史人物传：第 1 卷 [M]. 成都：四川人民出版社，2016.

6. 卢禹池. 刘伯坚：用生命和鲜血谱写信仰之歌 [J]. 新丝路，2020（4）：145−146.

7. 邓寿明. "带镣长街行，我心自安详"：掩护红军长征的刘伯坚 [J]. 四川党的建设（城市版），2005（12）：62−63.

8. 刘晓农. "军中骄子"刘伯坚的怜子情［J］. 党史文苑（纪实版），2016（6）：11－15.

9. 中国中共党史人物研究会. 中共党史人物传：第4卷［M］. 北京：中国人民大学出版社，2017.

10.《阳光阅读》丛书编委会. 革命烈士诗抄［M］. 银川：阳光出版社，2015.

11. 中国青年出版社. 革命烈士书信：汇编本［M］. 北京：中国青年出版社，2015.

12. 萧三. 革命烈士诗抄［M］. 北京：中国青年出版社，2015.

13. 王永均，刘建皋. 中国现代史人物传［M］. 成都：四川人民出版社，1986.

14. 朱敏彦. 中共党史人物研究荟萃［M］. 上海：复旦大学出版社，1993.

15. 何云春. 中华红诗精选：珍藏版［M］. 北京：线装书局，2013.

16. 凌岳. 最打动人心的革命烈士书信［M］. 桂林：漓江出版社，2012.

17. 丁启清，等. 革命英烈传［M］. 苏州：苏州大学出版社，2010.

18. 张天清. 红色家风［M］. 南昌：百花洲文艺出版社，2018.

19. 邢建榕，等. 正义的觉醒：1929年至1937年的中国故事［M］. 上海：上海锦绣文章出版社，2009.

20. 洪梅，李江源. 红色英烈［M］. 南昌：江西高校出版社，2007.

21. 陈晓春. 100个红军的故事［M］. 南昌：江西高校出版社，2007.

22. 张幼平，程华. 中国共产党早期领导人的故事［M］. 太原：山西人民出版社，1998.

23. 丁新约，等. 中国共产党英烈志［M］. 青岛：青岛海洋大学出版社，1991.

24. 张植信，杨松林. 将帅青年时［M］. 济南：山东人民出版社，1985.

25. 孟昭庚. "生是为中国，死是为中国"：刘伯坚烈士家书［J］. 党史纵览，2014（4）：16－19.

26. 李剑. 刘伯坚：荆卿豪气渐离情［J］. 党史纵横，2012（11）：9－12.

27. 孟劲帆，曾祥健. 刘伯坚：宁都暴动的幕后英雄［J］. 党史文汇，1997（2）：18－20.

28. 白明高. 刘伯坚夫妇及他们的遗书［J］. 四川文物，1987（2）：56－58.

29. 孟昭庚. 刘伯坚就义前的三封家书［J］. 福建党史月刊，2012（13）：49－51.

30. 斧生. 延河边的童年：刘伯坚烈士之子的回忆［J］. 红岩春秋，1995（6）：40－51，1.

31. 林天乙. 刘伯坚同志在狱中述评［J］. 革命人物，1986（S1）：56－59.

32. 王检生. 刘伯坚在赣南的日子里［J］. 党史文苑，2007（17）：42－46.

廖恩波烈士——转战东南意未休

廖恩波烈士

投身革命即为家，
血雨腥风应有涯。
取义成仁今日事，
人间遍种自由花。

　　这是陈毅元帅在赣南游击战争的艰苦环境下写成的脍炙人口的《梅岭三章》中的一首，既表达了他豪迈宽广的革命胸怀，也是与他风雨同舟的战友的真实写照。赣南军区政治部秘书长廖恩波（1901—1935）烈士就是这样的战友之一。

　　廖恩波是当时的公立四川大学（四川大学前身）工科学院机械科1926年毕业生，曾任校学生会主席，四川全省学生联合会执行部主任，毕业后长期在成、渝、自流井从事革命活动，先后任中共川西特委组织部部长、中共四川省委行动委员会组织部部长、"广汉兵变"前敌委员会书记、中共四川省委书记。他后去中央苏区，在中央军委工作。红军长征后，他与刘伯坚留在赣南军区坚持游击战争，1935年3月与刘伯坚同时壮烈牺牲，时年34岁。

少年爱国

廖恩波，又名廖承永，化名廖时民（世民）、廖昔昆（昔崐、锡坤）。1901年，他生于四川省内江市椑木镇元山子。父亲廖振奎是清末秀才和私塾先生，在廖恩波幼年时因病离开人世。廖恩波随母亲在白马庙度过了他的童年。他六七岁被送去白马庙私塾念书，后来转至内江县城南街小学堂。1917年，廖恩波小学毕业，考入内江县立中学。他爱好算术，渴求新知识。每逢周末，他还喜欢和同学一起，摆谈古代英雄人物的故事，议论灾难深重的祖国和社会的不平。他为人耿直，性格倔强，有反抗精神，对当时学校陈腐不堪的教学内容和规章制度常表不满。

1919年，五四爱国运动的消息传到内江，青年学生极为振奋。加之这年暑假在外地读书的内江籍学生返回家乡，带回一些五四运动宣传新文化、新思潮的刊物，如《新青年》《湘江评论》以及《星期日》《四川学生潮》《威克烈》等，在部分青年中传阅，沉静的内江城开始沸腾起来。廖恩波积极地参加了内江的学生爱国运动。他和同学们一起组织了"日货检查队"，劝告店主"商人要知亡国恨"。由于廖恩波表现特别积极，在内江县学生联合会成立时，他被推选为主要负责人之一。

廖恩波故居

内江县学生联合会成立后，针对当时内江的教育受到封建学阀把持和军阀割据势力摧残的现状，决定发动一场争取学生自治的斗争。那时，有一些奸商，由于受到内江县立中学抵制日货的打击，怀恨在心，勾结内江县立中学的校长古德钦（绰号叫古罗汉），妄图对学生严加"管教"，把学生束缚在课堂上。这件事引起了大多数同学的不满，他们在廖恩波的带领下，去找校长说理，反对学监制和校长的专横。学生的合理要求，遭到了校长的训斥和拒绝。同学们极为气愤，廖恩波挺身而出，带领同学们继续进行斗争。对此，古德钦恼羞成怒，竟暗中勾结县衙当局，指控廖恩波"带头闹事"，是"当今的余孽"，且"品行不端"，强行挂牌将廖恩波开除学籍。对于这种卑劣的行径，廖恩波将挂在校门口的开除布告牌打碎，丢进了粪坑，以示抗议。同学们对学校的这一处理，也纷纷表示不满和反对。学校当局见众怒难犯，怕激起更大的风波，被迫同意发给廖恩波转学证书。这件事，刺激了青年廖恩波的心灵，他愤然离校。

投身革命

廖恩波被强令转学后，离开家乡，到达成都，在内江旅省同乡会的帮助下，转入资属中学插班读书。中学毕业后，1922年夏，考入四川公立工业专门学校（公立四川大学工科学院前身）机械科进行学习。

当时，成都人才荟萃，新文化、新思想广泛传播。廖恩波到成都后，先后认识了王右木、吴玉章、杨闇公等四川早期的一批革命家。在他们的教育和影响之下，他思想进步很快。廖恩波和一些进步青年积极参加了王右木组织的马克思读书会的活动，开始接触到马克思主义理论。在读书会中，他听了王右木讲的《唯物史观》《资本论》《社会主义神髓》等，阅读了《共产党宣言》《阶级斗争》等著作，视野大为开阔。与此同时，廖恩波还和学校中的一些志同道合的同学在一起，也组织了一个读书会，阅读进步书刊。后来，杨尚昆在回忆中写道："我在成都高等师范学校附中读书时，闇公四哥就曾介绍我同廖恩波相识，参加他们所组织的读书会。当时读的书，如《欧洲社会思想史》等，虽然还不是马克思主义著作，但读书会会员从这些书里已经知道了马克思、恩格斯的名字，初步接触到了马克思主义学说。"廖恩波组织读书会会员们一面学习革命理论，一面畅谈时局、研究问题，对马克思主义思想在校内外的广泛传播，起了积极的推动作用。

1922 年，廖恩波在学校加入了中国社会主义青年团，成为四川早期的团员之一。此后，廖恩波为了向家乡人民传播马克思主义思想，以扩大革命的影响，常常利用回家度寒暑假的机会，仿效成都读书会的形式，与黎灌英、谢独开、廖释惑等进步青年一道，在内江城里的太平巷杨家祠堂内秘密组织了一个读书会。他们邀约了一批社会青年和内江县立中学的学生，一起阅读《向导》《中国青年》和一些介绍马克思主义、社会主义的文章等。会员们还利用星期日在一起聚会，畅谈读书体会，探讨、辩论一些社会问题。发生争论时，廖恩波总是认真地倾听各方面的意见，然后发表自己的见解。为了尽量把问题说得透彻、明白，他总是不断地比画手势，读书会的讨论显得十分生动活泼。廖恩波还常常教育会员们，要热爱祖国，以"天下兴亡，匹夫有责"勉励大家。此外，会员们还结合内江的社会实际，组织演讲队开展宣传工作，以便广泛传播马克思主义和唤起社会民众的觉悟。

同时，廖恩波又根据成都团组织的决定，除广泛联系群众，发展读书会的会员外，还及时将读书会的优秀会员吸收到社会主义青年团里，并组成了内江县第一个社会主义青年团小组，从思想上、组织上为后来的内江地下党组织的创建奠定了根基。

1924 年，廖恩波为团结更多的青年同学进行社会活动，联络在成都读书的内江籍学生，发起组织了"内江旅省同学会"。廖恩波被推选为会长。"内江旅省同学会"成立后，为了揭露和控诉当时内江的封建反动势力对人民的摧残，传播革命的火种，特地创办了油印刊物《不平鸣》。廖恩波为刊物写了发刊词。发刊词结尾写道："当今野草丛生，谁是锋利的剪草机呢？"文章用反问的笔调，把矛头指向内江的"三九"，即县团练局局长马祥九、商会会长林基九、浮桥经费收支所所长范承九。"三九"相互勾结，贪污田粮，鱼肉乡民，称霸地方，早已为内江各阶层人民深恶痛绝。《不平鸣》刊物上公开揭露"三九"的罪行后，激起了内江人民的斗争热情。在黎灌英和谢独开等人领导下，开展了一场轰轰烈烈的反对"三九"的公民大会。当局在民众的压力下，不得不将"三九"关押起来，以息民愤。

廖恩波在校内外进行革命活动的卓越组织才能和显著成就，逐渐引起了成都学生界的注意和敬慕。他先后被推选为学校的学生会主席和四川全省学生联合会的执行部主任（即主席），成为领导全省学生运动的杰出人物之一。从此之后，他更加努力地工作。

1925年，上海五卅惨案发生后，中国共产党发出了"反抗帝国主义野蛮残暴的大屠杀"的号召，反帝的怒吼声遍及全国。当时在成都，民众异常激昂。他们在团组织的领导下，积极行动起来，掀起了一场席卷成都地区的群众性反帝爱国运动。为了执行党中央关于反帝反封建的统一战线政策，团结工农商学兵一起行动，经过廖恩波等人的奔走联系，6月17日，校内召开了25所学校学生代表紧急会议，商议了声援上海人民进行斗争的问题。接着，成都各界100多个团体的代表约1000人，在川北会馆正式成立了"上海英日惨杀华人案成都国民外交后援会"。在会上，廖恩波报告了上海五卅惨案的经过。他的报告感情奔放，极大地激发了代表们的反帝爱国热情。会议还研究决定成立总务、文书、庶务、宣传、交际五部来做"后援会"的具体工作，由总务部统筹一切。廖恩波任总务部主任。

6月20日，"后援会"召开了各部紧急联系会议，决定次日举行全市国民大会，同时决定由总务部主任廖恩波担任会务主席。6月21日是一个星期日。上午11时，廖恩波宣布大会开始；接着由宣传、文书、庶务等部主任发表讲演，与会群众无不义愤填膺。最后，廖恩波怀着无比激动的心情，代表"后援会"向大会提出了四项议案："一，请政府照吾人目的向英日严重交涉，立刻释放被拘华人，赔偿死者命债及受伤医药费，惩办英日肇事官及凶手，英日政府向我道歉；二，凡英日在华所雇佣之中国人，一律退职；三，与英日经济绝交；四，联合世界被压迫民族，打倒帝国主义。"廖恩波宣读完毕，万众高呼，一致赞成。顿时，悲壮激昂的战斗气氛，使整个会场变成了一片愤怒的海洋。

廖恩波在波澜壮阔的革命学生运动中锻炼成长。1926年初，在学校，他经吴玉章同志介绍，由共青团员转为中国共产党党员。从此，在党的领导下，廖恩波更加忘我地工作和战斗，开始了职业革命家的生涯。

自流井播火种

1926年夏天，廖恩波从学校毕业后，被中共重庆地方委员会即中共四川省委派往川南自流井，协助中共重庆地方委员会委员刘远翔在盐场工人中开展工作。廖恩波和刘远翔一起，经过一番艰苦努力，建立起了中共自流井特别支部。

自流井特支工作的重点是盐工运动。这里的工贼常常勾结绅士、军阀，倚官仗势，破坏工人组织，给党组织在自流井开展工人运动带来了困难。廖恩波常常以一身盐工打扮，顶风冒雨，风尘仆仆地奔走于釜溪河畔的东、西盐场，出没在盐工喝茶的茶棚或居住的茅寮之中。他与他们交朋友，促膝谈心。起初，他只是随便拉拉家常，嘘寒问暖，后来他了解了盐工的切身痛苦和要求，他的话语对盐工们影响很深，大大激发了盐工们的阶级觉悟。

不久，自流井特支接到中共重庆地方委员会指示，要求尽快地组织和领导盐场工人进行斗争，以支持北伐战争。此时，中共自流井特别支部由廖恩波接任书记。经过三个多月的思想发动和组织准备，在贡井的长土镇洞云寺召开了自流井盐场第一次机车工人代表大会。廖恩波到会作了《关于成立机车工会的报告》，他用通俗的语言，阐述和分析了成立工会组织的重要性，以及盐工们组织起来就有力量的道理。大会经过讨论，正式成立了自流井长土机车工会。接着，盐场各帮工会也在中共自流井特别支部的领导下相继成立。

1927年1月，中共自流井特别支部再次组织召开工人代表大会，决定利用旧历年关，开展一场以增加工资为中心内容的全盐场工人大罢工。经过准备，一场声势浩大的盐场工人大罢工开始了。在工人群众的强烈要求下，井商会只好接受了工人们提出的增加工资、改善伙食、减少工时和不干附加活路等条件。这样，自流井现代史上的第一次盐场工人大罢工取得了初步的胜利。

大罢工之后，中共自流井特别支部把在斗争中表现积极的工人骨干分子吸收入党，壮大了党的组织。从此，自流井盐场工人运动的烈火愈烧愈旺。

1928年2月，四川省临时省委在巴县铜罐驿举行了第一次扩大会议，决定全川各级党组织在二三月春荒之际，组织和发动群众，以造成全川总暴动的局面。于是，廖恩波等于2月中旬，组织了自流井盐工第二次大罢工，前后坚持了18天，又一次取得了胜利。

廖恩波等人由于在工人运动中的频繁活动，引起了敌人的极大恐惧。

反动当局于是悬赏捕捉廖恩波。为了保存革命力量，中共四川省委决定将廖恩波等主要负责人撤离自流井。

领导广汉兵变

离开自流井以后，廖恩波受中共四川执行委员会的派遣，辗转于川南、川西一带地区，检查各地党组织的发展情况。

1928 年"二一六"惨案后，中共四川省委决定增大川西特委的权限，加强和统一领导川西地区 20 余县党的工作。廖恩波负责中共川西特委的组织工作。在特委工作期间，廖恩波经常深入农村、工厂和学校开展革命活动，使川西地区党的组织工作逐渐得到恢复和发展。

正在这时，受李立三"左"倾冒险主义错误的影响，中央要求在全国举行武装暴动。中共四川省委第一次代表大会在重庆召开，决定将党、团、工会的各级组织合并为武装起义的各级行动委员会，以配合全国的总暴动。于是，中共四川省委行动委员会在重庆宣布正式成立。成都也成立了川西行动委员会，廖恩波任组织部部长。川西行动委员会计划发动广汉兵变，以配合江津、荣威（荣县、威远）、梁达（梁山、达县）等地的士兵暴动和农民暴动，进而组织红军，实行土地革命，建立苏维埃政权。川西行动委员会指派廖恩波担任前敌委员会书记，直接领导暴动。

1930 年 10 月 25 日晚上 11 时，广汉中学的钟声敲响，兵变爆发了。但仅四五天之后，广汉兵变就在国民党二十八军邓锡侯部、二十九军田颂尧部的联合镇压和反动势力的破坏下，遭到了失败。

广汉兵变失败后，国民党反动派进行了疯狂反扑，在广汉、成都等地残酷捕杀共产党人和进步群众。廖恩波根据党组织的指示，暂时回内江家乡，进行隐蔽活动。

廖恩波在和中共内江党组织取得联系后，把贫苦蔗农组织起来，与糖坊老板进行了斗争。这次斗争，在内江的农民运动史上有较大影响。

1931 年春，中共四川省委迁到成都。5 月间，廖恩波调至成都担任中共四川省委组织部部长。他常常冒着严重的白色恐怖，奔波各地，为恢复和重建全川党的组织辛苦工作。

1933 年夏，四川军阀"二刘战争"结束后，形成刘湘独霸四川的局面。随后，刘湘把他的指挥机构从重庆搬到了成都。在这之前，1932 年 5

月，中共四川省委宣传部部长张春帆已奉中央通知去上海。1933 年 1 月，中共四川省委军委书记程秉渊即程子健又赴上海向党中央汇报工作，后留中央军委工作。这样，廖恩波又担任了中共四川省委军委书记。当时，中共四川省委主要领导人就只有廖恩波和省委书记罗世文、省委秘书长史伯康了。为了使全省党组织在这种恶劣环境下保持战斗力，避免遭受敌人的破坏和摧残，廖恩波特在成都主持召开了一次中共四川省委扩大会议。他在会上具体分析了四川的斗争形势和实际情况，代表省委宣布了关于撤销川东、川南和川西三个特委组织，建立梁万（梁山、万县）、巴县、泸县、宜宾、内江、南充、三台、安绵（安县、绵竹）、成华（成都、华阳）九个中心县委的决定。

1933 年 8 月，中共四川省委书记罗世文受党中央委派赴川陕苏区协助红四方面军工作，廖恩波接任中共四川省委书记。

苏区岁月

1933 年 10 月，廖恩波接党中央通知，前往江西中央苏区。他作为白区中共四川省委的代表参加了在江西瑞金召开的党的六届五中全会，接着又参加了中华苏维埃共和国第二次全国代表大会。随后，他被留在中央机关工作。

当时，正是国民党对中央苏区进行第五次军事"围剿"和实行严密经济封锁的时期。苏区的物资供应十分困难和紧张，尤其是粮食、食盐、医药品等。在极端困难的条件下，为了粉碎国民党的"围剿"，克服红军在反"围剿"战斗中的财政困难，在党中央的领导下，《红色中华》机关报于 1934 年 3 月，特向中央工农民主政府各机关团体，提出在 4 月至 7 月内节省行政费用 80 万元的号召。这个号召发出后，立即得到中央机关团体工作人员的热烈响应。中共中央机关从白区到中央苏区的外省籍工作同志联名写信给《红色中华》报，表示愿意"每天少吃二两米，不领今年热天穿的衣服，以节衣缩食的实际行动来响应《红色中华》报的节省号召"。廖恩波和陆定一、邓颖超、博古、陈云、毛泽覃、成仿吾、罗迈、潘汉年、贾拓夫等 22 人，都在这一信上签了名。在他们的积极带领下，中央各机关团体在 4 个月内共节省行政费用 130 余万元，超过了原计划的 62%。廖恩波等人的行动，充分表现了他们积极响应党的号召，一心为革命的崇高品德。

1934 年 10 月，中央苏区在王明"左"的错误的危害下，第五次反"围剿"失败。中央红军主力部队不得不突围转移，开始了二万五千里长征。

为了配合主力部队的突围，根据中央事前的布置和决定，8 月间就在江西的于都、兴国、安远、信丰等十几个县，组织了中共赣南省委和赣南省军区，廖恩波奉命留下来担任赣南省军区政治部秘书（职位仅次于政治部主任刘伯坚），继续坚持游击战争。

在项英、陈毅、贺昌、阮啸仙等领导下，中央苏区的广大军民展开了艰苦卓绝的游击战争。廖恩波带领赣南省军区政治部的政工人员和文工团团员们，不畏艰难险阻，翻山越岭，深入部队驻地，为广大指战员和人民群众宣传演出，进行政治思想教育工作。他常常满怀豪情地鼓励大家：在敌军压境，敌强我弱的不利形势下，要做好充分的思想准备，以应付各种复杂的局面，为保卫苏区和完成党中央交给的任务，英勇战斗，不惜牺牲自己的生命。

最后献礼

1935 年 1 月，国民党又纠集了大批兵力，妄图在一个月内荡平留在江西的红军游击队。当时，形势十分严重。留在中央苏区的中共中央分局、中央办事处和中共赣南省委、省军区等机关部队，被敌人分割包围在狭小的仁风地区，陷入了非常危险的境地。为了保存革命力量，中共中央分局在请示党中央并得到中央的指示后，将部队化整为零，组织向外突围，在中央苏区及其周围坚持地方游击战争。

3 月 4 日下午，廖恩波和中共赣南省委党政军的负责人一起，率领机关部队 1800 多人，冒着倾盆大雨，离开了仁风地区，开始向粤赣边游击区突围转移。当时，部队突围到达信丰、大庚境内的马岭附近，遭到 5 倍于我军的国民党粤军余汉谋部的阻击。在此危急时刻，廖恩波以身作则，带领机关人员和部队战士，奋勇杀敌，打退了敌人一次又一次的围攻。战斗持续了一整天。到 3 月 6 日，剩下的部队在信丰、会昌交界的金沙、罗坑、石寮、鸭婆坑一带，被粤军余汉谋的第 1 军第 1 师第 1 团重重包围。在弹尽粮绝、伤亡惨重的情况下，除少部分战士冲出重围外，大部分壮烈牺性，廖恩波和中共赣南省军区政治部主任刘伯坚、独立第 16 团参谋长陆如龙、中共中央办事处交通科长连得胜、苏维埃中央政府贸易局会昌分局采办处营业部主任王志楷等五人不幸被俘，落入了敌人的魔爪。

他们随即被押往驻信丰的敌军团部。后又被押往大庾县监狱，3 月 11 日又被囚于粤军驻赣第六绥靖区公署。

廖恩波被捕以后，受尽了敌人的折磨。但是，他从被捕的第一天起，就做好了至死不屈的思想准备。敌人为了从他口里捞到党组织和红军游击队在赣南的活动情况，对他用尽了种种酷刑，还诱之以高官、金钱和美女，但立即遭到廖恩波的严词拒绝。廖恩波怒不可遏地说："我是一个共产党员，个人的生活、行动，均受党的支配。要杀就杀，没有什么可说！"敌人又拿来笔纸，威逼他写"笔供"。廖恩波嗤之以鼻。然后，他用那戴着沉重镣铐的手，毅然挥笔，慷慨激昂地写道："我之加入中国共产党，系为彻底推翻帝国主义在华统治和废除封建剥削制度，献身于中华民族解放运动。"短短的"笔供"，表述了一个无产阶级革命者的伟大胸怀和高尚的品格。这浩然正气，敌人也为之震慑。

1935 年 3 月 21 日，大庾县县城阴风惨惨，戒备森严。从绥靖公署通往城北门金莲山的一段二里多的公路上，敌人五步一哨，一步一岗，左右两旁而立。中午 12 时，一群刽子手将戴铐拖镣的刘伯坚、廖恩波等五人，五花大绑，推上刑车，押往金莲山刑场杀害。面对着死亡，廖恩波等人不停地大声高呼"打倒反动派！"和"中国共产党万岁！"激昂的呼声，响彻了赣水两岸，震荡着大庾县城。

廖恩波从他在学校参加革命到壮烈牺牲，历经曲折坎坷，前后十余年。为民前驱，精神永恒。正如 1936 年 3 月陈毅《赠同志》诗云：

> 二十年来是与非，
> 一生系得几安危？
> 莫道浮云终蔽日，
> 严冬过尽绽春蕾。

（张模超编写，陈光复、李金中改编）

参考资料：

1. 中国中共党史人物研究会. 中共党史人物传：第 31 卷 [M]. 北京：中国人民大学出版社，2017.

2. 中共四川省委党史研究室. 四川党史人物传：第 2 卷 [M]. 成都：四川人民出版社，2016.

3. 中国人民政治协商会议内江市市中区委员会文史资料委员会. 内江市市中区文史资料选辑：第 24 辑 [Z]. 1986.

4. 任一民. 四川近现代人物传：第 1 辑 [M]. 成都：四川省社会科学院出版社，1985.

5. 中共内江市委党史工委办公室，中共内江市委组织部. 内江英烈：第 1 辑 [Z]. 1986.

6. 四川省情网. 廖恩波 [EB/OL]. http://scdfz.sc.gov.cn/scyx/scrw/scszrwz/content_8026.

7. 王友平. 民主革命时期英勇牺牲的六位中共四川地方领导人 [J]. 四川党史，2001（3）：36-39.

8. 胡华. 中共党史人物传：第 32 卷 [M]. 西安：陕西人民出版社，1987.

9. 中国人民政治协商会议内江市市中区委员会文史资料委员会. 内江市市中区文史资料选辑：第 25 辑 [Z]. 1987.

10. 王健英. 中国红军人物志 [M]. 广州：广东人民出版社，2000.

11. 王健英. 红军人物志 [M]. 北京：解放军出版社，1988.

12. 郑建英，陈文桂. 新编中共党史简明辞典 [M]. 哈尔滨：哈尔滨出版社，1991.

13. 四川省内江市东兴区志编纂委员会. 内江县志 [M]. 成都：巴蜀书社，1994.

14.《革命烈士传》编辑委员会. 革命烈士传：第 4 集 [M]. 北京：中共党史资料出版社，1990.

15. 后云. "五卅"运动与中共四川地方委员会的建立 [J]. 社会科学研究，1988（4）：89-92.

16. 赵青，凌冬梅. 从成都马克思读书会说起 [J]. 红岩春秋，2020（4）：48-51.

17. 张模超，粟时勇. 记廖恩波烈士（征求意见稿）[J]. 重庆师院学报（哲学社会科学版），1983（2）：43-50.

余泽鸿烈士——捷报飞来当纸钱

余泽鸿烈士

红军长征之艰苦，牺牲烈士之众多，举世闻名。然而，许多率领红军游击队牵制敌人、保证红军主力长征而壮烈捐躯的英雄，却鲜为人知。当时的国立成都高等师范学校（四川大学前身）英语部1922级学生，曾任中共中央秘书处秘书长，奉命配合红军主力长征，后在牵制敌人战斗中牺牲的中国工农红军川南游击纵队政委余泽鸿（1903—1935）烈士，就是一个典型。

追随恽代英

余泽鸿，又名余世恩，字因心，号泽鸿，笔名晓野、笑影，化名张顺如、陈晓野。1903年3月13日，他生于四川省长宁县梅硐场。

余泽鸿年少时聪明伶俐、勤奋好学。他6岁开始发蒙读私塾，13岁进长宁县高等小学。由于受到五四运动新思潮的影响，1921年秋，他考入泸州川南师范学校。不久，恽代英任该校校长，十分关心青年的疾苦和成长。在他的影响下，余泽鸿刻苦学习，阅读进步报刊，积极参加社会活动。经恽代英介绍，他首批加入中国社会主义青年团。

余泽鸿烈士故居

军阀赖心辉视恽代英为眼中钉，1922 年 7 月指使永宁道尹张挺生，乘恽代英去上海之机撤销其校长职务。事发后，激起全校师生的反对，余泽鸿等发起了"学校公有运动"，提出"学校是人民公有的，军阀不得私有"，随后赶走了新任校长。9 月，恽代英回到泸州。为保存进步力量，他表示只要军阀不干涉学校事务，校长人选就不要坚持了，但学生们不同意。当局拘留了恽代英，开除了九名学生领袖。余泽鸿等六名学生将被子带到县府拘留所，与其爱戴的老师恽代英同食同寝。他们表示，如不释放恽代英，就誓死也不离去。当局慑于社会舆论压力，加上国立成都高等师范学校校长吴玉章担保，于是释放了恽代英，撤销了开除学生的决定。

1922 年 10 月，余泽鸿等进步学生随恽代英步行来到成都。恽代英以国立成都高等师范学校教师职务为掩护从事革命活动，余泽鸿则满怀忧国忧民的思想考入当时的四川公立外国语专门学校（四川大学前身）。在校期间，余泽鸿与邹进贤等筹办了《青年之友》刊物，宣传革命思想。1924 年 6 月，余泽鸿等以四川全省学生联合会代表的身份，到上海出席全国学生联合会第六届代表大会。

出任中央秘书长

1924 年 7 月，余泽鸿在上海开完会后留下来，转入党为培养革命人才而办的上海大学社会学系学习。他认真阅读马列著作和各类进步报刊，思想进步很快。由于成绩优异、思想敏锐、长于宣传鼓动，1924 年秋他被选为淞沪四川学生会领导人之一。当年底，他和李硕勋、郭伯和等发起组织"平民世界学社"，义务讲授文化知识和马列主义，为五卅运动培养了一批积极分子。1925 年春，余泽鸿担任了上海大学 C. Y.（共青团）特支书记，同时经恽代英等人介绍加入了中国共产党。

　　1925 年 5 月 15 日，日本资本家在上海枪杀了工人共产党员顾正红。事件发生后，上海工会召集各界开紧急会议，余泽鸿应邀出席。会后，余泽鸿积极组织上海大学同学宣传、募捐、声援工人斗争。5 月 30 日，余泽鸿与何秉彝等上海大学学生与工人、市民一起到租界演讲、示威、游行。英国巡捕开枪屠杀群众，当场死伤数十人，制造了震惊世界的五卅惨案。接着，党中央号召上海人民立即罢工、罢课、罢市。余泽鸿被推选为上海工商学联合会委员。他立场坚定，深入群众，一直站在斗争第一线。陈云同志称赞他为"上海群众运动的有名领导人"。

余泽鸿《研究社会科学的方法》

　　同年 9 月，上海各大中学先后复课，余泽鸿将主要精力投入学生联合会的工作，主编《上海学生》杂志，同学生联合会与工商学联合会中的"国家主义派"和国民党"西山会议派"做了坚决的斗争。余泽鸿指出："名流的麻醉剂少饮些的好"，要"读书不忘救国"，要"右手拿着笔，左手拿着刀；右眼瞧着书，左眼探视敌人"。

1926年春，余泽鸿主持上海学生联合会工作，担任上海区委学生党团书记。时年秋，英帝国主义干涉中国革命，制造了"万县惨案"。事后，作为上海区委学生运动委员会主任的余泽鸿等学生联合会领导组织了后援会，声讨帝国主义罪行。军阀孙传芳在英帝国主义支持下，逮捕了余泽鸿等20余人。余泽鸿"在审讯中，侃切陈词，毫无惧容"。最后，孙传芳迫于舆论压力，释放了余泽鸿等人。

1927年2月16日，中共上海区委决定派余泽鸿领导上海各界人民，开展声势浩大的反对英兵来华的群众运动。不久，蒋介石在上海发动了四一二反革命政变。党组织被迫转入地下，余泽鸿留沪坚持党的秘密工作。他工作异常艰苦，直到1928年5月调任中共湖北省委常委、秘书长。1928年冬，余泽鸿又被调回上海中央机关组织部工作，翌年任中共中央秘书长，同时负责编辑《政治通讯》和《沪潮》等杂志。

转战中央苏区

1931年4月，中央政治局委员顾顺章叛变，中央军委书记周恩来在陈云的协助下，果断地将中共机关和主要负责人疏散转移。余泽鸿根据组织安排，离开上海去中央苏区工作。

同年8月，余泽鸿与战友、爱人吴静涛到达江西中央苏区，先在中共瑞金县委协助邓小平工作，后调任中共宁都、南广（南丰、广昌）中心县委书记。1932年10月，中央红军第四次反"围剿"取得胜利，中共建宁（建宁、太宁、黎川三县）中心县委成立，余泽鸿任书记兼军分区政委。他执行毛泽东同志制定的建立根据地、土地革命和武装斗争路线，率领县委成员深入基层，恢复和发展各级党组织。不到半年，全地区就基本完成了土改任务。农民分得了土地，政治热情和生产积极性十分高涨，很快掀起了春耕生产高潮，参军人数达3000余人。建、黎、太根据地不断发展，成为全苏区学习的榜样。1933年4月，中央决定成立中共闽赣省委、省军区，余泽鸿被任命为负责人之一。

在此期间，余泽鸿的战友、爱人吴静涛牺牲了。吴静涛背叛封建家庭去上海大学读书，在校时入党，是当时中央苏区有威望的妇女干部之一。1933年4月的一天，她和刘志敏去瑞金参加会议，返回途中遇上保卫团残匪正袭击赶集群众。她俩打死打伤匪徒多人，解救了群众。后来，匪徒发现她们仅是两名女红军，便疯狂地反扑过来，吴静涛中弹牺牲，刘志敏身负重伤。噩耗传到中共闽赣省委时，余泽鸿正在主持党政军干部大会并传达文件。他强忍悲哀坚持把会开完，把工作任务部署完。吴静涛遗体被抬回时，余泽鸿满含热泪，为她洗净身上的血迹，穿戴好红军军服，护送灵柩上山安埋。此后，余泽鸿并未沉浸在悲恸之中，而是更加忘我地工作。

1933年1月初，在王明"左"倾路线统治下的临时中共中央，竭力推行冒险主义，排斥、打击毛泽东等同志。以余泽鸿为首的中共建宁中心县委进行了坚决抵制。5月，在错误路线的影响下，中共闽赣省委负责人竟主持召开了建宁中心县委扩大会议，罗织罪状全面否定了建宁中心县委的成绩。余泽鸿据理力争，会议主持人制止了他的发言。会后，余泽鸿被撤去建宁中心县委书记和军分区政委职务，下放中央苏区工农红军学校（红军大学前身）任教员。

牵制敌人

1934年10月，由于"左"倾冒险主义的严重错误，第五次反"围剿"失败，红军被迫长征。余泽鸿被编在中央直属纵队干部团，任该团政委，随军出发。

遵义会议后，中央决定由红三军团6师政委徐策和余泽鸿等组成川南特委，率领400名红军成立"中国工农红军川南游击队"牵制围追的敌人，以保证红军主力长征。游击队成立不久，就在四川叙永县木厂梁子击溃川军一个团，后又转战四川和云南边界。他们频频出击，拖住敌军，有力地配合了红军主力四渡赤水的战斗。余泽鸿等均奋战在第一线。

在频繁而艰苦的战斗中，余泽鸿任劳任怨，抓紧战斗间隙给部队上政治课，鼓舞斗志。1935年3月的一个深夜，余泽鸿率部转战途中，经过长宁县梅硐场。他回了一次阔别十多年的老家。他说服家人将一些粮食和猪献给了游击队。临走时，他母亲把鸡蛋塞进他的口袋，依依不舍地说："以后不知什么时候再回来。"余泽鸿理解母亲的想法，说："妈妈需要的时候，儿子就回来！"

红军游击队是战斗队，又是工作队、宣传队。他们写标语，开大会，演出文艺节目，宣传党的方针政策，组织群众抗捐抗税，没收豪绅、官僚的粮食衣物分给穷人。正当川南地区斗争蓬勃发展时，投机革命的王逸涛等在五龙山区叛逃，游击队随即转移到云南威信马家坝。清除了毒瘤的游击队更加纯洁和坚强，胜利进占朱家山。在这里，由于共同的不幸遭遇和互相的关心，余泽鸿同戴之怀的遗孀李桂红结为革命伴侣。

红军游击队在朱家山休整。此地处川滇边境，地形险要，敌人力量薄弱，群众基础较好，徐策、余泽鸿拟在此建立根据地。7 月初，张风光、陈宏领导的红军黔北游击队经过艰苦跋涉，到达朱家山，与川南游击队会师，合编为"中国工农红军川滇黔边区游击纵队"，余泽鸿任政治部主任。

7 月中旬，游击队在云南遭到滇、川敌军突然袭击，徐策、张风光和其他指战员百余人壮烈牺牲。余泽鸿指挥部队往大雪山转移。此时，中共川南特委召开紧急会议，决定余泽鸿任特委书记兼游击纵队政委。7 月 19 日，游击纵队挺进至云南镇雄关，继续牵制敌人。

8 月 28 日，游击纵队自滇入川，攻占了筠连县城。9 月，刘复初带领一支游击队与游击纵队会合。此后，游击纵队向纳溪县的重镇叙蓬溪挺进，沿途所向无敌。攻取叙蓬溪后，游击纵队惩治土豪，表演节目，对老百姓秋毫无犯。由于牵制敌军的需要，次日拂晓，游击纵队撤离该镇。这段时期是游击纵队的极盛时期，部队发展至千余人。国民党重庆行营、川康靖绥公署紧急电令宜宾保安司令部，迅速拟订计划，实行川、滇、黔三省"会剿"。叛徒王逸涛被委任为"川滇招抚特派员"，充当反动派走狗。

壮烈捐躯

1935 年 10 月，敌军"三省会剿"开始。虽减轻了红军主力的压力，游击纵队处境却日趋困难。当时，川南地方各级党组织几乎全遭破坏，根据地逐步丧失，伤病员得不到安置，给养困难，游击队员逐渐减少。中共贵州省工委军委书记邓止戈写信给余泽鸿，要他与党领导的彝民武装席大鹏部会合，攻打毕节地区。但是，余泽鸿部正受"围剿"无法前往。11 月以后，形势更加险恶。川、滇、黔军阀以及保安队、壮丁队、常备队等反动武装组成联防，并实行保甲连坐。

12月初，余泽鸿、刘干臣等率部转移至长宁县境时，部队仅剩下百余人。余泽鸿提出化整为零，有人反对，但多数人赞成。于是，他带领一半人从长宁突围，撤到江安、古宋（今宜宾市兴文县）两县边境。12月中旬，部队被敌人困在泥基潮。余泽鸿面对不利的形势，镇静自若，从容安排部署，坚持进行不屈不挠的斗争。

12月15日，余泽鸿等20余人转移到江安县碳厂坡时，在川军15师13旅37团和江安县李昌山保安大队的层层包围下，游击队弹尽粮绝。余泽鸿在被敌人围捕时，以身殉职。同志们悲痛地掩埋了他的遗体。由于叛徒出卖，敌人挖出他的遗体，在江安等地"示众"。

余泽鸿就这样以自己的鲜血和生命，保卫着主力红军长征到陕北。红军抗日的捷报，成了奠祭他的最好"纸钱"。新中国成立后，长宁县人民政府将余泽鸿的忠骨迁葬于该县烈士陵园。至今，川、滇、黔边区各族人民仍然深深地怀念着这位坚强的共产主义战士，传颂着他壮烈牺牲的光辉事迹。

长宁县余泽鸿烈士纪念馆

（高文清、李德明、胡玉晋编写，李金中改编）

参考资料：

1. 余泽鸿：献身乌蒙山深处的红军战将［EB/OL］. https://www.sohu.com/a/303664263_99989631.

2. 李德明，谭力. "撑着我们灿烂的旗帜，前进！"：余泽鸿烈士光辉的一生［J］. 重庆师范学院学报（哲学社会科学版），1981（3）：68－76＋111.

3. 李言璋. 余泽鸿烈士［Z］. 2002.

4. 中国中共党史人物研究会. 中共党史人物传：第17卷［M］. 北京：中国人民大学出版社，2017.

5. 中共四川省委党史研究室. 四川党史人物传：第2卷［M］. 成都：四川人民出版社，2016.

6. 周桂发. 上海高校英烈谱［M］. 上海：复旦大学出版社，2011.

7. 冯晓蔚. 余泽鸿：献身乌蒙山深处的红军战将［J］. 军事文摘，2019（7）：76－79.

8. 李言璋. 中共早期的无产阶级革命家余泽鸿［J］. 四川党史，2003（3）：17－19.

9. 刘仕雄. 邓小平、余泽鸿在"红都"瑞金［J］. 世纪桥，2009（22）：25－26.

10. 肖金虎. 长征路线（四川段）文化资源研究：宜宾卷［M］. 成都：四川人民出版社，2018.

11. 四川省长宁县志编纂委员会. 长宁县志［M］. 成都：巴蜀书社，1994.

12. 中共中央党史研究室第一研究部. 巾帼红军忆长征［M］. 北京：中共党史出版社，2017.

13. 四川省叙永县文史资料工作委员会. 叙永文史资料选辑：第1辑 中央红军长征过叙永［Z］. 1981.

14. 丁新约，等. 中国共产党英烈志［M］. 青岛：青岛海洋大学出版社，1991.

15. 上海市委党史征集委员会. 上海大学：一九二二～一九二七年［M］. 上海：上海社会科学院出版社，1986.

16. 胡华. 中共党史人物传：第17卷［M］. 西安：陕西人民出版社，1984.

17. 中国军事博物馆. 勇者无畏：为国捐躯的八百将校［M］. 北京：光明日报出版社，1995.

18. 王健英. 中共党史风云人物［M］. 广州：广东人民出版社，2002.

19. 亦闻，大蓁. 巴蜀红色故里寻［M］. 成都：四川人民出版社，2006.

20. 中共四川省委党史工作委员会. 万县九五惨案［M］. 成都：四川省社会科学院出版社，1986.

21. 中共中央党史研究室. 南方三年游击战争卷：1 ［M］. 北京：中共党史出版社，2016.

22. 解放军烈士传编委会. 解放军烈士传：第 5 集 土地革命战争时期 ［M］. 北京：长征出版社，1992.

23. 中共上海市委党史研究室，上海市档案局（馆）. 日出东方：中国共产党诞生地的红色记忆 ［M］. 上海：上海锦绣文章出版社，2014.

24. 王健英. 中国红军人物志 ［M］. 广州：广东人民出版社，2000.

25. 任一民. 四川近现代人物传：第 5 辑 ［M］. 成都：四川大学出版社，1988.

26.《革命烈士传》编辑委员会. 革命烈士传：第 4 集 ［M］. 北京：中共党史资料出版社，1990.

27. 董有刚. 川滇黔边红色武装文化史料选编 ［M］. 贵阳：贵州人民出版社，1995.

曾莱烈士——梁山赤帜正高扬

曾莱烈士

在四川大学众多的校友烈士中，有一位曾经投笔从戎，光荣北伐，英勇奋战在武昌城下。大革命失败，他又参加张太雷、叶挺、叶剑英等领导的广州起义。后来，他返回家乡，在内江、荣县地区开展农民运动，继之揭竿而起，较早在四川创建梁山（梁平、达县、宣汉、万源、开江、大竹）根据地，开展游击战争，为徐向前元帅领导的川陕革命根据地创造了条件。他被誉为"农王"。他就是 1923 年入国立成都高等师范学校（四川大学前身）的理化部学生曾莱（1899—1931）。

少年"子路"，志向不凡

曾莱，原名曾永宗，化名蓝瑞卿，1899 年 11 月 30 日生于四川省荣县双石乡夏家湾。他的父亲曾贯之是清朝秀才，教过私塾，赴考举人时在华阳病故。曾莱自幼勤奋好学，热爱劳动。他放学回家就下地干活，半夜下雨也要起床查看田坎缺口。在荣县中学读书时，每期入学和放假，他都自挑行李。见有人让父兄挑行李上学，曾莱说："大少爷，忍心以父兄作马牛，将来必无恶不作。"他平时勤恳好学，刚毅正直，帮助同学，像一团烈火。因此，同学们都很信任他。校长谷醒华称赞他，把他比作孔子的得意门生子路。

1923 年，曾莱中学毕业后，只身来到成都，考入当时的国立成都高等师范学校理化部读书。这个时候的国立成都高等师范学校校长是著名社会活动家吴玉章。吴玉章校长几乎每个星期天要向"高师校外同学会"做学术讲演，传播革命思想。曾莱每次必到，这对他接受革命理论和参加革命，影响不小。他对吴玉章的思想、品格和学识，都极为仰慕。

1926 年初，国立成都高等师范学校建立了共产党领导的进步组织——导社。追求进步的曾莱积极参加，并成为这个在校内外传播革命思想、宣传北伐意义、推动大革命的学生组织的活跃成员，正式走上了革命的道路。

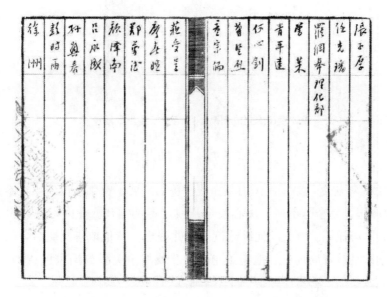

曾莱在国立成都高等师范学校退还毕业生保证金名册中

姓名	年歲	籍貫	入校年月	畢業年月	分發學數預備	備註
鄭萬德	二一	閬中	民國十二年九月	民國十六年六月	八〇九八	
顏澤南	二一		同	同	七九八五	
巫鉛柏	二一	簡陽	同	同	八〇九一	
孫興泰	二〇	遠縣	同	同	七九六八	
青平遠	二三	南充	同	同	七九六五	
呂永成	二一	成都	同	同	七五五七	
蘇受呈	二一	邛崃	同	同	七五〇五	
曾莱	二四	榮縣	同	同	七五〇三	
蕭聖烈	二一	雲陽	同	同	七五〇五	

曾莱在国立成都高等师范学校学生名册中

投笔从戎，参加北伐

1926 年初夏，第一次国内革命战争蓬勃发展。曾莱认识到原来奉行的"教育救国"完全行不通，决心投笔从戎，参加北伐。此时，曾莱再有一年就大学毕业了。有人劝他继续读书，并提出，待他取得文凭后，保荐他当视学即县教育局局长。他拒绝道："北伐战争关系到国家民族的存亡，我们应该参加，哪里还顾得毕业不毕业。"

离开国立成都高等师范学校后，曾莱到了武汉，在北伐军第四军中工作，并随军参加北伐。在北伐中，他工作能力强，很快升为团政委。1927 年，北伐战争正胜利发展时，四一二反革命政变发生，第一次国内革命战争惨遭失败。在急剧恶化的形势下，曾莱毅然离开被张发奎控制的部队，前往北伐战争发源地——广州。

1927 年 12 月 11 日，曾莱参加了张太雷、叶挺、叶剑英等领导的广州起义，在与反动军阀巷战中英勇负伤。13 日，起义部队撤出广州后，反动派开始了血腥镇压，白色恐怖笼罩全城。曾莱躲进广州一家医院治伤，避开了敌人的搜捕。这时，他和革命同志失掉联系，加之人地生疏，语言隔阂，不便长期隐蔽，决定只身回四川。时值寒冬，曾莱身无分文，衣衫单薄，还有被捕杀头的危险。然而，他未被困难吓倒，毅然踏上艰辛的归程。他沿途对人说："我是四川农民，被拉夫当兵，辗转流落广东，现在带伤挂彩，才得请假回家。"过湖南，入贵州，他一路上当苦力，以抬滑竿、当挑夫等糊口，也一路上得到穷苦百姓的同情和帮助。有天晚上，曾莱寄宿在一户贵州苗族农家，醒来发现他盖的被子上多了一床破毯子。第二天临走时，苗族夫妇再三要他把毯子收下。就这样历经坎坷，他终于千里跋涉，徒步回到四川老家荣县。1928 年春，曾莱在荣县旭阳中学任教。

奋战川中，领导"农民运动"

1928 年 3 月，经陈家玉、程觉远介绍，曾莱加入了中国共产党，组织上派他领导荣县东路各乡农民运动。在他的领导下，荣县的双石、高山、章家、程家、五宝等乡和威远县的梧桐、五里浩等乡的农民运动得到了蓬勃发展。

曾莱从农民最关心的问题入手，采取交友的方式和一些农民接近，启发他们的政治觉悟。不久，农民协会从三人小组起逐步扩大，到1928 年底已拥有会员两万多人，并建立了土地会、儿童团、妇女会等团体。

1928 年夏秋时节，乡团正随意加征农民的牛头税，曾莱就发动农民开展反牛头税的斗争。他们发动群众联名控告团正，同时派农民协会代表找团正谈判，警告团正："若不退还税款，农民群众将以武力对付。"团正怕了，被迫退还了税款。

1929 年 2 月 20 日，在五宝乡中心学校，曾莱领导群众为随意加租加押的事斗争乡团正李雪村。大会进行中，侦察员李璧君报告说，区团总、区队长率领团丁前来包围学校。幸好地下党组织早已做好团丁的工作，所以团丁来后都不愿开枪。这时，曾莱手持红缨，带领群众冲进区团防局，找区团总和区队长说理。早已躲进碉堡的区团总、区队长见势不妙，委派一师爷与农民谈判，结果全部依从了农民提的条件，禁止所有地主加租加押。这次胜利激励了农民的斗志。然而事隔一周，荣县县政府竟逮捕了三位农民协会会员，于是民愤骤起。3月7日，曾莱组织成千上万的农民协会会员和群众到县政府要求放人。迫于群众压力，县政府当天释放了三位被捕农民协会会员，并给他们披红布、放鞭炮。

此后，敌人恨透了曾莱，悬赏捉拿他。在广大农民群众的保护下，曾莱化装成农民，时而帮人犁田、担水，时而挑炭、打谷，机智地避开了追捕。敌人捉不到曾莱，又通过24军旅长余中英和曾莱的老师、21军顾问刘督存等，以高官厚禄收买他，均遭曾莱拒绝。党组织根据当时的情况，为了保存革命力量，决定让曾莱撤离荣县。

1929年秋，中共自贡特别区委调曾莱任内江县委书记。他到内江后，根据群众的迫切要求，开展秋收抗捐斗争。10月7日，杨家乡农民协会负责人向县政府要求免收5亩以下土地的亩捐，遭到拒绝。曾莱组织农民3000多人找县长、县团总讲理。县长、县团总理屈词穷，狼狈逃走。为配合抗捐斗争，曾莱成立了以农民协会为主的清算委员会，揭发杨家乡收支员周俊卿贪污团练经费，逼迫内江县长指派区团总到杨家乡查账。这次抗捐斗争取得了彻底的胜利。

曾莱领导农民运动时，常常头上包一块布帕子，背上背一顶斗笠，夹在农民队伍中指挥，因而有"农王"之称。他善于做宣传鼓励工作，他编的《农民四季苦》歌谣，深受农民喜爱，在内江农村广为流传，其内容有：

春

春来百花开满林，米口袋撕紧，无心去玩春。工农同志要谋生，军阀要打倒，土豪要肃清。同志们，下决心，努力前进，革命大功，即将全告成。

夏

夏日田中谷子黄，拌桶乒乓响，可望吃粝粝。背时军阀真堪伤，捐款多花样，催兵如虎狼。挑黄谷，折苛捐，五拖六抢，看着看着，抢得精光。

秋

秋来桂花满园香，军阀又打仗，人民遭大殃。丘八爷，下四乡，挑抬拉汉子，陪睡拖女娘。倘若不依从，要扳要掌，钢枪一响，命见无常。

冬

冬日天寒雪花飘，年关已将到，心里慌又焦。儿啼饥，女号寒，衣服当完了，红苕没一条，债主家中逼，如何是好！起来革命，才有下场。

打击叛徒，保护组织

1930 年，中共四川省委和重庆市委遭到破坏，曾莱被调至重庆工作。他和打入敌人内部的余宏文互相配合，出色地完成了惩罚叛徒的工作，秘密处决了危害极大的叛徒茅纯五、钟恩吉和黄婉香姐妹，有力地打击了敌人的嚣张气焰。一次，合川县委书记曾海云刚到重庆，不知原省委机关已遭破坏，写信约省委同志见面。这封信被叛徒得到后，敌人在接头地点布下了罗网。新省委机关得知此事，派曾莱去接头处的街道两头距叛徒稍远处等候曾海云。不久，曾莱果然看见皮肤黝黑，身着破布衫，脚穿草鞋，肩上挂个卖雪花膏箱子的曾海云走来，曾莱从容不迫地迎上前去，对他小声说了一句："快往回走"。曾海云立刻醒悟，迅速撤离，顺利脱险。

1930 年冬，曾莱利用社会关系到云阳县警备队当大队长，准备等待时机举行武装暴动。不料被叛徒告发，省委得知后立即派人给曾莱送信。曾莱当机立断，借口上街购物，迅速离开敌警备队，在僻静处化装成小商贩，离开云阳，连夜转移到川东北的梁山县。

赤区扬赤帜

1931 年春，中共梁山中心县委成立，曾莱任书记，领导包括梁山、达县、宣汉、万源、开江、大竹等县工作。当时，由于"左"倾路线的错误，四川各地武装起义先后失败。曾莱根据他四年多斗争的切身经验，开始认识到党的领导中心在城市很难立足。因而，他倡议并经中心县委决定创建革命根据地。经过几个月的艰苦工作和激烈斗争，他们终于在梁山、达县交界处的虎城寨、南岳场、大树坝建立了纵横百里的红色根据地。

曾莱周密地调查研究了当地的客观形势，认为应该在此建立和扩大工农兵政权。一是虎城寨等地群众曾因红军第三路游击队暴动失败遭到残酷镇压，对反动派有很深的阶级仇恨。二是地主军阀对农民的剥削压迫日渐加重。三是此处有农民运动的历史，群众基础好，并且，附近有共产党领导的王维舟等三支游击队活动，互为支援。四是此处山高地险，又是各路军阀防区的交界地，具备开展游击战的有利条件。中共四川省委通过特派员程子健到梁山巡视后的报告，认为计划周密、谨慎、实在，完全同意曾莱建立梁山革命根据地的计划。

中共梁山中心县委刚成立时，首先恢复和发展了农民协会，并紧密结合农民的切身利益，开展经济斗争，鼓动农民反对苛捐杂税，要求减租减息。秋收时，领导农户进行撬谷斗争，把收割的谷子分给贫农，再以农民协会名义给佃农开个收条，对付地主。以后，又进一步以游击队为骨干，进行公开破仓分粮。游击队团结农民，打击反动武装，处决恶霸，大长了农民的志气。由于游击队机动灵活，又得到人民群众的支持和协助，无论哪路军阀都找不到、打不着。对赤区附近的土匪，曾莱采取互不侵犯的政策：土匪过境必须向农民协会办理手续，保证不侵犯赤区，否则游击队将予以打击。因此，梁山赤区日益壮大和发展，为徐向前元帅率红军到四川建立川陕革命根据地创造了条件。

血洒梁山

曾莱在领导梁山赤区的斗争中，赤帜高扬，对外部的公开敌人是有高度警惕性的，可惜对混进革命队伍的奸细却防范不严。1931 年秋，曾莱在土地庙开会，批评了因常与土匪往来，拖枪打家劫舍的中心县委委员、绰号"金长毛"的金方勋。金方勋最终叛变。叛变后，金方勋趁曾莱外出开会之机，先诱骗杀死梁山中心县委组织部部长王西北（刘绍禹），后谎报情况给曾莱，希望曾莱赶快回来处理。在曾莱返回途中，金方勋暗设埋伏，将曾莱杀死在施家河岸边跑马梁的田坎上。中共梁山中心县委副书记蔡奎获悉后召开追悼会，将他的遗体埋于桐子树下。曾莱烈士牺牲时，年仅 32 岁。

四川大学校友曾莱就这样走完了革命的、战斗的、辉煌的人生道路，为中国革命献出了宝贵的生命。但是，他的精神和事迹在荣县、内江、梁山，乃至全川人民心中，却是永垂不朽、不可磨灭的。

1957 年 12 月 23 日，中央人民政府给曾莱颁发了"革命牺牲工作人员光荣证明书"，而这时他已在梁山的大地上长眠了 26 个春秋。

（志能、胡玉晋编写，李金中改编）

参考资料：

1. 杜之祥. 土地革命战争时期的中共下川东特委 [J]. 三峡学刊，1995 (2)：26—37.

2. 四川省情网. 曾莱 [EB/OL]. http://scdfz. sc. gov. cn/scyx/scrw/scszrwz/content _ 7625.

3. 中共四川省委党史研究室. 四川党史人物传：第 2 卷 [M]. 成都：四川人民出版社，2016.

4. 中国人民政治协商会议四川省委员会文史资料研究委员会. 四川文史资料选辑：第 28 辑 [M]. 成都：四川人民出版社，1983.

5. 任一民. 四川近现代人物传：第 1 辑 [M]. 成都：四川省社会科学院出版社，1985.

6. 中国人民政治协商会议四川省荣县委员会文史资料研究委员会. 荣县文史资料选辑：第 4 辑 [Z]. 1983.

7. 中共万县地委党史工作委员会. 碧血丹心：下川东英烈 [M]. 成都：四川人民出版社，1990.

8. 荣县档案馆.《曾莱烈士日记》简介 [J]. 四川档案，2018 (6)：44.

9. 杨录升. 心中的圣地"蓝瞎子土！"[J]. 四川党史，1994 (4)：28—29.

10. 荣县政协文史学习委员会，荣县档案馆. 荣县文史资料选辑：第 15 辑 曾莱烈士日记选 [Z]. 1999.

11. 萧三. 革命烈士诗抄 [M]. 北京：中国青年出版社，2015.

12.《阳光阅读》丛书编委会. 革命烈士诗抄 [M]. 银川：阳光出版社，2015.

13. 刘德隆，刘瑀. 新中国的先声：中国无产阶级革命先驱诗存（1903—1949）[M]. 长春：吉林文史出版社，2009.

14. 龙建平，梁平县志编纂委员会. 梁平县志 [M]. 北京：方志出版社，1995.

15. 中共自贡市委党史研究室. 盐都英烈 [M]. 成都：四川人民出版社，1991.

16. 四川省荣县志编纂委员会. 荣县志 [M]. 成都：四川大学出版社，1993.

17. 中华人民共和国民政部. 中华著名烈士：第 8 卷 [M]. 北京：中央文献出版社，2001.

18. 林海亮，艾艳萍. 闪闪红星耀东兴 [M]. 成都：西南交通大学出版社，2017.

饶耿之烈士——"尘土那能埋忠骨"

当时的国立成都高等师范学校（四川大学前身）1923 年至 1928 年的学生饶耿之（1908—1931），被誉为四川"少共三杰"之一，先后担任过共青团四川江巴县委临时委员会书记，共青团四川省委组织部部长、宣传部部长，中共川西特委巡视员，中共四川省委行动委员会组织部部长，是四川大学杰出校友的代表之一。由于叛徒出卖，饶耿之不幸于 1931 年 3 月 13 日，在重庆道门口被捕。3 月 15 日，他在巴县监狱壮烈牺牲，时年 23 岁。"人生自古谁无死，留取丹心照汗青。"他毕生敬仰的南宋民族英雄文天祥的这两句最壮烈的诗句，正是他一生不屈的写照。

崇拜英雄

饶耿之，又名饶更之，原名吴启慕，号吴尧赓，化名吴茂如、更之，乳名清合。1908 年，他出生在四川省广安县太平乡金泉里龙王寨。

饶耿之祖父是乡村中普通塾师，但为人正直，关心国家大事，对清廷腐败和人民疾苦十分忧虑和不满。父母早逝的饶耿之，失去了父母的爱护和荫庇，寄人篱下。他从小就喜欢识字看书，天资聪敏过人，勤奋好学。他把读书视为乐事，经常手不释卷，有时几乎达到废寝忘食的程度。他最崇敬古今正气浩然的名人，如屈原、苏武、文天祥、岳飞、林则徐、孙中山等，最痛恨汉奸和卖国贼。他常常在作文、写诗、填词时，抒发自己的爱国感情。1923 年 7 月，饶耿之从广安县立高等小学堂毕业，以优异成绩考入广安县初级中学。次年 7 月，饶耿之长途步行了 8 天，赶到了成都，考入位于城中心皇城内的国立成都高等师范学校附属中学第 11 班。

品学兼优的学生

国立成都高等师范学校附中的同学来自省内四面八方，任课教师集中了全省的精粹，学习气氛甚浓。1922 年 10 月 15 日，"中国社会主义青年团成都地方执行委员会"即成都团地委成立。1923 年上半年，中国社会主义青年团成都地方执行委员会下属有十个支部，该校附中就是其中之一。

饶耿之进入国立成都高等师范学校附中时，当时任教务主任的是何光玖。他虽不是共产党员或共青团员，但思想开明，办学民主，主张学术自由，支持师生开展进步活动。曾任中共川西特委宣传部部长袁诗荛和曾任中共四川省委书记的张秀熟，从 1925 年起先后来附中担任教务主任和学监、教员。在国立成都高等师范学校附中，如《共产党宣言》《资本论浅释》《唯物史观》《阶级斗争》《马克思主义浅说》《共产主义 ABC》《马克思生平及其著作》等宣传马克思主义的小册子以及《新青年》《四川学生潮》《中国青年》《赤心评论》等进步刊物，还有附中团支部创办的《黎明》等，在学生中广为流传。这使饶耿之眼界大开。他除了学好各门功课外，还积极参加马克思读书会和学校团支部组织的学习活动，参与学校进步社团新青年革命团的宣传工作。在马列主义与社会主义讨论会上，他踊跃发表自己的意见。

饶耿之（吴启慕）在国立成都师范大学附属中学第 11 班毕业学生表中

由于从思想到行动上积极追求进步，经过团组织的培养考验，饶耿之于 1925 年 12 月，由何嘉惠、周尚明介绍，加入中国共产主义青年团。这是饶耿之由民主主义者向共产主义者转变的标志。从此，他走上了为共产主义事业而奋斗的光辉道路。

入团后，饶耿之常和何嘉惠、杨尚棣、程自鹏等一起开展活动。在回忆当年同饶耿之一起开展革命活动的情况时，何嘉惠写道："他的革命干劲很大，责任心强，爱祖国、憎恨帝国主义和封建军阀，同情劳苦大众，对 C·Y 组织很尊重，组织纪律性很强，只要有革命任务交给他，他从不讲条件，总是千方百计想方设法去完成。"杨尚棣在回忆中也说："我们经常在一起议论时政，他爱发表自己的意见，身居虎口，英勇无畏，经常抛头露面开展革命活动，他的革命积极性比我高。"

1926 年 5 月，五卅惨案遇难烈士、校友何秉彝的灵柩由上海运回成都。饶耿之和国立成都高等师范学校附中的师生一道徒步赶到牛市口去迎灵。灵柩停放在国立成都高等师范学校至公堂，饶耿之又参加了守灵和在少城公园隆重举行的各界群众追悼会。同年 9 月 5 日，万县惨案发生后，饶耿之积极参加党团组织主持的集会和讲演等活动，为学校办的宣传刊物《九五日报》投稿。

1927 年，他和廖季文等一起到学校附近办了一所"平民夜校"，亲自担任教师。为了把课讲得通俗易懂，生动形象，他们还自己动手绘制了幻灯片，收到了良好的效果。他们还利用节假日，到通惠门一带，向拉黄包车、抬轿、推鸡公车等卖苦力的劳动人民宣传进步思想，如解释劳动人民为什么穷，富人为什么富。他们的宣传受到了大家的欢迎。

饶耿之虽然参加革命活动，但从未放松自己各门功课的学习。1927 年 8 月，他各门功课总成绩在全班 38 名毕业同学中是前四名，被附中保送，直接进入本部预科学习。这时国立成都高等师范学校已一分为二，即国立成都大学和国立成都师范大学。饶耿之认为，国立成都大学校长、杰出的人民教育家张澜既是当时四川的风云人物，又保持了吴玉章任校长时的好做法，还借鉴蔡元培办北京大学的一些经验，在国立成都大学，广延名师，用人唯才，民主办校，发挥教授作用，改革学科和课程设置，严格要求学生，兼容并包，主张学术自由和思想自由。于是，他毅然放弃免试保送进入国立成都师范大学的机会，于 1927 年 9 月，考入国立成都大学文科预科第四班。

国立成都大学一直重视学生的外语训练，这是吸引一些读了大学想出国留学的青年积极投考的重要原因之一。张澜校长常对师生讲："大学生毕业后，均为社会上之领导骨干，不能使学生读死书，成为不知国家大事的书呆子。"在张澜的支持下，学校党团组织和进步社团得到了较大的发展。

1927年4月，中共成都特支决定国立成都大学共青团员全体转为中共党员，建立了中共成都大学党支部。同年9月，饶耿之等新生入学，又增添了几名团员。经中共成都特支批准，国立成都大学重新恢复共青团支部，由程自鹏任书记，随后又陆续吸收了10余名青年学生入团，团员人数达20多人。经请示上级同意，他们把团支部扩大为特支，由程自鹏任书记，廖季文为组织委员，饶耿之负责宣传工作。这时的饶耿之已按规定转为共产党员了。

成都共产主义党团组织的建立和发展，促进了校内进步社团的建立和发展。饶耿之入国立成都大学时就参加了社会科学研究社，以后又以共青团特支委员身份参加领导工作，成为其中的骨干分子。

1925年至1928年间正是四川防区制时代，刘文辉、邓锡侯、田颂尧三军阀共同统治成都。为协调三军之间的权益，他们还专门设置了一个机构叫"三军联合办事处"。当时，四川的苛捐杂税多如牛毛。教育经费少得可怜，还被军阀挪去做军费。四川军阀们为了大发国难财，不惜下令大造低劣货币，造成金融混乱，物价飞涨。1927年下半年至1928年春，饶耿之在争取教育经费独立和反劣币斗争中始终战斗在第一线。四川军阀当局通令各县查缉"杨廷铨案"的在逃学生12人，其中就有饶耿之。饶耿之不得已男扮女装，离开了成都。

正气凛然骨头硬

饶耿之经过几番周折，于1928年10月初赶到重庆。此时，共青团临时四川省委书记等叛变，四川党团临时省委均遭破坏，一些基层组织也被破坏。但是，饶耿之丝毫没有表现出恐惧或灰心丧气的悲观情绪。他对同时调到重庆任中共川东特委秘书长的梁佐华说："我到重庆是来填川的，不是来充军的。"他表现出对重庆土皇帝刘湘的蔑视，要继承革命先烈不怕牺牲、前仆后继的革命乐观主义精神。饶耿之认真总结了成都革命活动的经验教训，把革命的闯劲和巧劲、勇敢与机智、公开与秘密紧密结合起来。为了防止被敌人识破，他首先把他以前一直使用的名字吴启慕，改为化名饶耿之、饶更之、更之、吴茂如。对外，他是以失业小学教师的名义来渝找工作的。对内，他开始担任共青团江巴县临时委员会书记。不久，团省委考虑饶耿之初次做地下工作缺乏经验，于1928年底派余国桢任共青团江巴县委书记，饶耿之改任组织委员。他对职务变动欣然从命，顾全大局。经过他们半年多的努力，团的组织得到了发展，支部由原来的 7 个发展到 41 个，团员由 60 多人发展到 180 多人，居全省之冠。

1929 年 10 月，共青团四川省第一次代表大会在重庆举行。饶耿之当选为团省委委员。1930 年 7 月，饶耿之先后调入四川党、团省委工作。

当时党团的经费是很困难的，党团省委、县委机关干部的生活是十分艰苦的。饶耿之对清苦生活十分乐观，他很风趣地对周围同志说："粗茶淡饭分外香，穿破旧蓝布衫和草鞋，来去轻便，同群众能打成一片，有什么不好！"他的革命思想愈来愈成熟，意志更加坚定。

在一次团省委召开的常委会上，担任宣传部部长的饶耿之严肃认真地分析了当时革命低潮的形势，针对当时党团员的实践提出要加强政治思想工作："一是要教育党团员坚定信仰，我们是布尔什维克者，要誓为共产主义奋斗终生。俄国革命也有曲折，牺牲了不少同志，但最后终于迎来了胜利。我们要坚信，中国革命也一定会胜利的。有了这个坚定的革命信念，任何风险都能顶得住。二是要强调气节教育，党团员的气节就是在任何情况下，决不向敌人投降，为革命牺牲个人的一切，决不出卖组织和同志，决不卖党求荣。"他结合中国历史实际，很激动地说："两千年前，汉武帝派苏武出使匈奴，（苏武）被匈奴囚禁在冰天雪地的北海折磨了十九个年头，岁月染白了他的须发，冻饿练就了他一副硬骨头，始终不屈服于匈奴贵族的任何威胁与利诱，终于胜利归汉。南宋文天祥作《正气歌》，誓死不投降，元朝统治者想收买他，让他当宰相，遭到他严词拒绝，从容就义。他们是封建人物都能如此，我们是共产主义的战士，更不能丧失气节。要教育党团员为党为革命，尽忠守节。"

饶耿之是这样说的，也是带头这样做的。1930 年 2 月的一天，饶耿之在街上突然碰到曾经认识的刘湘的国民党四川省特别委员会侦缉员石某等三人。这时躲避已来不及，于是他神色自若，同石某迎面而过。石某嘴一歪，转过头去，三人一道走开了。同年 3 月，饶耿之化名吴茂如去重庆塞家桥新明小学教数学。该校教师多系共产党员和共青团员，是中共四川省委和中共川东特委的秘密交通联络站。由于原中共川东特委组织部长易觉先和原中共川东特委机关工作人员袁世勋叛变，向国民党四川省特别委员会告密，这个联络站已经暴露了。借饶耿之不知道内情，他们到校以"组织"的名义骗饶耿之到五福官附近一个茶馆谈话，然后将他逮捕。

中共党团组织得知消息，积极设法营救。中共四川省委军委书记李鸣珂选调机警、灵活的党团员成立了"特工队"，打死了正在那里寻捕党团员的叛徒易觉先，截断了敌人对饶耿之进一步审讯的线索和证据。

在敌人的审讯中，无论使用什么刑具，饶耿之始终坚持自己是为谋生才到重庆当小学教员，根本没参加什么党派的说法。他通过组织给老家写信。饶耿之的伯伯得信后，立即赶到重庆请著名人士蒲殿俊出面营救。蒲殿俊与饶耿之的伯伯既是同乡，又有旧交。蒲殿俊知道饶耿之是一个有抱负的热血青年，便答应了饶家的请求。于是，他以老师、老同盟会会员和四川名流的身份出面找刘湘保释饶耿之。刘湘为顾及情面和蒲的影响，加之又无真凭实据，只好同意保释放人。饶耿之于同年 5 月下旬出狱。

丹心功业著千秋

中共四川省委通过考察核实，饶耿之在狱中保持了共产党员的高风亮节。为保存骨干，转移敌人视线，他被派任中共川西特委巡视员。

根据中共四川省委指示，饶耿之在赴成都途中，绕道广安老家。他伯伯以家长身份开导饶耿之："我们这个家不愁吃穿，你是有妻室子女之人，何不就在本地找个工作，教书、做生意赚钱，过几天太平日子算了，听我的不要出去了！也算我对得起你死去的父母了，你妻子和全家也少为你担心啊！"饶耿之不便回答，待内弟向他祝酒时，即席朗诵文天祥的诗："人生自古谁无死，留取丹心照汗青。"他说；"国家兴亡，匹夫有责。帝国主义侵略我国，军阀们混战不止，国家四分五裂，不革命，不斗争，我们快当亡国奴了，哪能过什么长久太平日子？干革命就要不怕坐牢杀头，怕死最好去出家当和尚。""你们的进言是好心，我领情了，我出去是走正道，绝不会作出对不起祖宗、对不起国家民族的事情。"大家无不为他一片爱国热情所感动。

正当饶耿之即将赴成都时，不幸的消息又至。暗藏在中共四川省委的内奸陈仲玉向国民党四川省特别委员会告密，中共四川省委再次遭破坏。饶耿之被供出是共产党员和团省委领导人之一。于是，敌人去质问保释人蒲殿俊。蒲殿俊回答道："吴茂如已回广安原籍在家病死了，不信你们去查好了！"敌人走后，蒲殿俊立即暗中派人至广安将敌人追查情况转告饶耿之伯伯。饶耿之的伯伯按照蒲殿俊的计策：一方面让饶耿之连夜外离家乡，另一方面召集全家人等面授机宜，买上棺木，摆好灵位，让饶耿之的妻及弟妹、侄儿、侄女披麻戴孝，哭哭啼啼，佯称饶耿之回家后得急病突然死去，骗过敌人。

饶耿之化装成乡间医生，背上包袱，趁夜间告别亲人，抄小路步行半月到了成都。他迅速到中共川西特委报到。1930 年 8 月 2 日，中共四川临时省委扩大会议在重庆召开，继续贯彻李立三"左"倾冒险主义。根据 6 月 11 日中共中央政治局决议，积极配合全国暴动，决定党、团、工会合并，成立各级行动委员会，具体负责组织领导暴动。同年 8 月 28 日，四川省行动委员会正式成立。主席为程子健，副主席为冯缉熙，宣传部部长为罗世文，组织部部长为饶耿之，青年部部长为梁佐华，秘书长为邹壁成，军委书记为余乃文。

李立三冒险主义错误，使四川各地暴动全部失败。1930 年 12 月 25 日，中共四川省委决定撤销行动委员会，恢复各级党、团、工会组织。饶耿之奉命调任共青团四川省委宣传部部长，共青团的工作有了生机。饶耿之置个人生死于度外，巧妙地与敌周旋一年多。不幸的是，1931 年 3 月 13 日，叛徒、国民党四川省特别委员会第一侦缉队队长宋毓萍等在重庆道门口，与化装成小商贩模样的饶耿之相遇。饶耿之就这样再次落入敌人虎口。

饶耿之被捕的当天，敌人妄想通过他把中共四川党团组织"一网打尽"。国民党四川省特别委员会副主任、军法官徐幼安"劝其叛党，彼坚不认允"。晚上，叛徒宋毓萍厚颜无耻地到禁闭室劝饶耿之"掉头""倒戈""反正"，被饶耿之严词拒绝。国民党四川省特别委员会主任、特务头子李靖白亲自出马提审饶耿之，妄想用高官厚禄与儿女私情引诱和软化他，使他屈服。饶耿之斩钉截铁地回答："党团组织和党团员的名字我知道，但是就不能告诉你们！要杀要剐，听你的便！"敌人对饶耿之施行拷打，采用香火烧背、灌辣椒水等手段，逼饶交代组织，都遭到拒绝。饶耿之只要苏醒过来，就对敌人骂不绝口。敌人黔驴技穷，经刘湘批准，1931 年 3 月 15 日敌人将饶耿之秘密杀害于巴县监狱。

饶耿之为追求真理，临危不惧、冲锋陷阵和视死如归的精神，将永远留在人民的心里。正如其侄儿吴显北在怀念《二伯伯吴启慕》的信中写的那样：

尘土那能埋忠骨，

丹心功业著千秋。

（林浓编写，李金中改编）

参考资料：

1. 红色故事 | 饶耿之：共产主义战士绝不能丧失气节 [EB/OL]. https://www.sohu. com/a/403479628＿351641.

2. 中共重庆市委党史工作委员会. 重庆党史人物：第2集 1927—1937 [M]. 重庆：重庆出版社，1991.

3. 饶用虞. 四川大学在近现代史上的特殊地位和贡献 [J]. 四川党史，2000 (2)：19－23.

4. 周勇. 重庆通史（一、二册）. 第2版 [M]. 重庆：重庆出版社，2014.

5. 中国人民政治协商会议四川省合江县委员会社会事业发展委员会. 合江县文史资料选辑：第17辑 [Z]. 1998.

6. 重庆市渝中区人民政府地方志编纂委员会. 重庆市市中区志 [M]. 重庆：重庆出版社，1997.

7. 中国人民政治协商会议四川省委员会文史资料研究委员会. 四川文史资料选辑：第31辑 [M]. 成都：四川人民出版社，1984.

陆更夫烈士——血染南粤英雄树

陆更夫烈士

1932 年 7 月 15 日凌晨，在广州市东郊石牌，"中国共产党万岁！"的口号声打破了黑夜的寂静。随着一连串沉闷的枪声，四川大学校友、原国立成都高等师范学校国文部学生、中国共产党两广省委书记陆更夫（1906—1932）倒在了血泊中，倒在了火红的英雄树下。

在恽代英、吴玉章的影响下成长

陆更夫是四川省泸州市叙永县人，原名承枬，号梗夫。1906 年 10 月，他出生在一个贫苦教师家庭。父亲陆晓晴，一生从事小学教育。母亲严兆莲，则是忠厚贤淑的家庭妇女。全家终日辛劳，仅能勉强维持温饱。陆更夫自幼受到良好的家庭教育。在家乡随父亲读到小学毕业后，1921 年考入永宁联立中学。他活泼聪颖，勤奋好学，成绩优异，每次考试都名列前茅。

中学期间，陆更夫曾到泸州参加中学生运动会，住在川南师范学校。当时恽代英正在该校任教，传播马列主义，宣传革命思想。在这里，陆更夫开始受到新思想的影响，《新青年》《向导》等革命刊物给他幼小的心灵打开了新的天地。

1922 年，陆更夫随从事教育的叔父陆俊鸢到成都求学，考入当时的国立成都高等师范学校（四川大学前身）国文部。学校的校长是吴玉章，恽代英不久也从川南师范学校转到该校任教。陆更夫受到了革命前辈吴玉章、恽代英、萧楚女进步思想的教诲和革命思想的影响。他逐渐成熟，追求真理，向往革命，坚定地踏上了革命征途。在学校，他积极参加革命活动。当时校内学生思想活跃，王右木组织马克思读书会，陆更夫也报名参加并成为其中的积极分子。1922 年秋，四川最早的社会主义青年团组织成立后，他成为第一批中国社会主义青年团团员。他与同学岳凤高、张子玉等一起创办文艺刊物《心波》《红涛周刊》，经常写文章抒发自己远大的志向，宣传革命思想。他在《伴侣》一文中写道："青年人应该是以书、纸、笔为伴侣，把它们当爱人。"在《故乡》中，他表示："要扫除妖气，重建家园，为建立一个平等、自由、博爱的新社会而努力！"他经常寄刊物回家，在家信中表示：要做一个有益于人民的人！他鼓励弟妹们："吃得苦菜根，方能成为一个有为的人。"

1925 年，陆更夫经早期中国共产党党员刘竹贤、彭寿炽介绍加入中国共产党。这时候，南方的革命浪潮吸引着他。陆更夫和同乡彭寿炽离别故乡，与几个志同道合的青年一道，从成都出发，经长途跋涉，奔波劳累，路经数省，到达广州。1925 年 10 月，陆更夫考入黄埔军校第四期，在政治科学习。

在黄埔军校

当时的黄埔军校是一座革命的熔炉，陆更夫在这里直接受到党的领导人周恩来、恽代英、叶剑英等同志的教诲。这时，他将名字改为"更夫"，有同学打趣他说："更夫者，打更匠也！"他笑着说："打更匠有什么不好！当前中国正需要更多的打更匠彻夜巡逻，警惕匪盗，报晓黎明！"他常常高唱校歌："以血洒花，以校为家，卧薪尝胆，努力建设新中华。"他以此自勉，决心"不要钱，不要命，爱国家，爱百姓，做一个新时代的革命军人"。

1926 年夏天，北伐战争蓬勃发展，陆更夫提前毕业，被分配到国民革命军叶挺独立团团部做政治工作，后调任连长。当年秋天，独立团在汀泗桥、贺胜桥两战中击溃军阀吴佩孚的精锐部队，极大地鼓舞了士气。北伐军长驱直入，攻占汉阳、汉口，紧接着向武昌发动总攻。在独立团夜晚攻城失利后，陆更夫赶到前沿阵地鼓励官兵英勇作战，不怕牺牲，并对新兵加紧训练。10月10日，独立团首先突入武昌城。至此，武汉三镇全部攻克。

在黄埔军校的陆更夫

北伐武昌城下

攻克武昌后，陆更夫被派往中央军事政治学校武汉分校政治部宣传科任科长，并主编《革命生活》日刊。他积极编写大量反帝反封建的文章，宣传北伐胜利的意义。刊物在校内外发行，产生了积极的影响。此时，陆更夫还经常带领宣传队走向社会，开展广泛的宣传活动。

1927年1月3日，宣传队在汉口江汉关前一码头与英租界毗连的广场开展宣传活动。突然，英国水兵从租界冲出，用刺刀驱杀听讲群众，当场杀死海员李大生，打伤码头工人宿民生和市民祝香山、张文贵等30余人。面对英国水兵的暴行，陆更夫满腔怒火，带领群众展开了英勇的搏斗，并缴获马枪一支作为罪证。惨案发生的第三天，武汉工、农、兵、学、商三万多人举行"追悼死难同胞反对英帝国主义大会"，通电全国，要求严惩凶手，收回英租界，废除一切不平等条约。他们高呼口号："为死难同胞报仇！""立即收回英租界！""打倒英帝国主义！"浩浩荡荡的游行队伍冲入英租界，摧毁沿途的沙包、铁丝网，驱走英国巡捕，吓得英领事馆人员和水兵狼狈逃上英军舰。《革命生活》还刊登了军校师生誓言："英帝国主义是开始侵略中国的第一名强盗，又是惨杀中国人民的凶手，是与我们誓不两立的敌人，英帝国主义一日不倒，我们的生命就一日不安全，我们要打倒帝国主义。"随即，陆更夫组织"一三"惨案武装宣传队，在汉口"血花世界"演出歌舞、新剧，支持武汉人民的反英爱国斗争。这场斗争得到了全国人民的声援，2月19日，武汉国民政府组织"英租界临时管理委员会"，收回了汉口、九江两处租界。

声讨蒋介石

　　第一次国共合作给大革命带来大好形势，但同时也潜伏着危机。在国共合作终于失败的危急关头，陆更夫与蒋先云、陈赓等组织了"黄埔各届学生讨蒋筹备委员会"。4月23日，在武汉阅马场召开了有军校全体人员以及各界群众30多万人参加的讨蒋大会，愤怒声讨蒋介石。《革命生活》发表了军校师生的誓词："不要偷闲过日，去看那军阀蹂躏下的人们！不要虚度时光，去听那军阀压迫下的呼声！不要伤春怨秋，去凭吊那恶魔刀下的累累白骨！大敌当前，我们怎能闲逸？恶魔未消，我们怎能怡悦？人类不曾解放，享受只是僭越；世界不曾打平，美善也还残缺。用歌声喊出人生的痛苦，讴歌革命是我们的超越！把鲜血去换取人类的自由，献身革命是我们的壮烈！"在《革命生活》上，陆更夫撰写了一篇篇义正词严的讨蒋檄文。他鼓励宣传科的同志们："在这革命的患难之秋，我们应当努力于宣传工作，以便唤起民众一道来和敌人斗争！"

　　5月16日，中央军校成立特别党部，陆更夫、叶镛、袁澈等被选为常委。当日的《革命生活》刊登了由沈雁冰撰写的社论《祝中央军校特别党部成立大会》。陆更夫积极参加了讨伐反动军阀夏斗寅、杨森的斗争。在反动势力煽动下，"工农运动过火"的议论当时甚嚣尘上，陆更夫表明了坚定的立场，他在军校的《五四纪念特刊》里，著文鼓励青年：

> 革命的学生应在党的指导下去努力………
>
> 革命的学生出路是什么？
>
> 武装起来——是士兵；
>
> 到田间去——是农人；
>
> 到工厂去——是工人。
>
> 今后五四的精神——要使工人农人来继续着！
>
> 要革命的青年来发扬着！

7月15日，汪精卫集团叛变革命，提出"宁可枉杀一千，不可使一个漏网"的反革命口号。经过"四一二"和"七一五"两次反革命政变，加上以陈独秀为代表的右倾机会主义者完全采取投降主义政策，轰轰烈烈的第一次国内革命战争失败了。武汉的中央军校被解散，由张发奎改编为国民革命军第二方面军第四军军官教导团，陆更夫任1营2连连长。教导团在第四军参谋长兼教导团团长叶剑英率领下，长途跋涉，几经辗转到了广州。教导团一到广州，张发奎就急于利用这支军事力量参加所谓"护党之役"——驱逐桂系军阀的战争。教导团则抓住时机利用派系矛盾削弱敌人，壮大自己，准备参加秘密筹划中的广州工人武装起义。教导团接到进攻桂系驻广州机关的命令后，在11月17日黎明，一举攻克黄绍雄司令部，夺取了兵工厂，捣毁了国民党"广州清党委员会"。富有讽刺意味的是，当陆更夫带领两个排，不放一枪，不费一弹，冲进去解除"广州清党委员会"卫兵武装时，那些美梦正酣的清党老爷们一个个吓得魂不附体，浑身发抖，举起双手惊呼："不要误会，不要误会！我们不是共产党，是'清党'委员！"陆更夫冷笑道："不错！一点不错！我们要抓的正是你们这帮双手沾满共产党人鲜血的'清党'委员！"就这样，十几个"清党"委员束手就擒。

与此同时，广州工人武装起义在积极准备中。七一五大屠杀后，日益加剧的白色恐怖激起了广大工人、农民、士兵的反抗，广州海员大罢工、市郊农民秋收抗租起义先后爆发。士兵们同情革命，组织革命士兵委员会，要求起义。武装起义的时机成熟了。中共广东省委在张太雷领导下，决定举行武装起义。11 月 26 日，中共广东省委公开号召群众起义，提出了起义的政纲和口号。12 月 4 日，广州起义总指挥张太雷在黄花岗召集有 200 多名共产党骨干分子参加的会议。当时，陆更夫、叶镛、袁裕等同志都参加了这次会议。会上，张太雷阐明了广州起义的意义，布置了任务。12 月 11 日凌晨 3 时，广州起义爆发了，以苏兆征为主席的广州公社也宣告成立。

在广州起义中，陆更夫新任教导团 1 营 1 连连长，负责带队攻打市公安局。陆更夫布置了战斗任务，分析了敌情，亲自带队，分兵两路，同时向市公安局对面的保安队发起进攻。当 1 连战士冲向公安局、保安队的时候，埋伏在第一公园的工人敢死队，配合工人赤卫队，也同时直扑过去。守敌出动铁甲队猖狂反扑，公安局门口的两挺机枪也吐出了火舌，进攻受到了阻碍。这时，陆更夫沉着地组织炸毁了铁甲车。打入保安队作为内应的同志也架起重机枪扫射公安局门口顽抗之敌。守敌龟缩进去，关上了铁门。战士们冒着硝烟，乘势冲杀。有的砸铁门，有的搭人梯攀上围墙，将一颗颗手榴弹掷了过去。铁门被砸开了，顽抗的敌人被击毙。想活命的放下武器，举手投降。公安局长朱日晖从后院爬出围墙，狼狈逃命。但这时，保安队在队长的指挥下，还在拼命顽抗。陆更夫带队猛烈进攻，击毙了保安队长，保安队终于也被缴了械。不到一小时，战斗结束了，缴获的枪支弹药堆满了公安局大院。战士们砸开了牢门，800 多名被囚禁的共产党员和革命群众获得了自由，其中有 200 多名是在反革命政变中被捕的黄埔军校学生。市公安局被攻占后，成了起义总指挥部。随即，陆更夫又率部攻下了长堤一带的江边阵地，组织战士修筑好工事。这时，敌五军李福林部在帝国主义军舰掩护下，横渡珠江，妄图登陆。在炮兵配合下，陆更夫沉着、果断地组织战士多次击退登陆敌军，守卫着长堤阵地。反动派并不甘心他们的失败。起义的第三天，在英、美、日战舰炮火的掩护下，反动派从四面包围了广州，英勇的起义工人进行着殊死的战斗。广州起义总指挥张太雷壮烈牺牲，惨遭屠杀的广州人民不下七八千人，广州起义失败了。

奔向海陆丰

广州起义失败后，起义军开始撤出广州市区，袁裕、叶镛、徐向前、陆更夫率领余部撤至花县。12 月 17 日，起义军在花县进行改编，成立"中国工农红军第四师"。1928 年 1 月 5 日，陆更夫等率领的第 12 团，随红军师部到达海丰县城。1 月 6 日，在彭湃的主持下，红四师和师党委进行改组。叶镛任师长，袁国平任师党委书记兼师党代表，徐向前任师参谋长，陆更夫任师政治部主任。师下属三个团，徐向前、陆更夫分别兼任 10 团、11 团党代表。1928 年 1 月 8 日，红四师与董朗率领的参加过南昌起义的红二师会合，向海陆丰进发。这两支经过战火考验的年轻队伍边走边战，先后打下陆丰、甲子港、果垅寨等据点，经惠东到达普宁县赤水村，与彭湃领导的农民军会合。这时，新年刚过，反革命武装从海陆两路向彭湃创立的海陆丰工农政府发起进攻。由于兵力悬殊，红军遭受很大损失，被迫退入农村和山地。敌人岗哨林立，频繁扫荡。红军弹尽粮绝，生活异常艰苦。没有粮食、食盐、药品，不少同志病倒了。为了不致暴露目标，大家只好挖野菜充饥。在这严峻的考验面前，陆更夫更加细致地做好思想政治工作，鼓励战士们以坚强的革命意志战胜困难，坚持游击战，利用机会打击敌人。

7 月，据上级领导指示，陆更夫离开海丰到香港，再转赴上海，向中央汇报了红二师、红四师在海陆丰及东江地区革命根据地艰苦卓绝的战斗概况。8 月，中央指派曾担任红四师政治部主任的陆更夫，以中央巡视员的名义，到东江地区了解红军的生存情况。9 月 7 日、14 日给中央的报告中，陆更夫详尽汇报了红二师、红四师在东江的战斗历程。1928 年底，陆更夫被派往苏联，进入莫斯科中山大学学习。

留学苏联

在苏联留学期间，陆更夫结识了在莫斯科东方大学学习的黄海明并和她结了婚。大革命时期，黄海明在武汉工人运动讲习所学习过，曾担任过武汉纱厂女工纠察队女工队队员和独立师女生娃娃连连长。1930 年底，陆更夫夫妇先后回国。陆更夫在北方局从事地下工作半年后，于 1931 年 7 月调到上海，在周恩来主持的中央军委工作。黄海明在上海妇女工作部从事妇女工作。

1931 年 10 月，陆更夫任中央巡视员离开上海，赴两广检查军运、兵运工作。黄海明因身怀有孕仍留上海妇女工作部。临行前，陆更夫将一块怀表留给爱人作纪念之物。哪知这一次竟是永别，后来这块怀表作为烈士遗物被留了下来。

当时，两广白色恐怖极其严重，中共两广省委多次遭到破坏。因省委书记被捕，陆更夫于同年 12 月担任了中共两广省委书记。在这期间，陆更夫主持省委会议，制定了《关于切实建立组织工作的决议》（第十一号通告）等重要文件。当时，中共两广省委机关设在香港。陆更夫不顾个人安危，经常秘密回到广州考察、指导工作，始终坚持了党对两广地区的领导。

广州殉难

1932 年 2 月 16 日，中共两广省委在香港召开常委会。不料驻香港特派员、中共两广省委常委廖赤道在会前一天被捕叛变，供出了开会地点。港英当局秘密包围了会议地址，陆更夫和五名常委均遭逮捕，被关押在香港陈昌利监房。在狱中，他们团结战斗，商量对策，坚持斗争，同时等待外边营救。后经党中央多方设法，通过香港互济会用了 4000 块大洋，他们才得以保释。

5 月 6 日，港英当局一面假意释放，让陆更夫等人乘意大利邮船到上海，一面暗中通知国民党反动特警，告知陆更夫等乘坐船名、航行时间，将陆更夫等人照片分发给沿途码头，还派遣特务随船盯梢。5 月 8 日，船行到上海杨树浦码头时，陆更夫等人再次被反动派逮捕。他们先被关在上海市南市区公安局，后转至龙华监狱，最后被广州公安局特别侦缉处押解至广州监狱。在狱中，面对敌人的利诱、威胁、毒刑，陆更夫等表现了共产党人坚定的革命节操，以顽强的革命意志经受住了酷刑，保守了党的秘密。他们坚信，革命必将胜利，为革命事业献出年轻的生命是无限光荣和自豪的。反动派用尽了花招，终于失望了。1932 年 7 月 15 日，陆更夫和中共两广省委其他同志被枪杀于广州市东郊，陆更夫牺牲时年仅 26 岁。

党和人民没有忘记他

陆更夫虽然遇难，但是党并没有忘记他。1945 年在延安召开的党的七大期间，烈士陆更夫的女儿陆曼曼曾在纪念革命烈士大会上代表死难烈士子女发言，她的发言在解放区的报刊上全文登载。

新中国成立后，老一辈无产阶级革命家叶剑英、徐向前、黄克诚、程子华等在回忆文章中多次提到陆更夫。他们认为，他"很有才华，能写会说""广州起义中，作战英勇"。大家充分肯定了他在北伐战争、广州起义、武汉军校、奔向海陆丰等革命斗争中立下的不朽功绩。陆更夫把他的满腔热血、年轻的生命献给了中国人民的解放事业。他的耿耿丹心，永远光照人间；他的铮铮铁骨，永远激励着后来人。

（陆能编写，李金中改编）

参考资料：

1. 中华人民共和国民政部. 中华著名烈士：第 10 卷 [M]. 北京：中央文献出版社，2001.

2. 中国人民政治协商会议四川省叙永县委员会文史资料研究委员会. 叙永县文史资料选辑：第 11 辑 叙永县历史人物选 [Z]. 1988.

4. 龚才华. 26 岁牺牲的两广书记：陆更夫 [J]. 中国老区建设，2011 (6)：59.

5. 何锦洲，等. 报晓黎明的打更匠：陆更夫 [J]. 红广角，2016 (1)：16—21.

6. 颜林. 头颅换来乾坤赤 中华英魂振九霄：中共两广省委书记陆更夫烈士传略 [J]. 巴蜀史志，2018 (5)：26—29.

7. 颜林. 陆更夫：中共早期的两广省委书记 [J]. 文史春秋，2018 (7)：55—59.

8. 邓沛. 血洒羊城的陆更夫烈士 [J]. 广东党史，1999 (2)：35—36.

9. 梁汝森. 铁军铁拳头：黄埔军校出身的叶挺独立团官佐 [M]. 广州：广东人民出版社，2016.

10. 中国人民政治协商会议四川省叙永县委员会文史资料研究委员会. 叙永县文史资料选辑：第 7 辑 [Z]. 1986.

11. 抢救民间家书项目组委会. 家书抵万金 [M]. 北京：新华出版社，2006.

12. 任一民. 四川近现代人物传：第 2 辑 [M]. 成都：四川省社会科学院出版社，1986.

苟永芳烈士——青史无言永流芳

你如果问你爸爸为什么死的，
我说，是为无产阶级革命而牺牲的。
孩子，快长大吧！
长大了，不要忘记你的爸爸，
不要忘记你爸爸的事业！

这首诗是一位烈士就义前夕，留给其爱女的遗言。这几行掷地有声的话语是鲜血铸成的，体现了一个无产阶级革命者视死如归的英雄气概，也体现了革命前辈对我们的殷切期望。这位烈士，就是 1926 年时的国立成都高等师范学校（四川大学前身）英语部的校友苟永芳（1908—1934）。他先后任共青团四川省委书记、中共四川省委宣传部部长、中共四川省委代理书记，是著名的四川"少共三杰"之一。

伟哉！少年

苟永芳，又名方明、方铭、王明远、尹大成，四川自贡市贡井区鹅儿沟人。1908 年，他出生于贫苦的家庭中。他的父亲常年在筱溪、新拱桥等地，摆摊设担给人理发，虽然终岁为生计奔波劳累，但一家也难于温饱。苟永芳在弟兄中排行老三，六岁时母亲去世，由二嫂抚养成人。

尽管家贫如洗，苟永芳的父亲仍然决心送他去读书。于是，苟永芳四岁便上了外公任教的村塾，六岁时进教会"福音堂"读初小。他也希望通过读书能够改变家境贫困的现状。他读书十分刻苦，成绩优异，被人们称为"神童"。初小毕业后，他考进了自流井雨台山基督教会办的华西高级小学校，成为一名毕业后必须为教会服务以偿还贷款的"贷费生"。

当时，正值五四爱国运动爆发，自贡也同全国各地一样，组织起"国民外交后援会"和"学生联合会"。各阶层爱国人士，特别是进步师生，积极投身到这一反帝反封建的革命洪流之中。

苟永芳深感广大中国人民不仅生活在水深火热之中，而且面临沦为

"亡国奴"的险境。虽然年仅 11 岁，个子瘦小，但他已经担任了华西高级小学学生会主席。他满腔热情地在街头、茶馆，不知疲倦地向群众讲演。每当讲到"我们中国受到列强压迫……我们中国人誓死不做亡国奴"时，他往往声泪俱下，听众无不为之深深感动。

正当自贡人民如火如荼地进行反帝爱国斗争之际，华西高级小学校长、加拿大籍人白达，站在帝国主义者立场上，以停止"贷费"来威胁学生，以"资助升学"为诱饵来收买教师，企图软硬兼施，阻挠进步师生的反帝爱国活动。1921 年暑期，白达借口修缮校舍，故意唆使人毁掉门锁，进入学生衣物保管室，致使学生衣物丢失。事后，白达不仅不负责赔偿损失，反而肆意辱骂中国人。当时年仅 13 岁的苟永芳，便和该校进步教师一起，率领全校同学同白达展开了面对面的斗争。白达以"开除"和"停课"来威胁进步师生。苟永芳便和老师同学们一起，七次发布《宣言》，其中一次以英文发往国外，争取社会舆论的支持。他们还向地方法院起诉。白达迫令师生离校，他们便在社会人士支持下在玉皇庙小学办起了"露天课堂"，继续上课。软弱无力的地方政府对"洋人"妥协时，苟永芳宁肯不要"贷费"，也要和进步师生站在一起。他愤然转学到东兴寺小学去继续就学。

在这次斗争中，苟永芳看到了国家的孱弱和帝国主义分子的猖獗。更重要的是，他体会到，觉醒了的人民群众中蕴积着无穷无尽的伟大力量。这种力量，不仅可以战胜敌人，而且可以组织起来主宰自己的命运！

苟永芳在东兴寺小学高小毕业前夕，适逢恽代英离开泸州川南师范学校到国立成都高等师范学校任教，绕道自流井在东兴寺小学做了一次激动人心的宣传讲演。苟永芳聆听之后，心潮澎湃，十分激动。他联想到自己苦难的童年历程，回忆了五四爱国运动以来的斗争生活，初步懂得了劳动人民为什么这样穷，伟大祖国今天为什么这样弱。他要刻苦读书，打开"知识之窗"，认识新鲜事物。只是埋头读书，解除不了家庭的贫困，挽救不了国家民族的危亡。只有打倒军阀，打倒帝国主义，才能从根本上解决家弱国贫的问题！他觉得恽代英老师的讲话，为他指明了一条新的道路。

青春似火

1922 年秋，苟永芳考入荣县中学。为弥补学费不足，他设法谋得了管理学校图书和抄写稿件的半工半读待遇，第三期起由于品学兼优获得免交学费的奖励。

当时的荣县中学是一所较为进步的学校，吴玉章同志甚为关注。学校经受过五四运动的洗礼，爱国主义思想活跃。

苟永芳利用管理图书的机会，如饥似渴地阅读了《创造》《新青年》等进步书籍。从这个窗口里，他知道了俄国十月革命，初步懂得了无产阶级的革命道理。

这段时间里，苟永芳认识了曾莱等进步同学。他们互相启发，互相激励。他们的共同信念就是参加革命，重新改造中华。由于他学习刻苦，成绩优异，思想进步，又善于团结和帮助同学，不久，他担任了荣县中学学生会主席和荣县学生联合会主席。

此时，大革命浪潮滚滚而来，"打倒军阀""打倒帝国主义"的怒吼声响彻了荣县这个具有革命传统的古城。苟永芳和同学们一起进行唤醒民众的宣传，宣传孙中山先生的"联俄、联共、扶助农工"三大政策，宣传打倒帝国主义，提倡国货，抵制日货。他们宣传的形式新颖多样，不仅讲演，而且还排演新戏。群众喜闻乐见，收效颇大，对日后荣县轰轰烈烈的农民运动的兴起，起到了推动作用。

1926年秋，苟永芳从荣县中学毕业后，考入当时的国立成都高等师范学校英语部。当时北伐战争节节胜利，学生革命运动如火如荼。进校后，他与张博诗等老同学汇聚一起，加入了由中国共产党领导的国立成都高等师范学校的进步团体——导社，和国民党右派势力在该校组织的"惕社"针锋相对地进行斗争。苟永芳加入导社后，担任了主要领导职务。

苟永芳在国立成都高等师范学校英语部预科学生一览表中

苟永芳在校时，以遇事冷静、沉着，从不疾言厉色，在斗争中坚定、勇敢而著称。他和战友们一起出壁报，办油印刊物，向报社投稿，以笔调犀利的文章作匕首、投枪猛烈地向反动派发起进攻，致使"惕社"后来一蹶不振。

"万县惨案"发生后，中共四川省委发动各进步团体在各地组织了"万县惨案雪耻会"，华西协合大学师生开展了"退学"运动。苟永芳等积极响应党的号召，通过导社团结校内广大进步师生，开展"反英雪耻"运动，与标榜"读书救国""不谈政治""不受利用"的"惕社"分子进行了针锋相对的斗争。

1927年1月，汉口、九江工人收回英租界，苟永芳和导社同学为之欢呼、庆贺，与名曰爱国实际惧外的"惕社"分子进行了激烈的斗争。重庆"三三一"惨案发生后，国立成都师范大学的导社和国立成都大学的社会科学研究社等进步社团，发布宣言，集会声讨屠杀革命群众的国民党新军阀。四一二反革命政变后，导社处于半公开状态，但苟永芳等则更加坚定地继续开展革命斗争。5月1日，导社坚持举行了纪念五一劳动节的活动。

大革命失败之后，真正的革命者擦干身上的血迹，继续前进。一些曾经向往革命，与革命者同过一段路的人却动摇了，退却了。有的人甚至投向了敌人营垒。苟永芳则在大革命的疾风骤雨中经受了锻炼。他更加坚定地选择了继续革命的道路，更加勇敢地投入到艰难困苦的斗争中去。

1927年下半年，他参加了中国社会主义青年团。次年1月，他即正式转为中共党员。苟永芳带领导社同学积极参加了"争取教育经费独立""反劣币斗争"和支持省一中拒绝国民党右派分子杨廷铨就任该校校长的"择师运动"。1928年初，在"拒杨"斗争中，杨廷铨被群众失手打死。组织上通知苟永芳、张博诗等暂时回避。不久，"二一六"惨案发生，未及撤离的袁诗荛、张博诗等14个中共党员和共青团员，壮烈牺牲于成都下莲池。

苟永芳当时因为外出，幸免于难。随后，他离开学校，转入了地下斗争。

骆驼精神

大革命失败后的艰苦岁月里，由于敌人的疯狂镇压，加上党内错误路线的干扰，斗争是十分严酷的，但苟永芳从不犹豫，从不动摇。正如导社的故旧后来回忆他时称赞的那样："苟永芳像一头骆驼，能负重远行。征途迢迢，艰苦卓绝。他总是一切服从党的需要，没有个人的任何需求，一步一个脚印地向前迈进。再困难的时候，他都对党忠贞不渝，对共产主义事业充满必胜信心。"

1928年成都"二一六"惨案后，中共川西特委调苟永芳到乐山地区从事党的地下工作。他化名为王明远、尹大成，奔走于眉山、夹江、犍为等地，并深入到五通桥、牛华溪盐场从事工人运动。他虽然身体瘦小，却从不怕苦，经常同盐场工人一起车水、挑水，同熬盐工人一起在盐锅边促膝谈心，耐心细致地启发盐业工人的阶级觉悟。这段时间不长，但他却深受工人爱戴。一次，苟永芳在去盐场的中途，遭到反动军警搜查。眼看随身带的党的文件将要落入敌人之手，他机智地将文件塞入口中嚼碎吞下。虽然敌人将他逮捕，逼他承认是共产党，却拿不到任何证据，无可奈何。不久，在曾莱等的筹款营救下，敌人将苟永芳释放出狱。

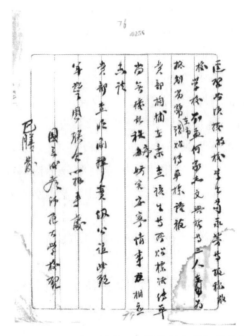

国立成都师范大学函请开释本校学生苟永芳函件

1928 年 10 月，苟永芳被调任中共川东特委宣传部部长兼团川东特委书记。由于他坚决执行党的六大的决议，积极开展工作，川东团的组织很快壮大起来。1929 年 5 月，他被调任团省委委员。次年党团合并，苟永芳担任中共四川省委行动委员会秘书。中共四川省委行动委员会撤销后，苟永芳担任团省委书记。

苟永芳是一个杰出的青年运动的领导人。当时，在以冒险主义为特征的"左"倾错误路线影响下，成都地区各学校的进步学生组织和共青团组织遭受了破坏，苟永芳总是脚踏实地去清理和恢复。他对同志总是和蔼可亲，循循善诱。他在工作中总是勤勤恳恳，吃苦耐劳。青年们都很喜欢和他接近，心里有什么话都愿意和他谈。在工作上遇到困难，感到苦恼的时候，只要一听说"方明"同志来了，大家就顿时喜笑颜开，争相向他倾吐衷肠。他总是以商量的态度和战友们谈他的看法。他对下级青年工作者提出的要求，大家都乐意去执行，自觉地去完成他布置的任务。他在青年同志中享有盛誉。大家称他是四川共青团最杰出的领袖，和余国祯、饶耿之并称四川"少共三杰"。

在成都，苟永芳与火柴厂女工郭瑶芝结婚了。郭瑶芝是搞妇女运动工作的，协助苟永芳做了大量的工作。

1932 年时，苟永芳目睹当时处于险境的四川地区革命形势，曾大声疾呼："为什么暴动一次失败一次?!"可惜当时由于种种历史的局限，中共四川省委无法从政治路线、斗争策略上去找到圆满的答案。

1933 年，苟永芳担任了中共四川省委宣传部部长。中共四川省委许多宣传鼓动的小册子、传单，都是他亲手撰写的。工人、士兵、青年学生对这些文件反映很好，都说他写出了党向群众阐述的革命道理，写出了群众心里要说的话，收到了很好的宣传效果。同年 10 月，因中共四川省委书记去瑞金出席中共六届五中全会，苟永芳即代理省委书记。11 月 1 日，中共四川省委常委在成都少城公园召开会议，因叛徒出卖，苟永芳不幸被敌人逮捕。

共产党终必成功

苟永芳被捕后，被关在成都警备司令部监狱。敌人施以酷刑逼供，利禄引诱，苟永芳丝毫不为所动。他借机痛斥叛徒，历数反动派的罪行，常使审讯无法进行，敌人的法官也无可奈何。

苟永芳被关在死牢里，但仍然和往常一样，从容大度，谈笑自若，在木栅下戴着敌人所造的特重刑具，艰难习字、写作，草就遗书，托人传到监外。

他在致其父书中说："儿将被屠杀，父勿悲而忧无子，共产党终必成功，继后必有许多青年认你作父，幸福的日子就在将来也。"

在致其妻书中，他说："你为最忠实分子，无烦我叮嘱，以后勿以我死而心灰意冷，忘却前进。"

他在给女儿的遗书中说道："汝父将于某日被军阀屠杀，汝将永记此日。长大后，为党效忠，为父报仇。"同时，他作了本文开头引诗留给女儿。

1934 年 2 月 15 日，在农历大年初二晚上，反动派将苟永芳从监狱中提出，企图将他秘密杀害。当苟永芳看到狱卒开门时，他知道敌人要加害自己了，便从容地脱下身上的毛线背心，送给难友。出牢后，他沿途高呼

"救火!"以警觉难友和群众,揭穿敌人秘密杀害共产党人的阴谋。在难友和群众惊醒之际,他高呼:"打倒军阀!""共产党万岁!"在革命征途中,他勇往直前地做了最后的冲锋。

苟永芳被反动派杀害于成都东较场后,难友们还在狱中发现了他尚未完成的讽刺反动派的遗作《孔子出洋记》。

(冀蒙川、袁孜编写,李金中改编)

参考资料:

1. 自贡网. 热血洒蓉城的苟永芳烈士 [EB/OL]. http://www.zgm.cn/html/a/2019/1110/184233.html.

2. 中华人民共和国民政部. 中华著名烈士:第 13 卷 [M]. 北京:中央文献出版社,2002.

3. 周良书. 1924 年—1927 年:中共在高校中党的建设 [J]. 北京党史,2006 (2):19−24.

4. 刘宗灵,马睿. 抗战前期乐山地区中共地下党组织的发展与整顿 [J]. 乐山师范学院学报,2016,31 (1):73−80.

5. 彭泽平. 民国前期四川高等教育的变迁与定型 [J]. 西南大学学报(社会科学版),2013,39 (2):65−70.

6. 管雷. 五四运动以来四川青年运动回顾研究 [J]. 新生代,2020 (3):9−14.

7. 张峻. 抗战时期中共成都党组织述论:1937—1945 [D]. 成都:四川师范大学,2017.

8. 陈全. 血泪的嘱托 [M]. 重庆:重庆出版社,1996.

9. 中国人民政治协商会议自贡市自流井区委员会文史资料委员会. 文史资料辑览:第 1−21 期合刊本 [Z]. 1990.

10. 中国人民政治协商会议四川省委员会文史资料研究委员会. 四川文史资料选辑:第 26 辑 [M]. 成都:四川人民出版社,1982.

余宏文烈士——敢将热血浇红花

中国共产党优秀党员、革命烈士余宏文（1904—1935），曾化名余济民、陈济民、陈伯峦、余三弟。1904年，他生于四川省宜宾县观音乡。父亲余家佑在清朝末年曾留学日本并获得博士学位，后来参加孙中山领导的同盟会，投入推翻封建帝制的斗争。父亲为人正直，拒绝结交贪官污吏，在部队任团长时因发现军米中掺有杂质，愤而殴打了州官，毅然弃官回到成都教书。余宏文小时候就从父亲那里听到军阀官吏间的种种尔虞我诈、钩心斗角、欺压百姓的罪恶行径，在心中埋下了反对军阀官僚统治的种子。

余宏文早年就读于荣县中学、叙州联合县立中学、资阳中学、资中联合旅省中学。就读于华西协合大学期间，他和乐以成、岳清澄等是同学。1925年，他从华西协合大学辍学回乡，任观音镇高等小学校教员，在中国共产党党员郑佑之领导下从事农民运动。当年10月10日，他组织农民、学生共几千人，在观音场南华宫举办"提灯会"，号召农民起来打倒贪官污吏、反对苛捐杂税。随后，他在观音场积极筹建农民协会。

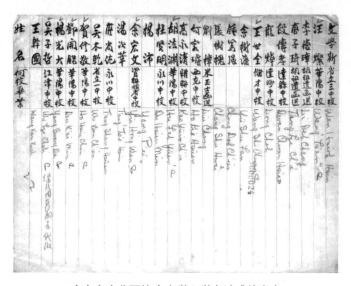

余宏文在华西协合大学入学考试成绩表中

余宏文的华西协合大学入学登记表

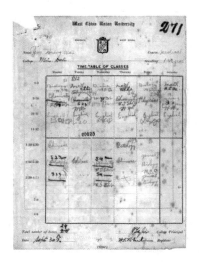
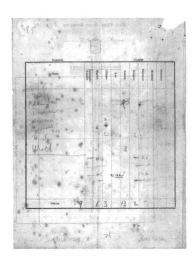

余宏文在华西协合大学学习时的课程表

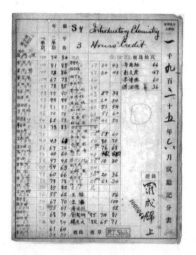
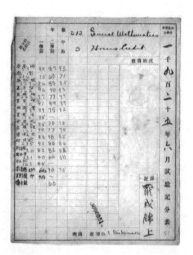
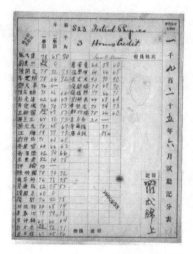

余宏文在华西协合大学的考试成绩

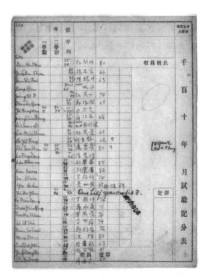

余宏文在华西协合大学的考试成绩

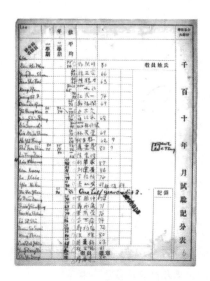

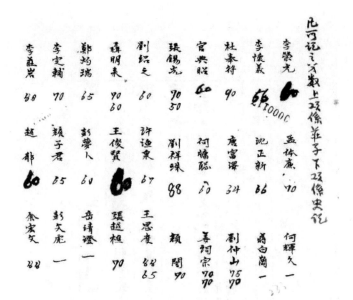

余宏文在华西协合大学的考试成绩

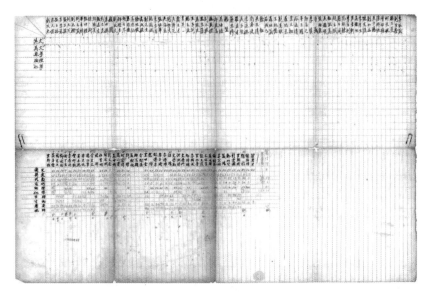

余宏文在华西协合大学 1925 年试验记分总表中

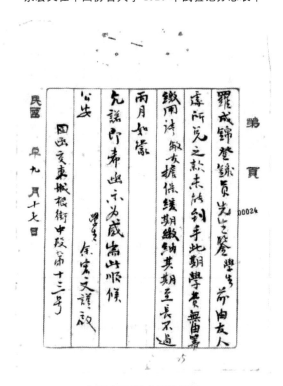

余宏文致罗成锦的信函

星星之火，可以燎原

　　1925 年正是第一次国内革命战争时期，工人运动和农民运动在全国各地蓬勃展开。这时，余宏文以教员的职业作掩护，领导观音乡、古锣乡和余家乡一带的农民运动，积极地组织起农民协会，领导群众向反动军阀、地主和土豪劣绅进行斗争。

　　1926 年，荣县农民协会掀起了声势浩大的抗捐运动，与地方军阀——旅长张二麻子发生了武装冲突。余宏文组织他所负责的几个乡的武装队员和群众前去支援，当时仅观音乡就集中了 1000 多支枪。抗捐运动终于取得胜利，群众的革命情绪更加高涨。趁这个机会，余宏文又召开了全区农民协会会议。他领导群众在观音乡高呼口号："打倒土豪劣绅！""打倒恶霸张兰轩！""打倒贪官污吏！"从此，那一带的农民运动汹涌澎湃，进入了一个高潮，封建反动势力大为恐慌。

　　不久，白色恐怖到来，余宏文只得转入地下继续进行革命工作。接着，宜宾土匪军阀覃筱楼同其他国民党军阀一样，对共产党人进行了空前残酷的大屠杀。余宏文险些在家乡被捕，幸好有群众掩护，才离开了观音乡。

　　1927 年初，余宏文正式加入中国共产党。同年春，他受中共宜宾特支派遣，去荣县加强党对农民抗捐斗争的领导。余宏文从宜宾县观音、徐家、古罗、永兴等地组织起农民协会武装 3000 多人，并前往荣县五宝镇支援。斗争胜利后，他又被中共宜宾特支派往大塔，组织领导农民开展反对高利贷和加租加押的斗争。重庆"三三一"惨案后，观音、大塔一带农民协会武装遭县军警围剿，余宏文等转入仙马一带山地，继续进行革命活动。

　　1928 年，余宏文又回到家乡，在中共宜宾县委郑佑之同志的领导下，重整旗鼓，秘密地展开活动，群众的革命情绪又高涨起来。他们着手组织川南红军，计划攻取自贡、荣县、宜宾作为根据地，继而攻取泸州和川南各县。后来，形势发生了变化，这一计划未能实现。在这以后，宜宾县县长带领了几个团的人马向当时农民协会活动的中心地区围攻。余宏文得到消息，连夜把革命群众的武装力量转移出来，使敌人扑了个空。接着，敌人又纠集了大批军队，分成东路、西路、北路，从四面八方搜索进攻。当时，敌我力量悬殊，为了保存革命力量，只好化整为零。余宏文和其他几位同志一起隐蔽到荣县莲花乡他的岳丈家里。白色恐怖越来越严重，这里也不能再隐蔽下去，余宏文便离开了他岳丈家，到了犍为县。接着，他领导了以五通桥盐业工人为中心的工人运动，组织工人罢工。不幸被叛徒出卖，他遭到敌人逮捕，被关进了监狱。

1929 年初夏，余宏文经党组织营救出狱回到观音场后，中共宜宾县委派他到大塔加强领导、发动和组织农民运动。6 月，余宏文任中共宜宾县委委员。8 月，中共宜宾县委改建为宜宾中心县委后，余宏文任中心县委委员。9 月初，大塔农民暴动前夕，中心县委组成了由余宏文为指挥长的农民暴动临时指挥部。农民暴动失败后，按照省委"保存实力，积蓄力量"的指示，余宏文等立即分散隐蔽农民武装，转入秘密活动。

不入虎穴，焉得虎子

1930 年，党组织把余宏文调到重庆。这一年，正是准备和发动四川各地工农兵暴动的一年，又是重庆军阀刘湘利用叛徒破坏四川地下党组织的开始。此后，中共四川省委、重庆市委和在刘湘防区的地下党组织多次遭到破坏，损失不小。在叛徒特务四处捕人的情况下，中共地下党组织的活动开展得非常困难，因此，在 1930 年夏天，党组织即派当时化名余三弟的余宏文打入军阀刘湘在重庆设立的 21 军特别委员会内工作。这一所谓的特别委员会就是专门反共的"清共委员会"，21 军防区内各县均有此组织。在这一年多的时间内，余宏文抱着"不入虎穴，焉得虎子"的革命精神，英勇地完成了党组织交给他打击叛徒、保护组织的光荣任务。他利用 21 军特别委员会秘书的职务以及在叛徒中的串联活动，知道了不少的机密。他将各种情报用暗语写成小纸条放在预定的厕所墙孔内或城墙偏僻处隙缝中，通过后来在南充为党组织英勇牺牲的交通员江银和同志，报告中共四川省委。这些情报包括敌特的行动计划，叛徒的部署和调动，叛徒和特务活动的地区、时间、方法和规律，突击搜查户口的时间，逮捕共产党员的黑名单，已被捕同志在敌特审讯中的表现，等等。中共四川省委针对叛徒特务活动的时间、地区的间隙，进行地下党组织的活动。如遇着临时搜查，便事先转移机关和干部，并且用尽一切方法掩护和救援有被捕危险和已被捕的同志。同时，他在 21 军特别委员会内还积极进行分化叛徒的工作。

在他的活动影响下，曾在部分叛徒中秘密成立"良心会"（即有些叛徒要各本良心，此后不再出卖共产党员以赎罪恶），策动一些有悔改心的叛徒立功赎罪，采取各种隐蔽方法打击和消灭那些叛变革命最凶狠的叛徒。深入到敌特心脏去进行斗争，是一件极危险、极复杂的工作。余宏文凭着共产党员大无畏的精神，把个人的生死置之度外。他在 21 军特别委员会中采取各种巧妙的方法同叛徒和敌特斗争。他的这些活动，对于党在当时白色恐怖统治下，得以及时了解敌情，有效地打击叛徒和敌特，积极地掩护组织，保护同志起了很重要的作用。

为了防止暴露，党组织指示余宏文从 21 军特别委员会撤退。他撤退时，运用了士兵中的一些关系，把军阀刘湘部队的手枪弄走了两打，准备到川南去打游击。余宏文每时每刻都在为革命利益着想。只要对革命有益，他是任何一个机会也不轻易放过的。

1931 年九一八事变后，余宏文强调，应以抗日为党的工作中心，要组织和领导抗日会。1932 年，他参加成都东城区委工作，任区委书记。在反对成都军阀混战中，他在东门外街上被搜查出反战传单，又一次被捕。由于他机警善辩，供词编造得很好，党组织又活动了一些上层人士去担保，所以很快获得释放。

配合长征，再打游击

1933 年 7 月，为了配合红军长征，中共四川省委调余宏文到邛崃和大邑游击区工作，任邛崃、大邑工农红军游击队大队长和区委书记，接受中共邛大中心县委和中共四川省委军委的领导。初去时，游击大队只有 50 多人，成分又较复杂。在艰苦环境下，有时有些队员不讲政策，不守纪律，经过余宏文耐心教育和整顿以后，游击队与群众建立了血肉关系。他号召群众打土豪劣绅，进行抗捐、抗租、抗粮运动，声势大振。

余宏文不但在群众工作中坚持党的政策，与群众同甘共苦，而且在领导武装斗争中，也是非常坚毅英勇和机智的。有一次，敌人以优势兵力把他们一部分队伍包围在游击区腹心地带。余宏文一边指挥队伍很快转移，一边发动群众上山大叫冲杀，迷惑了敌人，使其不敢深入进犯，使部队得以安全突出包围。在二三百里的山区内，敌人几次清乡均未得逞。这年秋季，地主也不敢再到游击区内来收租了。

但是，敌人是不会甘心失败的。为了巩固其反动统治，设立在邛崃县的清乡司令部，经常开展清乡和向游击区进攻，革命的环境异常恶劣。中共四川省委特派员曾海云同志到游击区来时，不幸被敌人清乡军逮住，次日即被杀害于平乐坝。余宏文领导队伍坚持斗争。天气很冷时，他还是穿的草鞋，须发深长，面黄肌瘦。但他总是带着和蔼的笑容，充满了对革命胜利的信心。他与大家生活在一起，学习在一起，斗争在一起，游击区内的群众也十分爱戴他。因此，他成为群众公认的优秀的游击队领导人。

壮烈牺牲，浩气长存

1934 年，游击队有两位同志被捕，余宏文立即将队伍转移，自己也撤离了腹心地带。为了保持和邛崃城内的联系，他把新的住地告诉了一位老交通员同志。后来，他才知道这次两位同志被捕，原来是被游击队的一个小队长何明全出卖的。何明全借请假回家为名，到城内投敌自首。在逮捕了城内工作的两位同志后，他又带着特务来游击区内逮捕余宏文。老交通员同志还不知何明全已是叛徒，以为他是假满后回来的，就把余宏文的住地告诉他。因此，余宏文再次被捕。敌人将余宏文等送到邛崃县城内伪县公署监狱。经过种种酷刑拷打，余宏文始终坚持共产党员的革命立场，不为威武所屈。在审讯时，敌人要他跪下，他不跪。要他说出游击队在哪儿，他不说。他的回答是："我是共产党，你们看着办吧！要杀就杀！"第二次审讯时，敌人摆出许多刑具，但余宏文丝毫也没有恐惧。他满不在乎地和敌人一问一对。当时敌人问他，游击队有多少人、这些人现在何处时，余宏文不慌不忙地回答说："人多得很，是抓不完，杀不尽的。"他狠狠地把敌人骂了一顿。敌人见硬逼不行，改用软的手法，企图劝诱余宏文叛变，招出游击队组织。余宏文说："只要你们能指出那种主义比共产主义好，我就不当共产党员了！"这句话把审问他的敌人弄得无言以对。此后，余宏文在邛崃县监狱中仍继续坚持斗争。

1935 年春，敌人要余宏文写出共产党的主张，他一口气写了 20 多天。在快写完的时候，他悄悄对难友说："我的'任务'完成了，我也快了！"但是，他仍满面微笑。第二天敌人又叫他去补充写一些。写完后，敌人端了一大碗放了毒药的面条给余宏文吃。他回到狱中后，药性发作。当时狱内有个中医是共产党员，就用解毒药给他解了毒。敌人的阴谋遭到失败。待余宏文恢复过来以后，敌人仍然不敢公开杀害他，竟无耻地对余宏文说："县里不用刀枪杀你，要你服毒而死。"

余宏文知道再也躲不过敌人的毒害，并且早已抱定了牺牲的决心。到临死的那天上午，他在监狱院坝内高声宣传共产主义，斥骂万恶的反动派。女监内的难友们听到他的讲演都很激动，但因不能看见他，大家都异常愤慨。一个女看守人被余宏文的忠贞英勇所感动。她不顾一切，用斧子把牢房壁头挖了个洞，想让女监的难友们能看到余宏文。余宏文在痛骂反动派以后，向监内难友说："我叫余宏文，宜宾观音场人。有可能时，代我告诉家中。"刚说完，一个敌兵就把一杯毒药端给他，他迅速接过来一口喝了下去。余宏文就这样从容慷慨地为党为人民壮烈牺牲了。

新中国成立后，1958年9月成都市西城区人民委员会给余宏文颁发了烈士证明书。余宏文在狱中写有自传体小说《清泓》一书，新中国成立后已经由作家出版社正式出版。

（程子健编写，李金中改编）

参考资料：

1. 红军在成都｜上川南抗捐军政治委员余宏文［EB/OL］. http://www.thecover. cn/news/2493243.

2. 中共成都市委党史工作委员会. 甘洒热血拯中华：成都革命烈士传 第1辑［M］. 成都：成都科技大学出版社，1987.

3. 中国人民政治协商会议四川省委员会文史资料研究委员会. 四川文史资料选辑：第31辑［M］. 成都：四川人民出版社，1984.

4. 邛崃县政协文史资料研究委员会. 邛崃文史资料：第5辑［Z］. 1991.

5. 四川党史人物传编辑组. 四川革命烈士传：第1卷［M］. 成都：四川省社会科学院出版社，1983.

6. 四川省邛崃县志编纂委员会. 邛崃县志［M］. 成都：四川人民出版社，1993.

7. 郑继怀，等. 川康边（邛大）苏区红色遗迹史料集成及保护策略研究［J］. 成都大学学报（社会科学版），2014（6）：40-44.

8. 中共宜宾地委党史工委. 宜宾地区党史人物传：第2卷［Z］. 1985.

9. 四川省宜宾县"三史"资料编辑室. 三史资料：第2辑［Z］. 1982.

10. 四川省博物馆近现代史部. 四川省博物馆革命文物资料选辑：1919—1949 [Z]. 1984.

11. 中国人民政治协商会议四川省宜宾县委员会文史资料研究委员会. 宜宾县文史资料：总第 22 辑 [Z]. 1993.

12. 解放军烈士传编委会. 解放军烈士传：第 4 集 土地革命时期 [M]. 北京：长征出版社，1991.

13. 王明前. 川南土地革命的政治认同与斗争手法 [J]. 四川文理学院学报，2017，27（3）：67－72.

14. 刘宗灵，马睿. 抗战前期乐山地区中共地下党组织的发展与整顿 [J]. 乐山师范学院学报，2016，31（1）：73－80.

15. 卢勇. 上川南抗捐军的战斗历程 [J]. 长江文明，2019（2）：71－80.

16. 郑继怀，等. 上川南抗捐军起义发生的原因及其影响探析 [J]. 西华大学学报（哲学社会科学版），2014，33（6）：104－107.

17. 余渊. 试谈土地革命战争时期四川武装起义的若干特点 [J]. 四川党史，1994（2）：19－24.

修焘烈士——一门忠烈为革命

"川大儿女多俊杰,长征路上洒热血。"在诸多的四川大学革命英烈中,有一位是中共宣汉县委第一任书记,他就是曾就读于当时的四川公立工业专门学校(四川大学前身)的修焘(1907—1934)。他在学校阅读进步书刊,深受革命思想启迪,最终成为一名优秀的共产党员。回到家乡,他积极组织开展农民运动,支持川东游击军的起义斗争,将革命的火种传播到了偏远的大巴山地区。

学生时代

修焘,又名修陶,1907 年出生在四川省宣汉县南坝场一个地主家庭。全家七弟兄、两姊妹。父亲修成继,家境较为富裕。1924 年 6 月 17 日,修成继被土匪叶善普、周绍轩、孟春云等劫持到宣(汉)、开(县)、城(口)三县交界的边境关押,勒以重金赎身。家里千方百计凑足了两箩筐银子,但换回的只是一个坟堆。这给幼小的修焘推翻尔虞我诈的封建社会,反对弱肉强食的军阀列强打下了思想基础。

1915 年,修焘进入宣汉南坝陶成初小和高小读书,1921 年春考入宣汉中学。1925 年秋,他中学毕业后考入四川公立工业专门学校。1927 年,四川公立工业专门学校与四川公立外国语专门学校、四川公立法政专门学校、四川公立农业专门学校合并组成公立四川大学。四川公立工业专门学校是以"教授高等学术,养成工业专门人才"为宗旨,预科一年,本科三年。虽然学习的是工科专业,但从小就立志推翻军阀列强的修焘,在校读书期间,与同乡共产党员李正恩、龚堪慎等往来密切,并阅读《向导》《中国青年》等进步书刊,深受革命思想的启迪和教育。他在学校的进步表现极为突出,1926 年冬由廖恩波介绍加入了中国共产党。

修焘入党后,在党的领导下,积极开展革命活动,介绍同学蔡新诚等人加入中国共产党,并组织进行了新党员的入党宣誓仪式。上级党组织委派了龚堪慎到会监督。修焘在宣传马列主义的同时,发动和带领进步学生参加中国共产党领导的"知行社""革新社""反劣币大同盟"等进步团体。他充分发挥这些团体的纽带作用，把学生团结组织起来，汇聚成巨大力量。在中共川西特委领导下，1927 年至 1928 年前后，成都大中小学师生联合掀起了要求教育经费独立的罢教、罢课和反劣币运动，斗争矛头直接指向四川军政头目刘文辉、邓锡侯、田颂尧以及教育厅长万克明、政务厅长赵椿熙等人。

在宣汉领导革命

1929 年 8 月，修焘毕业后回到宣汉地区，担任中共宣汉县委书记。任职期间，他由共产党人王全仕、宋更新介绍到黄金坪的祥柏小学任教，以教书为掩护从事革命活动。他主持召开县委第四次扩大会议，着重讨论了加强农民运动和支援川东游击军起义的斗争。会后，他组织开办农民夜校，积极发展农民协会会员。他正式组建了宣汉第一个农民协会，还自任主席。仅 3 个月，参加农民协会者达 80 余人。同时，宣汉农民协会还在黄金坪、水鼓坝、油房街 3 个地方建立了 3 个分会，使农会会员逐步遍及全县各个角落，各种活动开展得有声有色。

修焘白天在学校上课，晚上到夜校教农民读书识字。他积极传播先进思想，用身边看得见、摸得着的鲜活事例，深入浅出地讲解地主、军阀如何欺压百姓，以苛捐杂税盘剥百姓，为什么百姓一年四季忙到头，缺衣少吃没盼头的道理，号召贫苦农民起来打倒土豪劣绅，打倒反动军阀，建立人人平等的新社会。因此，在当地民间流传着这样的歌谣："修焘先生一上山，革命烈火遍地燃。土豪劣绅发了抖，穷人腰杆伸得圆（直）。"

为了发展革命力量，修焘还在学校开办了短期师资训练班，招收 20 岁以上的高小毕业生 30 多人。除上文化课外，他还指导他们阅读《创造》《呐喊》《少年维特之烦恼》等进步书刊。后来，这些人员返回 10 余个场镇，也学习修焘的办法自办夜校，组织农会，引导农民反抗剥削，争取平等利益。

1929 年冬，宣汉农民协会黄金坪分会正在开会时，国民党区长刘绍东带领士兵将领导人罗南山逮捕。继而，油房街、水鼓坝的农会也相继遭到破坏，在学校任教的水鼓坝农会负责人罗孝元等 10 余人被逮捕。在一片白色恐怖下，修焘、宋更新、王全仕等不得不先后离开了这所学校。

1930 年春，修焘转任宣汉县立高小教员，继续在城区开展秘密工作，积极营救被捕同志。修焘发展在国民党政府机构任职的统战关系，通过这些联系，到监狱里安慰、鼓励被捕人员，并委托教育局长向君卿出面为教师担保，将罗孝元等人营救出狱。

1930 年秋，中共四川省委巡视员汪克明到宣汉视察工作。修焘代表县委作了全面汇报，受到了汪克明的肯定和赞许。汪克明鼓励修焘坚定信念，继续加强党的地下工作，大力支持游击战争，积极推动土地革命。

一门忠烈

在上级指示下，修焘更加积极地组建和发展农民协会组织，资助川东游击军的武装斗争。他不仅自己以实际行动参加各种地方工作，还动员自己的家人也积极投身革命事业之中。家中哥嫂、弟妹在经济上倾力相助，积极为革命工作。修焘的家成了游击军领导人王维舟、王波等往来的住所和联络站。其哥嫂、弟妹也都成了传送情报的联络员，一家人都投入到了革命的洪流之中。

1933 年 10 月 19 日，川东游击军配合红四方面军，一举解放了宣汉县城，迅速向南坝等地推进，解放了宣汉大部地区。红四方面军决定将川东游击军改编为红 33 军。11 月 2 日，红 33 军在西门操坝召开成立大会，修焘被调到红 33 军政治部工作。随即，他动员大哥修烈、二哥修杰、三哥修忠木、四哥修忠哲等参加了红 33 军。修杰任独立营营长，在南坝发动 300 余人参加红军，奉命率部赴界牌阻击敌人，在塔河坝遭地主武装暗袭，当场被打成重伤，在突围中光荣牺牲。

在反"六路围攻"中，修焘和他的兄弟先后转战于南坝、峰城、黄金，以及万源的罗文坝、石窝场，大竹河一带。在沿途的激战中，修焘深入前线做政治鼓动作用，用共产党人的信仰和共产主义理想激发部队的战斗热情，鼓舞杀敌斗志，使红军部队取得了一个又一个胜利。可是次年 4 月，修焘在随军前往万源途中，却被张国焘在红 33 军开展的第三次"肃反"运动中杀害，时年 27 岁。后来，修烈、修忠哲等也牺牲在红军长征途中。

修焘同志的一生，是革命的一生、战斗的一生。修焘全家参加革命，兄弟 5 人加入红军队伍，4 人为国捐躯，可说是一门忠烈，满堂英灵。他们为中国人民解放事业做出的巨大贡献，是值得我们永远怀念的。1951

年，王维舟率中央慰问团来宣汉为修焘一家颁发了烈士证明书，赠送了锦旗、毛主席像和题词等纪念品，以慰烈士忠魂。1990 年，中共宣汉县委全面审查其历史，恢复修焘党籍，党龄从 1926 年算起。

（刘乔编写）

参考资料：

1. 四川省宣汉县志编纂委员会. 宣汉县志 [M]. 成都：西南财经大学出版社，1994.

2. 宣汉县教育局，宣汉县老促会，宣汉县党史办. 红色宣汉 [Z]. 2012.

3. 中共宣汉县委宣传部. 川东革命根据地宣汉 [Z]. 2005.

第五篇　热血一腔报祖国

缪嘉文烈士——提锋饮血败倭寇

在著名的台儿庄战役中，无数抗日将士为国家和民族献出了自己的生命。其中就有四川大学校友缪嘉文（1902—1938）。1937 年秋，缪嘉文随王铭章将军出川抗日，转战晋西、鲁南。在台儿庄战役中，王铭章部固守山东滕县，与敌军浴血奋战。1938 年 3 月 17 日，缪嘉文壮烈殉国。1947 年，缪嘉文被列入《中华民国忠烈将士姓名录》。1988 年 6 月 10 日，四川省人民政府追认缪嘉文为革命烈士。

学以致用

缪嘉文，字景君，四川省广汉县（今广汉市）人。1902 年 2 月 9 日，他生于广汉张华镇草木堰。他曾在复兴场海晏小学、广汉县立中学读书，1928 年毕业于当时的公立四川大学（四川大学前身）工科学院。毕业后他回到家乡，用自己在学校所学到的知识，积极投身实业之中。他创办了广汉县第一个缫丝厂和沙河桥农场。1927 年，他被任命为广汉县实业局局长，1928 年被四川省实业厅委任为四川省特派员——京沪实业调查员，领队赴京、沪、江、浙等地考察，带回来发展工业的经验。回县后，他兼第一平民工厂厂长，又兴办大米加工厂、火力发电厂。

当时的广汉驻军旅长是爱国将士陈离。陈离（1892—1977）是四川安岳人，1915 年毕业于四川陆军军官学堂。1925 年，陈离升任旅长，率 4 个团驻防在广汉、新都两县。在红军长征时，陈离帮助萧克率领的红军顺利通过川境；在抗日战争中，他也支援过李先念部。1937 年，陈离担任 127 师师长，率部出川抗日。1938 年，在滕县与日军作战中，陈离右腿负重伤。新中国成立后，陈离担任了湖北省副省长、国家农林部副部长等职。

在广汉时，陈离由于受北伐革命的影响，在其辖区内锐意革新，对缪嘉文颇为赏识和器重。同时，缪嘉文在广汉积极兴办实业，卓有成效，促进了广汉建设和发展。

为国从戎

1931 年九一八事变后，东北三省沦陷。缪嘉文作为一名热血青年，虽然实业有成，但怀有从军御侮之志。1934 年秋，由陈离等介绍，缪嘉文在 45 军 125 师任团副，随后调任团政训员和旅政训员。1936 年 7 月，缪嘉文被派到江西庐山受训。1937 年 2 月，缪嘉文被委为 41 军 124 师政训处处长。1937 年七七事变后，抗日战争全面爆发，全国抗敌情绪高涨，各界的抗日救亡工作广泛开展。缪嘉文的工作非常繁重。他经常接受地方上的邀请，到学校和机关讲演，宣传抗战救亡。他有时还到小学校，教学生唱抗战歌曲。他常说："天下兴亡，匹夫有责。我们当军人的，保卫祖国是我们的天职。"

广汉抗战阵亡将士纪念碑

在缪嘉文所在的 41 军 124 师即将出川抗日的前夕，在 9 月中旬的一天，他从部队驻地绵阳赶回张华镇家中，向老母告辞。当时他的老母体弱久病，气息奄奄。弟妹们劝他推迟动身，但他坚决地说："忠孝不能两全，古今都是一样。"次日，他便随军出征。

虽然奔赴抗敌前线途中军情紧急，但在戎马倥偬中，缪嘉文仍频频寄回家信。他嘱咐在家的妻子但蓉薪要善待老母，叮嘱小弟和幼妹要努力读书。在家信中，他更多的是告知沿途所见各界同胞抗日救亡情绪高涨的情景。当时的川军是在条件十分艰苦情况下对日作战的。士兵们虽然穿着单衣，作战却十分勇猛。11 月，缪嘉文从山西洪洞写给他妻子的信中说："近月余来，我们部队连续在榆次、阳泉、寿阳、娘子关一带与日寇作战，将士们士气高昂，十分骁勇，几次冲入敌军阵地用刺刀与敌人拼杀，大灭了日寇的威风……但武器装备太差，人员伤亡很大，我们每个中国军人都抱有为国牺牲的信念，就是牺牲了也是光荣的。"

1938 年春节，他从山东滕县写给家人的信中说，部队已进驻滕县附近，深受老乡们爱戴。老百姓支援物资，杀猪慰劳，给抗日官兵很大鼓舞，更增强了杀敌的勇气和信心。

抗日捐躯

1938 年 3 月 12 日，缪嘉文从滕县给在广汉中学读书的缪家阳写回一封长信。这是他写给家人的最后一封信。在信中，他不厌其详地教缪家阳怎样写信，希望弟弟多给他写信。他在信中说道："只好为儿子者，努力事业，作些正大光明的事来报父母了，你我互相勉励！"这封信临末，他写道："速将你的在校情形及你今后的一切计划详告我为感！附函内寄回三角板一套，爱惜使用。"在大战前夕，这封信写得如此从容镇定，就如同他平时说话那样。然而，就在五天之后，缪嘉文在滕县为国捐躯。

1938 年 3 月 14 日，日军向滕县展开全线攻击。著名抗日将领王铭章率部表示："决心死拼，以报国家。"3 月 17 日，在敌军攻占南城墙和东关后，缪嘉文在王铭章的带领下，亲临一线作战。下午 5 时，日军占领西城墙和西门。王铭章等人登上西北城墙，亲自指挥警卫连一个排进攻西门城楼。由于敌军火力凶猛，战斗未能取胜。于是，他们转到城中心十字街口继续指挥作战，不幸身中数弹，全部壮烈殉国。根据记载，"随同王铭章师长殉难者有赵渭滨，124 师参谋长邹慕陶、师政训处长缪嘉文、副官长傅哲民、中校参谋罗毅成、谢世文、少校参谋张重、同行的谢大薰和在127 师师部工作的中共党员冯、翟、吴三人。"王铭章和缪嘉文等人牺牲后，守城官兵仍继续与日军搏斗，除少数突围外，其余皆洒尽了最后一滴血。

缪嘉文殉国时，年仅 36 岁。虽然缪嘉文等将士英勇地牺牲了，但正是这场滕县之战为台儿庄大捷创造了极为有利的条件。李宗仁将军高度评价说："若无滕县之苦守，焉有台儿庄大捷？台儿庄之战果，实滕县先烈所造成也！"

（缪恒苏编写，李金中改编）

参考资料：

1. 四川省广汉市《广汉县志》编纂委员会. 广汉县志 [M]. 成都：四川人民出版社，1992.

2. 德阳市地方志编纂委员会. 德阳市志 [M]. 成都：四川人民出版社，2003.

3. 政协广汉市文史资料委员会. 广汉文史资料选辑：第 14 辑 抗日战争胜利五十周年纪念专辑 [Z]. 1995.

乐以琴烈士——壮志豪情凌云霄

乐以琴烈士

　　1937年8月15日，笕桥机场上空，34架日本战机气势汹汹地直扑过来，企图偷袭机场，一举消灭中国空军主力。在这千钧一发的时刻，中国空军第四大队迅速起飞迎敌。顿时，刺耳的轰鸣声和子弹的呼啸声响彻天际。硝烟弥漫中，一架标记2204号的战机就像下山的猛虎，弹无虚发，首先击中一架敌机后，旋即再打下一架敌机，又紧追逃敌，打下敌人两架战机，一举创造了抗战时期中国航空史上的奇迹！坐在驾驶室的年轻人扬眉吐气、意气风发，他，就是抗战时期中国空军著名的抗日英雄、有着"空中赵子龙"美誉的乐以琴（1914—1937），他是华西协合高级中学1929级学生。

乐以琴《我的自传》

少年已立强国志

乐以琴，原名乐以忠，1914 年 11 月 11 日出生，四川省芦山县人。他的父亲乐和洲为人忠厚、正直，因痛恨官场腐败愤然辞官经商，经营得当，家境殷实。他的母亲温柔、和善，出身于名望之家，主持家务的同时严格教育子女，常给孩子们讲岳飞精忠报国等爱国故事，启发孩子们幼小的心灵。乐以忠有兄弟姐妹 17 人，都很争气，其中大哥乐以勋毕业于山东齐鲁大学医学院；四姐乐以成毕业于华西协合大学，是四川第一位医学女博士。

1926 年，乐以忠从雅安小学毕业，考入张家山明德中学。1929 年，他进入成都华西协合高级中学读书，并于 1931 年 8 月毕业。他的哥哥姐姐大多选择学医，因此，父亲也想让乐以忠学医，在大哥乐以勋的劝说下，他考入了山东齐鲁大学生物学专业，来到济南。

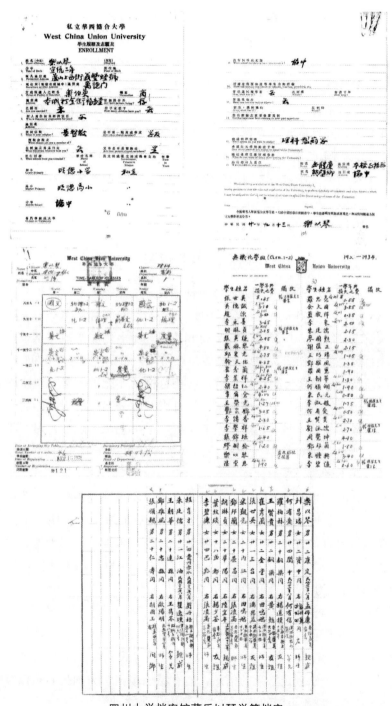

四川大学档案馆藏乐以琴学籍档案

不久，九一八事变发生了，日本发动了疯狂的侵华战争。中华大地战火纷飞，生灵涂炭，满目疮痍。乐以忠耳闻目睹这一切，义愤填膺，立志投笔从戎，杀敌报国。1932年冬天，中央航空学校在报纸上刊登了招收飞行员的启事，从小身体强壮的乐以忠仿佛一下找到了方向，立刻跑去报名。因为年龄不够，再加上没有带中学毕业证书，于是他借用五哥乐以琴的证件报考，并且从此一直使用乐以琴的名字。而他的五哥，"真正"的乐以琴曾经就读于华西协合大学理学院制药系，在学校档案馆至今还保存着他的学籍档案。在弟弟为国捐躯以后，他以六妹乐以纯的名字考入了中央航空学校第八期，沿着弟弟未竟的事业继续前进。也因为这个原因，当时航校中流传着"乐以琴不是乐以琴，乐以纯不是乐以纯"的调侃段子。

壮志凌云为报国

1933年春天，凭着良好的身体条件和优异的成绩，乐以琴顺利通过了初试和复试，进入中央航空学校。中央航空学校的前身是南京中央陆军军官学校航空训练队，1930年搬迁到杭州笕桥，更名为中央航空学校。在航校，飞行员要经过初级、中级、高级三个阶段。每个阶段学习时间4个月，每个阶段结束后都要经过严格考核，考核合格后才能进入下一个阶段的学习，考核不合格者淘汰。每期期末，只有大约三分之一的同学能通过全部考核。航校的生活紧张、枯燥：上午飞行，下午上课，晚上自习。飞行训练也非常严格，稍有差错就要被罚站、禁闭。乐以琴在这样严苛的环境里，咬牙坚持学习，参加训练。

在校期间，乐以琴和同学们豪迈地发誓"西子湖之神鉴请，我决心以鲜血洒出一道长城放在祖国江南的天野！"以后的事实也证明了他用年轻的生命践行誓言，誓死捍卫祖国的蓝天。此外，乐以琴、郑少愚、沈崇海和罗德英等几位第三期的同学，还互相约定：30岁以前不成家，以表明"国难未除何以为家"的顽强决心。

1935年，经过严格训练，通过层层考核，乐以琴顺利完成了学业，从中央航空学校毕业。第二年，从部队回家探亲时，乐以琴曾对父母表明"父母亲大人有兄姊照顾，弟妹生活有靠，以琴没有什么可挂念的了，以琴身为军人，今已抱定必死的信念，惟有精忠报国，为国捐躯是以琴今生的追求……"，誓死报国的坚定决心让所有人为之动容、震撼。

战功赫赫扬威名

1936年，乐以琴被编入空军第4大队第22中队，驾驶座机号2204、美国产的霍克式双翼单座战斗机。乐以琴担任分队长，大队长高志航曾是他中央航空学校的飞行教官。

1937年七七事变以后，抗日战争全面爆发，中华民族开始了全民抗战。8月13日，淞沪会战爆发。15日，日本海军航空队派出了34架飞机直扑笕桥机场，第4大队在高志航的带领下起飞迎战。虽然是首次与日军交战，可是乐以琴凭着他的机智勇敢和过硬的飞行本领，沉着冷静地穿梭在敌机当中，找准时机瞄准射击，敌机应声而落。乐以琴旗开得胜，大大鼓舞了我方士气。接着，乐以琴又把一架敌机炸成碎片。这时，在中国空军的猛烈打击下，敌机乱了阵脚，四散逃跑。乐以琴紧追不舍，从杭州的笕桥一直追到绍兴曹娥江上空，又打下了两架日机。空战结束后，乐以琴意犹未尽地对战友王倬说："我打下一架日机后，怒火未息。我摸摸自己脑袋还在，身上也没有出血，反正自己已经够本了，于是又向第二架、第三架日机追去并瞄准开火，直打到第四架往下掉的时候，两挺机枪里的子弹已打完，汽油也用完了，只好放其他敌机逃生。"

乐以琴烈士

在这场空战中，第 4 大队共击落日机 6 架，乐以琴一个人就打下了 4 架。一时中国空军震动了整个世界，苏联通讯社甚至以"乐以琴一口气击落敌机 4 架"为题进行了报道。这次胜利狠狠打击了日本帝国主义的嚣张气焰，极大地鼓舞了中国人民的抗日士气和民族自信心。

1937 年 8 月 21 日，乐以琴在上海西郊又击落两架敌机，因此成了名副其实的王牌飞行员，被人民亲切地称为"江南大地之钢盔""空中赵子龙""飞将军"。

出师未捷留长恨

曾任中国空军第 1 大队队长的姜献祥在一篇日记中写道："自抗战以来，我们以劣势的武器和敌人的精锐作战，大多时间都处于挨打、牺牲的局面，经常甚至必须躲避、疏散。"这印证了抗战时期，我国经济、科技大大落后于西方，没有自己制造飞机的能力，从国外购买的或是侨胞捐赠的战机，跟不上战场上的消耗，难以为继，渐渐处于被动挨打的境地。到 1937 年 12 月南京保卫战时，中国空军能飞上天的战机已不足 20 架，且机种不一、性能极不稳定。12 月 3 日，日军海空部队凭借其优势兵力，进犯南京。这时，中国空军仅剩乐以琴、董明德二人能升空作战，他们两个以寡敌众、以弱抗强，用血肉之躯同装备精良的优势敌人展开了悲壮而顽强的战斗。战斗中，乐以琴驾驶一架水冷式意大利"费亚特"战斗机在敌机丛中拼命厮杀，飞机的水箱、油箱不幸被敌机击中，浓烟笼罩的飞机失去了控制，乐以琴被迫跳伞。为了尽量避开日军的射击，乐以琴只能冒险推迟打开降落伞的时间。不幸的是开伞时间晚了一点，乐以琴落地时头部受了重伤，壮烈牺牲。

赢得身后千古名

乐以琴牺牲后，国民政府和社会各界进行了隆重悼念。国民政府教育部将乐以琴英勇战斗、抗击日机的事迹编入小学国文课本，在《空军抗战三周年纪念专册》中，赞扬乐以琴忠勇为国、视死如归的爱国精神，赞扬他有胆有识，技术超群，为中国空军战史写下了光辉的一页。1939 年，中央电影摄影场以乐以琴、阎海文和沈崇海三位空军烈士的事迹为素材，拍摄了电影《长空万里》，1941 年 12 月在重庆公映，引起社会各界强烈的反响，极大地鼓舞了广大民众的抗战决心。1995 年，在纪念世界反法西斯战争和抗日战争胜利 50 周年之际，在南京建成了抗日航空烈士纪念碑，纪念碑上也刻有乐以琴的名字。

斯人已逝，精神不朽！乐以琴和其他抗日烈士不畏强敌、誓死捍卫国家和民族利益的崇高气节，千古流芳！后世子孙将永志不忘，世代敬仰。

（朱连芳编写）

参考资料：

1. 芦山地方志·建党百年专辑｜芦山革命志士乐以琴［EB/OL］. https://www.163. com/dy/article/G6UVLMT005522DER. html.

2. 彭健. 追忆"空中赵子龙"乐以琴［J］. 文史周刊，2020（6）：1.

3. 经盛鸿，张瑞娟. 抗日航空烈士乐以琴［J］. 档案与建设，2005（6）：39－40.

4. 王志远. 乐以琴，土碉楼飞出的"空中赵子龙"［J］. 党史纵横，2009（9）：33－35.

5. 卢立菊，付启元. 来自四川芦山的抗日航空英烈乐以琴［J］. 档案与建设，2013（7）：41－43.

6. 中国人民抗日战争纪念馆. 抗战英烈谱［M］. 北京：团结出版社，2017.

7. 徐霞梅. 陨落：682 位空军英烈的生死档案［M］. 北京：团结出版社，2016.

8. 成都市政协文化和文史资料委员会. 成都抗战记忆：第 5 集［M］. 成都：四川人民出版社，2015.

9. 《革命烈士传》编辑委员会. 革命烈士传：第 5 集［M］. 北京：人民出版社，1990.

10. 马齐彬，等. 中国抗日阵亡将士传［M］. 石家庄：河北人民出版社，1987.

11. 王向阳. 抗日英烈事迹读本［M］. 郑州：大象出版社，2015.

12. 四川省政协文史资料委员会. 四川文史资料集粹［M］. 成都：四川人民出版社. 1996.

13. 成都市政协文史学习委员会. 成都文史资料选编：抗日战争卷［M］. 成都：四川人民出版社，2007.

14. 中国人民政治协商会议芦山县委员会文史组. 芦山县文史资料选辑：第 1 辑［Z］. 1986.

15. 萧继宗. 革命人物志：第 15 集［M］. 台北："中央"文物供应社，1976.

16. 王玉彬，王苏红. 血色天空：中国空军空战实录［M］. 成都：四川人民出版社，1996.

    17. 中国人民政治协商会议四川省成都市委员会文史资料研究委员会. 成都文史资料选辑：第 10 辑 纪念抗日战争胜利四十周年专辑 ［M］. 1985.

    18. 熊治祁. 中国近现代名人图鉴 ［M］. 长沙：湖南人民出版社，2002.

    19. 朱成山，杨颖奇. 中国社会各界抗战百杰 ［M］. 南京：南京出版社，2017.

    20. 民政部优抚安置局. 著名抗日英烈和英雄群体 ［M］. 北京：中国社会出版社，2015.

    21. 耿俊杰，王杰. 雅安史略 ［M］. 成都：四川大学出版社，2010.

黄孝逴烈士——十字花行草亦红

黄孝逴烈士

黄孝逴（1916—1939），女，四川省永川县（现重庆市永川区）人。1916年，她出生于一个进步的知识分子家庭。其父黄默涵，早年两次留学日本，曾经师从章太炎学习国学。辛亥革命事起，章太炎发动成立"中华民国联合会"，嘱咐黄默涵起草章程。1913年，黄默涵当选国会议员和宪法起草委员会理事。其后，他屡次反对帝制和军阀，追求理想，淡泊名利，是一位进步人士。

热血青年

黄孝逴出生在上海，随父母在往复辗转中读完了小学和初中。1934年，她考入上海建国中学高中，次年举家迁成都，转入成都建国中学。1937年秋，她考入私立华西协合大学（四川大学前身）制药系。其时，正值日本发动卢沟桥事变，扩大对华的侵略，全国掀起了轰轰烈烈的抗日救亡运动。她的父亲受聘为四川省政府法制主任，并发起成立了"民众干部训练班"。华西协合大学的抗日爱国救亡运动此时也和全国一样迅速发展。其组织形式多种多样，先后建立了抗敌后援会、华西学生救亡剧团等组织。黄孝逴满腔热情地投入抗敌救援活动之中。她参加了华西学生救亡剧团，积极参加抗日宣传，与救亡剧团的同学们一起利用春假去新繁等地宣传演出，让支援抗战的道理更加深入人心。

抗战初期，"有钱出钱、有力出力"一时成了响亮的口号。1937年冬，她和同学们一起，响应李公朴等爱国人士的倡议，买来棉布、棉花，唱起歌，兴致勃勃地为战士制作冬装，一针一线倾注了她们满腔的爱国激情。1939年初，全市开展了义卖献金活动。她参加了义卖小组。从春熙路到祠堂街，遍布了她和同学们的足迹。她们冒着寒风，伫立街头，喊出了"多买一角钱的东西，等于多买一颗子弹，多杀一个敌人"的响亮口号。虽然还只是一个入学不久的大学生，但在民族危亡之际，她积极投身救援，展现出了一个热血青年的崇高品德。

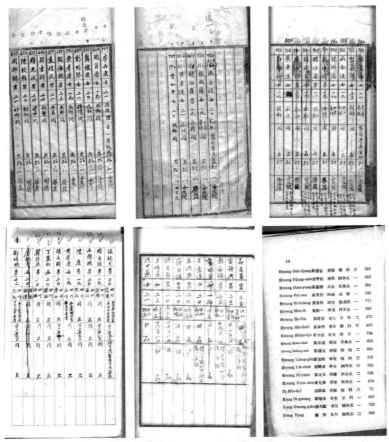

黄孝逴在华西协合大学学生名册中

黄孝逴在学校

警报便是命令

1939 年初，日机轰炸了重庆，市民死伤甚多。日军随时可能轰炸成都。5 月华西坝由"五大学战时服务团"发起成立了救护大队，全校师生参加的达 300 多人。黄孝逴报名后被编入第 2 中队，参加了各种训练，做好了救护伤员的准备。

1939 年 6 月 11 日傍晚 7 时 20 分，27 架日本轰炸机，突然飞临成都上空，七八十枚炸弹正好投在春熙路、丁字街和华西协合大学校园一带。华西协合大学地处城南，是日机轰炸的最后目标。轰炸时，黄孝逴正与华西协合大学同学周芷芳、齐鲁大学同学崔之华在一家餐馆用餐。空袭警报便是命令，她们立即奔向救护队指定的集合地点，投入救护工作。在赶到距校门不远处时，一颗炸弹呼啸袭来，在离教师寓所很近的锦江边爆炸了。四散的弹片击中了她的后脑，猛烈的气浪又将她卷到路边的刺篱笆上。黄孝逴鲜血直冒，当场牺牲，年仅 23 岁。崔之华左腿也受了伤。紧接着，炸弹落到了华西协合大学图书馆门前，虽然都未完全爆炸，但也把图书馆的一些窗格子震塌，许多玻璃被震得粉碎。还有一颗炸弹落在明德宿舍旁，炸伤了中央大学医学院的老师和家属。此次轰炸给成都市造成了重大损失，死亡240多人，受伤360余人。华西坝除了黄孝逴之外，还有金陵大学一名老师牺牲，受伤的师生有7人。

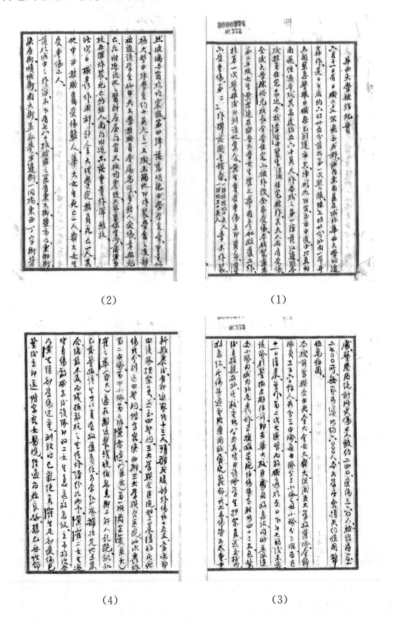

（2）　　　　　　　　　　　　　（1）

（4）　　　　　　　　　　　　　（3）

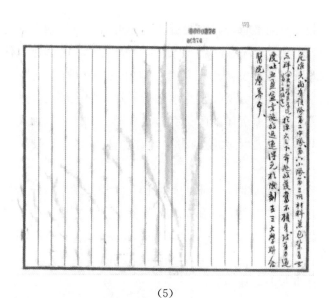

（5）

华西大学被炸纪实

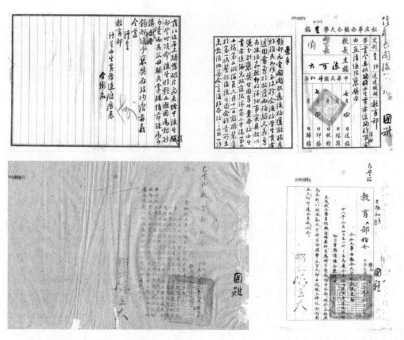

关于黄孝逴殉职优给褒扬的华西协合大学报告和国民政府教育部指令

当时的国民政府教育部在得知黄孝逴的英勇事迹后通令嘉奖，嘉奖令称："该生奋勇捐躯，殊堪许嘉，自应特予褒扬。除由部通令各校广为表彰，以昭激励外，兹特发国币五百元，即由该校立碑纪念。"此次救护完成后，五大学师生在事务所礼堂为她举行了隆重的追悼会。她的遗体被安放在校长室里，战时服务团的团员们为她点燃了蜡烛，以烛光寄托对她的哀思。在华西协合大学女大院的中央，曾经建有一座形似花台的特殊纪念碑。

1940年纪念碑落成时，当时的国立四川大学文学院院长兼四川省教育厅厅长向楚有《己卯六月寇机袭炸成都黄孝逴女士参加国际救护队殉难周年纪念碑成征题》一诗，云：

一往当仁与难逢，
明褒烈烈见碑丰。
自从血染黄泥地，
十字花行草亦红。

纪念碑基座上镌刻着黄孝逴的名字，让同学们永远牢记，她是在日机的轰炸下因参加救护而英勇牺牲的烈士。

（金开泰、孟继兴编写，李金中改编）

参考资料：

1. 党跃武，等. 抗战故事之老华西：五大学风云际会 华西坝钟鼓和鸣［EB/OL］. http://news. scu. edu. cn/info/1142/20508. htm.

2. 岱峻. 永远的华西坝［J］. 书屋，2013（8）：71-75.

3. 李佳. 侵华日军对成都的无差别轰炸研究［D］. 重庆：西南大学，2017.

4. 邬美玲. 侵华日军对美英在华机构及人员的轰炸及其影响研究（1937—1941）［D］. 重庆：西南大学，2020.